拿破仑·波拿巴

Napoleon Bonaparte

宋姝 编著

哈尔滨出版社
HARBIN PUBLISHING HOUSE

图书在版编目（CIP）数据

拿破仑·波拿巴 / 宋姝编著．—哈尔滨：哈尔滨出版社，2020.5

（男人传）

ISBN 978-7-5484-4789-4

Ⅰ．①拿…　Ⅱ．①宋…　Ⅲ．①拿破仑（Napoleon, Bonaparte 1769-1821）- 传记　Ⅳ．① K835.655.2

中国版本图书馆 CIP 数据核字（2019）第 162926 号

书　　名：拿破仑·波拿巴
NAPOLUN BONABA

作　　者： 宋　姝　编著
责任编辑： 陈春林　李金秋
责任审校： 李　战
装帧设计： 琥珀视觉 Amber Design—胡明锋

出版发行： 哈尔滨出版社（Harbin Publishing House）
社　　址： 哈尔滨市松北区世坤路 738 号 9 号楼　　**邮编：** 150028
经　　销： 全国新华书店
印　　刷： 沈阳市精华印刷有限公司
网　　址： www.hrbcbs.com　www.mifengniao.com
E - mail： hrbcbs@yeah.net
编辑版权热线：（0451）87900271　87900272
销售热线：（0451）87900202　87900203
邮购热线： 4006900345　（0451）87900256

开　　本： 787mm × 1092mm　1/16　**印张：** 20　**字数：** 260 千字
版　　次： 2020 年 5 月第 1 版
印　　次： 2020 年 5 月第 1 次印刷
书　　号： ISBN 978-7-5484-4789-4
定　　价： 49.80 元

前　言

不想当将军的士兵不是好士兵。

——拿破仑

1804年12月2日，法国的巴黎圣母院里，一场加冕仪式正在进行。被加冕的皇帝35岁，个子不高，穿着华丽的深红天鹅绒大袍，一副趾高气扬的架势。仪式时间太长，皇帝十分不耐烦，一直在打呵欠。最后，当主持人——罗马教皇终于要把皇冠戴在他头上时，这位皇帝早就等不及了，他一把抢过皇冠给自己戴上，然后拿过另一顶较小的皇冠，戴在皇后头上。瞬息之间，历史翻开了新的一页，法兰西第一帝国的皇帝——拿破仑·波拿巴，与他最爱的女人一起站在权力顶端，耀武扬威地接受四方膜拜。

当时，拿破仑的野心是统治整个欧洲。而直到如今，人们给他的评价也合乎他的期待——他是世界上最伟大的军事家之一，也是法国人心目中的战神，还是一个才华横溢的“情圣”。他一生最专注的事业，用他自己的话来说，是在“马背上和女人的肚皮上”。

在马背上，也就是打仗。拿破仑在这方面堪称天才，他24岁就做了将军，是法国最年轻的将军；27岁时征服了意大利；29岁时出兵埃及，半路上接到国内动乱的消息，他没有恋战，当机立断赶回法国，发动“雾月政变”，当上了法国的统治者；35岁时他自立为皇帝，拥有至高无上的权力。他征服过的国家还有普鲁士、波兰、葡萄牙、西班牙、荷兰、瑞士等，眼看就要吞掉整个欧洲；他亲身指挥的战役约有60次，比历史上著名的军事家亚历山大、汉尼拔和恺撒指挥的战役总和还要多。

拿破仑的战争，兼顾艺术与学术。他最漂亮的一仗是在1805年，他加冕一周年的日子，打败了俄国和奥地利的联军。这个胜利非同小可，因为对方的皇帝也在现场，这一战史称“三皇会战”。一个皇帝打败两个皇帝，7万兵力对9万兵力，从哪个角度都是以少胜多。类似的奇胜在他一生中屡次出现，他在战场上出尽了风头。作为一台不知疲倦的战争“机器”，他有着完美的效率：每当临近打仗之时，他总能躺在虎皮上美美地睡上一觉，醒来就能连续工作很长时间。此外他还是半个数学家，对数字的把握十分精准，能够轻松完成复杂的兵力布置，这帮了他的大忙。

同时，在另一个战场——女人的肚皮上，这位常胜将军却有点尴尬。拿破仑是公认的多情种，谈情说爱的本领不亚于打仗，但却败给了三个女人：初恋情人和两任妻子。其中，他对第一位妻子——约瑟芬的热恋，简直是一部名著级的罗曼史。

尽管被约瑟芬玩弄得很惨，拿破仑“休妻”的理由却只是她生不出孩子。一个皇帝必须要有继承人，于是拿破仑迎来了第二任妻子，奥地利公主路易斯。尽管没有了以往的激情，他对这个妻子也算“掏心掏肺”：在临死时，他打算把自己的心脏挖出来，托人带给路易斯。

英雄多情，战争和政治却总扮演“负心汉”。尽管拿破仑给法国人带来了激情与梦想，历史却总要回归现实。人们不得不承认，他把欧洲搅得天翻地覆，带来的灾难远多于福利。他与这么多国家为敌，失败也是迟早的事情。但是，英雄已经诞生，定格在他最辉煌的年代。至今人们不仅能在各种史书里看见拿破仑的英姿，还能从他保留下来的几百封情书里看到一个不一样的柔情汉。此外拿破仑留给世人的还有一部《拿破仑法典》，它深深影响了周边国家的立法，至今仍被沿用；一条“拿破仑定理”，它是这个战争天才在数学领域的成就。

目　录

第一章

雄狮的诞生

1769 年 8 月 15 日，是一个注定要永载史册的日子。这一天是圣母归天和科西嘉岛归属法国一周年的纪念日，也是夏尔·波拿巴第二个儿子的诞生日。夏尔·波拿巴激动地请神父给孩子取个名字，于是这个大嗓门的孩子被命名为——拿破仑，意为“荒野的雄狮”。

意大利半岛的西面，有一个形如鸡蛋、山峦起伏、丛林密布的海岛，它就是著名的科西嘉岛。海岛被一个个锋利的岬角，一道道汹涌的海湾，一堆堆崩塌的岩石簇拥着，被无尽的大海紧紧环抱着，这里就是科西嘉崎岖不平而又自由自在的土地，在这片土地上居住着一个坚强不屈的民族。在这个岛国中，居民们只要受到一点点外界的侮辱，就会立即拔刀相向。他们如雄鹰一般，时刻护卫着自己的巢穴，对来犯的敌人予以毫不留情的痛击。

这些曾属热那亚商业国的海岛居民于18世纪上半叶开始了反抗热那亚占领者的独立运动。他们在领袖保利的领导下，团结一致，同仇敌忾，赶走了热那亚人，成立了自己的科西嘉独立政府。然而，毫无廉耻的热那亚人于1786年5月15日与法国秘密签订了科西嘉岛归让法国的协定，把实际上已无权拥有的对科西嘉的“统治权”无耻地出售给了法国。当法国强大的远征军占领了科西嘉的沿海城镇时，岛上的居民再次在保利的领导下团结一致，展开了反对出卖和蹂躏科西嘉人民自由权利的反抗斗争。

1769年5月，科西嘉人终因寡不敌众而溃退。6月，战败的保利携数百名忠诚的部下逃往意大利。然而保利的副官夏尔·波拿巴却带着妻子回到了阿雅克肖城，向征服者投降并加入了法国国籍。

1769年8月15日，是一个注定要永载史册的日子，这一天，是圣母归天和科西嘉岛归属法国一周年的纪念日，也是夏尔·波拿巴第二个儿子的诞生日。当神父看到这个头颅硕大、身体健壮的男婴时，禁不住久久凝视。夏尔·波拿巴激动地请神父给这个哭起来声音响脆的孩子取个名字，神父不禁说道：“这震天动地的哭声分明就是头雄狮，愿上帝保佑这个孩子！”于是，为了纪念

法兰西第一帝国皇帝，拿破仑·波拿巴

于 1767 在战争中牺牲的叔叔，夏尔和神父给这个与众不同的孩子取名为拿破仑，意为“荒野的雄狮”。

在以后的数年中，夏尔·波拿巴的妻子莱蒂齐亚——这位美貌出众、声名显赫的贵族后裔，又陆续为这个并不富裕的贵族家庭生下了三个儿子和三个女儿。而在众多孩子当中，拿破仑总是显得与众不同。他从小就孤僻独立不喜言语，不甚合群。当别的孩子在一起嬉戏玩闹时，他经常一个人骑坐在一尊哑炮的炮筒上。他起初矮小的身躯，苍白消瘦的面容，在烈日和海风的洗礼下，日趋健壮起来。他时常几个小时默默地凝视着辽阔的海洋和蔚蓝的天空，直至看到夕阳沉入一望无际的法兰西海岸。在他那幼小的心中，是法国占领了他的故乡科西嘉岛，他为此愤愤不平。

年少的拿破仑精力旺盛，缺乏耐性，多动好斗。据他后来回忆说：“我凡事都满不在乎，脾气暴躁而好斗，我跟同伴在一起除了争吵就是打架。我谁都不怕，对人不是打就是抓。经常被我欺负的人是我的哥哥约瑟夫。我打他、咬他，他还因此挨骂，因为在他还惊魂未定的时候，我就已经向母亲告状了。我这样耍花招儿也的确占了便宜，不然我会因为打架而受到母亲莱蒂齐亚的惩罚，她任何时候都不会容忍我去侵犯别人！”兄弟姐妹们都不喜欢拿破仑经常性的挑衅，但又不得不承认他的权威。

同时，这位天生“霸王”似的小拿破仑还异常聪慧狡黠，“鬼点子”特别多。有一次，他和约瑟夫一起到奶妈家玩儿，奶妈烤了两块鲜美的肉饼给他们吃，拿破仑看着香喷喷的肉饼，灵机一动，悄悄地在哥哥耳边说：“约瑟夫，你猜奶妈烤的第三块肉饼藏在哪里？”约瑟夫摇头表示不知。拿破仑马上又神秘地说：“那块肉饼藏在厨房的碗柜里了！”

约瑟夫信以为真，赶忙去厨房的碗柜里找。他刚一起身，拿破仑便像寓言里的那个哄骗乌鸦吐肉的狐狸一般，抓起桌上的两块肉饼，又不忘冲奶妈调皮地做了个鬼脸，就跑到门外将肉饼狼吞虎咽地吃光了。

小拿破仑诸如此类的行为有很多，夏尔和莱蒂齐亚都觉得这孩子颇有心机，足智多谋，不禁对他刮目相看。父亲对他的顽皮抱以宽容的态度，认为这些无伤大雅的诡计算不上什么劣行，而且他也没有太多的时间去管束孩子们。但母亲对拿破仑的要求却很严格，经常训斥他。生性好斗的拿破仑从小就显露出了军事组织才能。在阿雅克肖城里，他常常组织一群孩子玩打仗的游戏，他将他们按人数划分为敌对双方，每次都自任元帅，并且指挥较弱的一方向对方挑战进攻。进攻时他总是一马当先，冲锋在前，动起拳脚来又重又狠，每次都是他所指挥的一方获胜。拿破仑的这种征服欲望，除了表现在武力上以外，还表现在学习上，他 7 岁上学后，有很长一段时间不喜欢读书，把大量的时间用在玩耍打斗上。后来，有一次约瑟夫说了一句刺激他的话，竟使他性情大变。那是一天上午，约瑟夫突然给他出了一道简单的数学题，拿破仑一时竟答不上来。约瑟夫便讥讽他道："这么简单的题你都答不上来，看来你只是比我勇敢罢了！"

拿破仑被约瑟夫的这句话深深地刺伤了，他忽然感觉到自己并不是真正的强者。于是，从那天起，他不再贪玩，开始用功读书。母亲莱蒂齐亚看到拿破仑的变化，感到非常高兴，便借此机会对拿破仑说："孩子，你现在明白了，一个人光有蛮力是不够的，还要有知识，有理想。你只有具备了扎实的知识并胸怀远大的志向，才能征服别人，做一个真正的强者！"

母亲的话使拿破仑茅塞顿开，从此他不再出去玩耍，而是经常躲在屋子里学习。他喜欢独自一人到海边的小岩洞里做数学作业，经常一待就是几个小时，没人知道他去了哪儿。如今，在拿破仑的故乡还保留着这个洞穴的原貌，以供游人参观。

1779 年，夏尔・波拿巴利用他的亲法立场和他与科西嘉总督的密切关系，带着 11 岁的约瑟夫和 10 岁的拿破仑，渡海去了法国，并前往凡尔赛宫觐见国王路易十六，他带来了科西嘉岛总督的推荐信，巴黎的宗谱纹章院承认了波拿巴的意大利贵族爵位。路易十六对凡忠于法国的科西嘉官员都给予了两千法郎的奖赏，并允许波拿巴的两个儿子和一个女儿在贵族学校上学。因此，约瑟夫和拿破仑被送到了奥顿中学学习法语。同年5月，拿破仑又转到法国东部布里埃纳城的一所公费军事学校学习。

布里埃纳军校并不是一个令人心情愉快的地方，这里的纪律异常严明。拿破仑把军校分配给他的花园里的一小片地用篱笆圈了起来，并且不允许任何人碰一下这个他在花园中的小王国，由此可以看出他强烈的独立感，不容他人侵扰，想要侵犯他的领地的人绝没有好下场。在这方面，老师也只能听之任之。一个老师曾这样评价拿破仑："这个小家伙是花岗岩做成的，不过那里面有一座火山。"没有人见过这个孩子笑。来自科西嘉岛，穿着邋遢且不合时宜的拿破仑经常被那些养尊处优的法国贵族子弟嘲笑。他那浓重的科西嘉口音和那被海风吹得黝黑的皮肤都成为同伴们嘲笑的对象。拿破仑曾因此与那些阔绰的贵族同学发生过一场激烈的争吵：

"如果你们科西嘉人是勇敢的，为什么被我们战无不胜的军队击败呢？"同学们大声地向拿破仑挑衅。

拿破仑愤怒地喊道："我们是以一对十。你们等着瞧，等我有能力时，会好好整治你们这些法国人的！"

"你的父亲只不过是个小小的军士，你凭什么跟我们斗！"

这个倔强的少年暴怒了，同奚落他的同学们打在一起。为此，拿破仑受到了禁闭的处罚。他在给父亲的信中写道："我不想再辩解自己的贫穷拮据，不想再忍受这些外国男孩的嘲弄，他们唯一优越的地方，只是有钱而已；在情操上，他们远不如我高尚。难道我该向这些富贵子弟低头吗？我宁为鸡首，不为牛后。"

在很长一段时间里，拿破仑依然孤僻、易怒，他和谁都不亲近，瞧不起任何人。虽然他的个子不高，年龄不大，但他非常自信，他讨厌那些因出身高贵、口袋里有钱就趾高气扬的人，称他们为"高贵的小丑"。在布里埃纳军校学习的五年中，虽然他经常与歧视他的同学打架，但每次都以拿破仑的胜利而告终。久而久之，拿破仑顽强的性格赢得了好几位教师的称赞，也消除了同学们对他的敌意。这种既无一天休息又与世隔绝的军校生活反倒进一步激发了拿破仑对知识的渴求，他经常避开同学们兴高采烈的游戏活动，自己躲进图书馆，如饥似渴地阅读和研究科西嘉的历史和地理，他特别爱读波里比阿和普鲁塔克的著作，对弗里德里希大王、伏尔泰和卢梭所写的关于科西嘉的书尤为感兴趣。他常告诉自己：有朝一日他要与保利将军联手解放科西嘉岛，尽全力去整治那些法国人。

当时在军校里，学生们轮流应邀与校长伯东神父共同进膳。一天，轮到拿破仑享受这项恩典，有些同桌进膳的教授知道他崇拜保利，故意在言谈中流露出许多对保利失敬的话语。拿破仑对此做出这样的回应："保利，是个伟人，他热爱并忠于自己的国家。我永远不能原谅我的父亲，他作为保利的副官，竟会同意科西嘉并入法国，他应该与保利共存亡，随同他倒下。"

对于拿破仑这个从小就具有敏锐洞察力和反抗精神的少年来说，军校的大多数课程都不能引起他的兴趣，只有数学、历史和地理让他深深着迷。数学教授巴特劳德神父非常喜欢拿破仑。拿破仑经常帮助他的同学布里昂做数学题，以回报布里昂为他做的拉丁文作文和翻译。"拿破仑无可争议地是全校最擅长数学的人。"布里昂在后来的回忆中说道。尽管这段军校生活十分乏味难挨，但它决定了拿破仑的戎马生涯。

1783 年的冬天，因为大雪纷飞，铺盖山野，所有的道路都封闭了，积雪最深处达八英尺厚。拿破仑因不能做他一向喜爱的户外活动，也不能去僻静地带散步而深感无聊，他只能与同学们在一间宽大的厅堂里来回散步。为了摆脱这种单调的打发时间的方法，他想出了一种新游戏，并鼓动全校同学去玩。他们在大院子的积雪中清理出足够行走的通道，在雪中建立碉堡，挖掘壕沟，并在壕沟前垒起胸墙，用雪做成各种防御和攻击工事。随后拿破仑对大家说："我们的工程完成了，大家可以分成两股，演习围攻，这个新游戏是我发明的，所以由我来指挥进攻。"同学们兴奋地接受了他的提议并立即行动起来。这次模拟战斗游戏持续了 15 天之久，直到有人用掺了沙砾和卵石的雪弹打伤了同学才停止。在这次模拟战斗游戏中，拿破仑表现出了缜密的思考能力，果敢的判断能力和高超的指挥能力。

拿破仑在布里埃纳学习期间，因路途遥远且旅费昂贵，从没回家探望过家人。不过，1784 年 7 月间，夏尔·波拿巴带着被圣西尔中学录取的女儿玛丽亚·安娜来到法国，顺便到奥顿中学看望了约瑟夫，并带着已来此地读书一年有余的三儿子吕西安一起到了布里埃纳。拿破仑高兴地接待了自己的父亲和弟弟。他跟父亲度过了愉快的几天，他们一起讨论一家人的未来。年仅 15 岁的拿破仑在与父亲谈话时目光犀利，神色果断，讲话条理清晰。同年，拿破仑顺利地从布里埃纳军校毕业，学校监察员认为他将会成为一名优秀的海军军官，因此拿破仑和其他四名同学作为士官生被推荐到了巴黎军官学校。他最好的同学布里昂，送他到塞纳河畔的诺让，与他依依惜别。

到达巴黎军官学校后，拿破仑发现整个学校被一种奢华的风气左右着，他当即向校长呈交了一份陈诉书。他指出这种教育制度是有害的，完全不能达到每个贤明政府所期待的育人目标。他埋怨这种生活方式对于“清寒士绅”而言过于奢华和娇养，不利于他们毕业后回到质朴的平常生活或适应军营的艰苦生活。这里的学生仆从成群，生活饮食奢靡浪费，大多数同学还配有马匹和马夫。拿破仑指出，这一切都应该取消。他建议强制这些富有的贵族子弟自己动手做些如洗衣服之类的生活琐事，让他们吃专为士兵准备的粗面包。他还说戒酒和有节制地饮酒会使他们体格健壮，耐得住寒暑季节，忍得住战争的艰苦。这些是拿破仑 16 岁时阐述的道理，实践证明，他自己从未背离过上述原则，后来设立于枫丹白露的军校便是明证。

第二章

年轻的野心家

当大革命席卷整个法国的时候，巴黎成为革命的心脏。拿破仑始终坚信自己在这个随时随地风云变幻的大城里，终将找到发挥才能的机会，出人头地。他说：“我一生中最骄傲的那一刻，就是接受少尉军衔的时刻……它使我生命的航船渡入了腾达的航线。”

按照拿破仑自己的要求，他被派往南方瓦朗斯城的一个炮兵团服役，因为这里离科西嘉较近，便于他照料困难的家庭。这个小个子少尉穿上崭新的军官制服，步行前往瓦朗斯团部报到。在这段很长的路途中，拿破仑年轻的心中坚定着三个信念：一、蔑视并利用他的同事们，因为他们多半头脑简单且为人自大；二、摆脱贫穷；三、努力学习以统治他人，他将充当科西嘉岛民族独立斗争的领袖，最后成为科西嘉的主宰者。

驻防兵团的生活非常单调，而拿破仑又不得不过着十分清苦的生活。父亲因胃癌去世后，家里的重担就落在了年仅16岁的拿破仑的肩上。他节衣缩食，从不允许自己寻欢作乐，他把节省下来的大部分薪金都寄到了家里。他也从不与人过多地来往，而是怀着强烈的求知欲，利用一切时间如饥似渴地读书。他本能地感到哪些是将来会用得上的学科，而且只读最有用的书，诸如炮兵学，攻城战术，柏拉图的《理想国》，波斯、雅典和斯巴达的宪法，英国史，腓特烈大帝的作战史，法国财政，鞑靼人和土耳其人的礼节与习俗以及他们国家的山川地形，埃及史以及迦太基史，英国人对当代法国的著述，瑞士的历史和宪法，中国、印度和印加王国的历史与宪法，贵族史和罗马贵族罪行的故事，天文、地理和气象学，人口增长的规律以及死亡率的统计等等。

拿破仑不是只翻翻书页浏览一下而已，而是非常认真地阅读、研究、记录，他还抄录了雷纳尔的一段话："鉴于埃及地跨两洋，位于东方与西方之间，亚历山大大帝曾设想把世界帝国的首都建在埃及，使埃及成为世界贸易的中心。这位最开明的征服者意识到，如果有什么可行的办法，把所征服的国家联合为一个大国的话，那就是利用埃及来作为亚、非、欧的连接点。"在此30年后，拿破仑还能流利地背诵这段话。

因此，他军校的同学布里昂——也就是后来拿破仑的私人秘书曾这样评价这位伟人：“我称他为杰出的人物是颇具信心的——他全凭自己的力量攫取了对一个伟大而文明的民族的独断统治权，打了那么多胜仗，征服了那么多国家，把一顶顶王冠分发给自己家族的人，册封一批国王，又废除一批国王，自己几乎成为欧洲最老的君主，他无疑是那个时代最突出的人物，这样一个人不能称为凡人。”每一位伟大人物都不是一朝一夕就能够崛起的，而必然要经过许多磨砺才能脱颖而出。

后来，成为皇帝的拿破仑曾感慨道：“我一生中最骄傲的那一刻，就是接受少尉军衔的时刻，因为我今天的辉煌正是那一刻点燃的，那一刻使我生命的航船开始驶入了腾达的航线。”

在炮兵团服役了一年之后，拿破仑终于被批准获得探亲假。1786 年 9 月 15 日，拿破仑踏上了阔别 8 年之久的阿雅克肖城的码头，母亲和弟弟妹妹们热情地欢迎了他。他陶醉于与家人久别重逢的欢乐中。在陪伴家人之余，他常常独自去探寻自己幼时学习和玩耍过的山洞，也常常漫步在怪石嶙峋的海岸之滨，他醉心于故乡的一草一木，一礁一石。

狂热的乡情渐渐平息下来后，拿破仑开始着手处理父亲的遗产和各种遗留问题。夏尔·波拿巴去世后，家里的经济情况变得极为拮据。拿破仑有条不紊地将一切家事处理好后，于 1788 年 6 月回到了法国。他抽空去圣西尔中学看望了妹妹玛丽亚·安娜，随后便随他的部队奔赴了奥松城。

那是一座阴沉忧郁的城市，拿破仑在那里与他的同学和战友久别重逢，十分欣喜。然而，没过几天，他就连续发烧。身体稍微好些后，他便到炮兵学院跟班上课。校长泰伊将军对拿破仑极为赏识，不但主动收他为学生，而且还让他负责好几个试炮场。泰伊将军并不计较他的军衔低，破例任命他为研究委员会的委员。

有一天，不知出于什么原因，拿破仑被关了 24 小时禁闭。他在禁闭室的旧衣橱里发现了一本满是灰尘的古罗马《国法大全》，他在24小时的禁闭中一口气读完了这本书,并将它牢记于心。多年后在元老院中大家讨论《民法典》条款时，拿破仑依然能毫无遗漏、整段整段地背诵东罗马帝国皇帝查士丁尼颁布的法典，他的这一举动使得在场的人无不惊讶万分。拿破仑就这样一如既往地贪婪地阅读着一切对他有用的书，特别是18世纪的军事著作。

正当拿破仑为自己的科西嘉解放之梦做着精心准备之时，一个扭转命运的机遇摆到了他的面前——法国大革命爆发了。后来发生的一切证明，把拿破仑卷入其中的法国大革命不但缩短了他与法国的距离，而且也把他的命运和法国的命运紧紧地连在了一起。拿破仑把他的全部智慧和才能都投入到了法国大革命的事业中，使法国一度成为全欧洲最强大的国家。法国则给拿破仑提供了充分发挥其才能的舞台，使他进入了世界伟人之列。

1789年7月14日法国大革命爆发时，拿破仑还在奥松城的炮兵团里不断充实自己。这时的巴黎接二连三地发生了震惊全国的大事件，三级会议、第三等级奋起反抗君主政体、攻占巴士底狱等，这些事件都搅得人心激荡。7月19日，奥松城的底层民众造反，侵占、洗劫、贩卖人口并入侵市税办公室。军队采取了武力威胁，才勉强控制住了局势。但拉费尔炮兵团早已与叛乱群众达成统一战线。8月16日，该团造反，强迫上校交出私自扣发的津贴。虽然这次造反拿破仑参与其中，但这些都不是他所关心的，他内心关注的是科西嘉，科西嘉的形势如何？他的同胞们会不会从革命事件中得到好处？对波拿巴家族、对拿破仑自己，这场革命正是千载难逢的进取良机！

拿破仑拿出他的《论科西嘉散札》寄给他崇拜的楷模、正在流亡中的保利，他在信中写道：

“将军！我出生之日，正是祖国沦亡之时。三万法国人拥向我们的海岸，把自由的宝座淹没在血浪之中，垂死者的呼喊声、被压迫者的呻吟声和绝望者的哭泣声在我的摇篮边环绕……他们的希望破灭了。我们屈服的回报是奴役，我们的同胞在士兵、法官和税官的三重重压下生活，受尽冷眼，苦不堪

1789 年 7 月 14 日，武装起义的巴黎市民攻占巴士底狱，掀起了法国大革命的风暴

言……这些叛国者为了给他们的行径辩护，对您百般诬蔑……当读到这些时，我热血沸腾，决定拨开云雾，揭露真相。我将以耻辱之刷，抹黑所有背叛共同事业的败类……假如我那时住在首都，我将寻求其他手段……由于我太年轻，这一任务可能劳而无功。不过，我可以得助于我对真理的执着，对祖国的热爱，以及对革命的热情。假如您，将军，能鼓励您曾亲眼见到的呱呱坠地的青年，我将会得到信心……我母亲莱蒂齐亚夫人嘱笔，请记得当年在科特时您我两家的友情。"

然而保利并没有回信，这种不理睬的态度令拿破仑感到不安，他很快不再对回信抱有希望，他决定回科西嘉去看看。一获得准假，他便收拾了一箱子书，起程返回科西嘉，途中他绕道去了瓦朗斯和马赛。瓦朗斯的德·圣吕夫教士同拿破仑谈到大革命时，开玩笑地说道："波拿巴先生，照这样下去，每个人都可以轮上当国王，要是轮到您当国王，您就与基督教和解吧，您一定会感到称心如意的。”在马赛，拿破仑拜访了他所崇拜的雪纳尔，并从雪纳尔那里得了鼓励和赞扬，于是拿破仑抱着无限希望坐上了返回阿雅克肖的船。

拿破仑回到了科西嘉岛，发现岛上什么也没改变。人们对大革命发生的事件知之甚少，这些事件对岛上的行政管理还未曾产生影响。不过，人们的思想已经活跃起来了，拿破仑一眼就看到了自己应当扮演的角色，他对命运寄予了无限的希望，他梦寐以求的前景此时此刻正清晰地展现在眼前。

正在拿破仑踌躇满志，准备大显身手之时，保利将军回到了科西嘉，科西嘉岛又重新掌握在了保利手中。得知此消息后，拿破仑立刻动身去拜见了保利将军，但保利对拿破仑的态度却是冷淡的。保利认为拿破仑是投敌变节分子的儿子，又是法国养大的，现在却企图来投靠他，保利不由得对拿破仑产生了一种强烈的不信任感。他认为拿破仑既粗鲁又危险，为了稳住他，只是对他表面应酬了一番。

不久，拿破仑的假期已满，他只得带着弟弟路易返回奥松城。此时他已晋级为中尉。虽然长时间离队，但归队后拿破仑仍然受到了炮兵团的欢迎。为了与科西嘉保持联系，他又给保利写了一封信，信中请求保利帮他提供一些材料，以便使他完成那部关于科西嘉的著作。但保利以没有时间打开箱子，也没有时间寻找文件资料为由，回信拒绝了他，并告诫拿破仑：“历史不是在青年时代写成的。”保利的回信内容激怒了拿破仑，他将那部手稿藏在了箱底，最终也没能完成它。

1791 年夏，军事当局改组炮兵，拿破仑从二等中尉被提升为一等中尉，并被调离拉费尔炮团，调到驻防于瓦朗斯的格勒诺布尔炮团。1791 年秋，拿破仑再次休假，他回到科西嘉，一直住到第二年 5 月。此时，以保利为中心的新政权主张科西嘉在英国的保护下从法国分离出去，并且把英国的君主立宪政体移植到科西嘉的政权中来。拿破仑与他心目中的这位英雄发生了严重的政治分歧，他支持法国制宪会议的决议，主张并拥护法国的民主政体，并认为法国大革命为科西嘉的发展创造了条件。由此，二人之间便酝酿着一场公开的冲突。

拿破仑回到科西嘉后费尽心思，软硬兼施，终于成功地在国民自卫军中谋得了中校的位置。然而成功的喜悦冲昏了拿破仑的头脑，他干了一件蠢事。拿破仑企图让他所管辖的国民自卫军占领阿雅克肖城，但驻军顽强抵抗，当地居民也反对他这样做。在这次事件中枪也开了，血也流了，拿破仑与保利之间原有的矛盾就更加尖锐了，保利派出代表决定强行停火。拿破仑受到了大多数岛民的谴责，保利也根本不承认他在军中的地位，此时拿破仑在科西嘉的处境很不妙。拿破仑分析了当时的情况，认为在欧洲大陆战云密布的时候，最大胆的行动也就是最审慎的行动，于是，他决定重返法国。

回到法国后的拿破仑加紧在各军事部门的活动，迅速缓解了阿雅克肖城事件对他产生的不利影响，最后使官方不但没有追究他的责任，反而重新任命他为上尉。很快，拿破仑又一头扎进了政治事件的浪潮中。大革命水涨为患，泛滥成灾。法国已向奥地利的专制君主宣战，枪炮已在前线打响，吉伦特派政权已被推翻，议会风雨飘摇，每天早上人们都以为议会将发生大乱。到巴黎后的拿破仑，在 6 月 20 日偶然目睹了路易十六和王后被群众侮辱数小时的情景，不禁为这些鲁莽行径感到愤怒不已。同年 8 月 10 日，拿破仑又亲眼看到了那些野蛮的暴民给予垂死的君主制以致命打击的种种离奇事件，这些都强烈地冲击着拿破仑的思想。在理智上，拿破仑虽然赞成雅各宾派的革命信条，但在本能上他却常常站在受辱的专制君主一边。而这或许正是拿破仑会带给法国一种古怪的革命帝制的原因之一。

1792 年 10 月，拿破仑护送着已经改名为埃利莎的妹妹第三次回到科西嘉岛。此前的 9 月 22 日，法国大革命军在法国东北部的马恩郡大败普奥联军，击退了欧洲反动君主对法国大革命的武装干涉。在南方，法军计划以科西嘉岛为基地，占领撒丁王国的马达莱纳群岛，作为入侵撒丁的跳板。拿破仑出任科西嘉国民自卫军营长，参加了这次出征。1793 年 2 月 18 日，拿破仑占领了马达莱纳群岛附近的圣斯特法诺岛，很容易就能长驱直入地进攻马达莱

1792 年，23 岁的拿破仑返回科西嘉岛，在科西嘉国民自卫军第 1 步兵营中担任中校

纳群岛。这时，拿破仑接到了停止进攻和返回的命令，兵舰上又发生了兵变。据说，这是保利派的一场阴谋，目的在于使拿破仑不能实行他的计划并且使他被俘。拿破仑愤怒地把一门臼炮和四门大炮推到海里，队伍才得以保全。

1793 年 3 月 3 日，拿破仑回到了阿雅克肖城，却发现城中情况非常混乱。法国已向英国和荷兰宣战，保利明目张胆地投向保王派和英国一边，拿破仑的弟弟吕西安则向土伦的法国当局秘密地告发了保利。波拿巴家族和保利彻底走向了决裂。拿破仑协同巴黎方面来的特派员多次策划夺取阿雅克肖城并拘留保利，但都被保利派挫败。无奈之下，拿破仑找到了一位牧羊人做伴，打算前往巴斯提亚，与那里的法国特派员联系。不料，他途经波科尼亚诺村时，被保利派认出并囚禁起来，幸好被这里与波拿巴家族有旧交的村民给放了出来。拿破仑辗转逃到巴斯提亚，向特派员要了一支队伍，并前去解放阿雅克肖城，结果却打了败仗。在阿雅克肖城，多数居民支持保利，他们不但打退了城内的亲法派，还袭击了拿破仑一家。

1793 年 6 月 11 日，拿破仑全家惊慌地登船逃往土伦。帆船向普罗旺斯海岸驶去，拿破仑站在风帆下面，久久地凝视着科西嘉岛白云缭绕的山峰，它们渐渐与天空融为了一体。拿破仑是那么热爱这片小小的国土，可如今，他的祖国却将他驱逐出境，流放他方。不久，科西嘉在保利的领导下脱离法国统治，归入英国保护，直到 1796 年才重归法国。

就在拿破仑前往法国时，法国国内吉伦特派和雅各宾派的斗争正如火如荼地进行着。1793 年 6 月 2 日，8 万名巴黎平民发动起义，使吉伦特派统治垮台，开始了雅各宾派专政时期。此时国外的干涉力量正从四面八方进逼法国，英国舰队封锁了法国的海岸。逃脱的吉伦特派领袖们跑到外省煽动叛乱，到 7 月中旬，全国 83 个省中已有 60 个省受到叛乱分子的围攻或落入敌人手中。雅各宾派顶住各方面的压力，以极大的毅力和气魄，实施了自己的革命纲领，并于 6 月 24 日通过了《1793 年宪法》，改组了救国委员会，从而挽救了革命。

拿破仑到达法国并安置好家人后，立即赶往尼斯第四炮团报到。1793 年

7月29日，他写了一篇名为《博盖尔晚餐》的谈话记录稿，表明了他支持雅各宾派的政权，反对外国干涉势力和逃亡贵族的政治立场，同时还表明了他愿在雅各宾派政府的领导下去履行革命士兵职责的强烈愿望。

1793年，法国局势正发生着巨大的变化。这年春天，仇视法国大革命的欧洲封建君主国以法王路易十六被处死为由，组织了反法联军，武装进攻法国。随后，盘踞在土伦和南方其他几个城市的保王党分子为推翻雅各宾派专政，恢复波旁王朝，居然引狼入室，允许反法联军的英国和西班牙舰队驶入土伦港，并把拥有30多艘战舰的法国地中海舰队拱手交给了英国人和西班牙人。此后，其他外国军队也相继踏入了这个地理位置十分重要的港口。9月底，进入土伦的外国军队已经达到1.4万人，其中英国军队3000人，西班牙军队5000人，那不勒斯军队4000人，撒丁军队2000人。这一情况犹如晴天霹雳般震撼了整个法国。为了捍卫新生的革命政权，打退国内外反革命势力的猖狂进攻，法国革命政府颁布了全国总动员法令，动员全民团结起来扫除叛乱，抵御侵略。没过多久，法国便集结了两支大军开赴土伦前线，一场著名的围攻战开始了。

围攻战先是由外强中干的纨绔子弟卡尔托指挥。卡尔托以前是个画家，根本不谙战争之事，以致战役屡屡不顺，炮兵指挥官多马尔坦也在围攻战中受伤致残，收复土伦的前景十分暗淡。就在这时，拿破仑出现了，他本是奉调前往一个海防部队去的，途中正好路过革命军部队驻地，国民公会的特派员、拿破仑的老乡萨利切蒂便立即推荐他接替多马尔坦的职务，担任土伦平叛部队的炮兵指挥官，这一任命很快就得到了巴黎军事当局的批准。谁也没有料到，正是这样一个偶然的机会，使拿破仑获得了一个初试锋芒的舞台。

拿破仑到土伦前线时，卡尔托以十分傲慢的态度接待了他。卡尔托身穿挂有金带的军服，大模大样地踱着方步，对拿破仑说："无须你来相助。不过，欢迎你来分享我的荣誉。"

拿破仑进入前沿阵地后立即投入到了紧张的工作中。他很快发现这里的炮兵形同虚设，既无足够的火炮，也无充足的弹药，只有几门破破烂烂的野

1794 年 6 月 26 日，法国革命军在比利时弗勒吕斯击败由奥地利、荷兰和英国组成的反法联军，保卫了法国大革命的胜利果实

炮和臼炮，由一名军曹稀里糊涂地看管着。士兵们没有起码的军事素养，也没有经过认真的训练，他们不仅不会使用火炮，更不懂如何修理。更可笑的是，他的上司卡尔托竟缺乏火炮方面的起码常识，连那少得可怜的几门大炮的射程有多远都一无所知。改变如此恶劣的现状，拿破仑首先想到的是设法搜集各种火炮。不久，他便弄到了近百门大口径火炮及大量的弹药。接着，他派专人到里昂和格勒诺布尔等地收集一切有用的军械器材，并在奥利乌尔建立了一个有 80 名工人的军械工厂。为了解决炮兵的机动和工事构筑问题，拿破仑征用了从尼斯到瓦朗斯和蒙彼利埃一带的马匹，还在马赛安排生产了几万个供修筑炮垒用的柳条筐。

在土伦，拿破仑不但表现出了出色的组织能力，而且还经常深入一线部队，与士兵一起工作，用自己的热情鼓舞了士气。接替卡尔托担任土伦指挥官的多佩曾回忆说："我发现他总是坚守在他的工作岗位上，需要休息时，他就裹

1793 年，英国和西班牙的舰队开入法国土伦港，意图对法国大革命进行干涉

着大氅睡在地上。他从未离开过炮群。”

与此同时，拿破仑还仔细地观察了战地，熟悉了每个局部的地貌。最后，他提出了攻陷土伦的作战计划。他认为首先应该集中兵力，攻占港湾西岸的马尔格雷夫堡，夺取克尔海角，然后集中大量火炮，猛烈轰击停泊在大、小停泊场内的英国舰队，切断英国舰队与土伦守敌之间的联系，迫使英舰撤出港口。这样，守敌一无退路，二无援兵，三无火力支援，法军只需很少的兵力，便可迅速攻占土伦。

但是由于拿破仑的年轻和不知名，他的炮兵突围、步兵迂回、从海上和陆地围攻土伦的这一作战方案，迟迟得不到支持和批准。而多佩自己组织的几次进攻都失败了，法国国民委员会便派出老将杜戈米埃接替了他。杜戈米埃是一个已有 40 年军龄的老军人，他坚强、勇敢、为人正直，且具有独到而准确的军事眼光，他对拿破仑如此大胆而新颖的作战方案惊叹不已，很快批准了这一方案。

这时英军似乎也意识到了马尔格雷夫堡和克尔海角的重要性，竟派出 4000 人登岸驻守，征用了土伦一切兵力来加强防御。英军扬言要把马尔格雷夫堡变成“小直布罗陀”。于是，一个月前还是可以轻易攻取的阵地，如今需重兵才能攻下了。拿破仑立即着手在小停泊场的北面构筑炮兵阵地，准备集中火力攻打马尔格雷夫堡。为了攻敌不备，拿破仑带领士兵用橄榄树枝对阵地进行了巧妙的伪装，使得敌人对这项工程毫无察觉。

围攻土伦的日子临近了。11月下旬，前线司令部最终批准了进攻作战计划。12月上旬，革命军的最后一批援军到达，围攻土伦的兵力达到3.8万人，是守敌的数倍。12月中旬，突击部队和炮兵都按预定计划进入了集中地域，并进驻了预先构筑好的堡垒，做好了进攻准备。

12月14日，革命军对土伦联军的总攻正式开始。革命军使用45门大口径火炮，集中向“小直布罗陀”猛烈轰击。一排排炮弹掠空而过，飞向联军阵地，“小直布罗陀”顷刻间变成火海。在法军猛烈炮火的攻击下，联军精心构筑的防御工事很快被摧毁了。许多战壕里的敌人被迫放弃前沿工事，退守到后方阵地。革命军用猛烈的炮火整整轰击了两天两夜，直至16日晚，真正的全面冲锋才拉开序幕。

12月16日夜里，大雨滂沱，电闪雷鸣，海风狂啸，黑暗和恐怖笼罩着整个战场。午夜1时，在杜戈米埃将军的指挥下，法军6000人分别从南北两翼直扑“小直布罗陀”。尽管“小直布罗陀”已受到法军连续48小时的炮击，但敌人仍在顽强抵抗。在黑暗和混乱中，整连整营的法军迷失了方向，敌人顽强的抵抗使得大批法国士兵倒在血泊中。在几次进攻都被击退之后，许多法军官兵开始失去信心，甚至产生了绝望的情绪。就在这个关键时刻，拿破仑率领预备队冲了上来。拿破仑身先士卒，冲锋陷阵，他的战马被炮弹击毙，他的小腿被击伤，但他仍奋勇直前地指挥着进攻。拿破仑命令炮兵大尉米尔隆率领一个营从一条曲折的小路盘旋上山，出其不意地从棱堡的后门攻入“小直布罗陀”。凌晨3时，米尔隆率领的这个营终于突破了“小直布罗陀”炮台，给后续部队打开了一个缺口，许多英国和西班牙士兵还没明白过来是怎么回事，便被法军杀死在了大炮上。

法军占领了“小直布罗陀”后，立即掉转炮口向敌人猛轰。敌人准备在拂晓前投入预备队反攻，企图夺回“小直布罗陀”，但未获成功。战斗一直持续到天明，敌人感到大势已去，放弃了毫无意义的抵抗。17日上午10时，法军在调整部署以后，再次向敌人发起进攻，又经过几个小时的激烈战斗，终于将敌人全部逐出了克尔海角。拿破仑在这场亲自参与指挥的战斗中表现出了杰出的指挥才能。他不仅判断准确，指挥果敢，而且身先士卒。恩格斯曾这样评价土伦战役："土伦是因为拿破仑巧妙的袭击和坚决的进攻，以及它的守卫者的失误而收复的。"

12月28日，土伦解放了。土伦收复的捷报立即传遍了整个法国，许多人都不肯相信土伦这个曾被看作是无法攻克的堡垒，竟会在初出茅庐、默默无闻的拿破仑手中收复。这个意外的胜利格外激动人心，拿破仑也因此由一名普通军官一跃成为法国万众瞩目的风云人物。在杜戈米埃将军的提议下，12月22日，拿破仑被破格提升为炮兵准将。杜戈米埃将军在呈文中说道："请你们奖励并提拔这位年轻人，如果不嘉奖他，他靠自己的能力也会飞黄腾达。"1794年2月6日，国民公会委员会批准了这项提议，并任命拿破仑为意大利军团炮兵指挥。

同年6月，拿破仑受命负责制订一项出征科西嘉的方案。经过反复观察与分析，拿破仑提出了迂回作战的方案，越过阿尔卑斯山，通过撒丁王国深入意大利北部，向维也纳直接进军，粉碎反法联军。拿破仑的方案得到了雅各宾派的政府首脑罗伯斯比尔的弟弟小罗伯斯比尔的认可，并通过他的举荐获得了国民公会的批准。

然而，天有不测风云，7月27日，巴黎发生了反革命的热月政变。雅各宾派领导人罗伯斯比尔、圣茹斯特等相继遭到杀害。一时间，法国上空阴云密布，热月党人在法国对革命者进行了疯狂围剿，并解散了雅各宾政权。

新上台的热月党领导人卡尔诺下令停止了意大利军团的进攻，这完全破坏了拿破仑的计划。与此同时，有人捏造事实，诬陷拿破仑和罗伯斯比尔有通敌的秘密计划。8月9日，拿破仑因此被逮捕。热月党人把他囚禁在昂蒂布附近的卡雷堡，并对他的文件进行了一番搜查，但并未发现什么罪证。

拿破仑对热月党人对他的逮捕感到非常气愤，同时也对瞬间失败的法国大革命进行了思考。他从罗伯斯比尔兄弟的被害中似乎看到了自己的危机，但他对革命依然义无反顾。他曾这样说过:“我不怎么看重生命,我把生死看得很淡。我活着的每一天都有如临战场的感觉，我不会对死亡的到来感到畏惧。”

拿破仑被囚后从未停止过为自己重获自由进行斗争，他曾上书国民公会道:“难道我不是一开始就信奉革命原则的吗？难道我没有参加同国内敌人的斗争，并作为一位士兵同外国敌人斗争吗？难道你们可以不顾后果地抛弃一个对共和国效忠的军人吗？……”

他的同乡及朋友萨利切蒂奉命调查此事，设法澄清了他的问题，并向救国委员会汇报说:“这是一个非凡的人，他的军事才能无与伦比。他是军队不可缺少的将军。”拿破仑终于在 14 天后获释。

9 月，拿破仑恢复军衔并返回尼斯任职。然而，他精心制订的出征意大利北部的军事方案再一次遭到卡尔诺驳回，他本该顺利的前程也因此中断。因为心中的抱负无法施展，拿破仑心情非常压抑。

1795 年 3 月，拿破仑作为炮兵指挥官参加了渡海出征科西嘉的战役，但很快法国舰船便在海上被英军击败并被迫退回。由于在尼斯无事可做，拿破仑经过一番思想斗争后,决定回到巴黎,以期望获得新的任命。1795 年 5 月 2 日，返回巴黎的拿破仑被救国委员会命令去旺代镇压叛乱，但不是作为炮兵指挥官，而是担任步兵指挥官。拿破仑愤怒地拒绝了，在他看来，这项任务不足以施展他的才能。另外，他的专长是炮兵，把他从炮兵调到步兵是对他的侮辱，拿破仑为此同救国委员会里负责军事的人大吵了一场。救国委员会鉴于他拒不接受任命，下令将他的名字从现役将官名册上勾销了。

这次意想不到的打击深深地挫伤了拿破仑的自尊心，他的情绪沮丧到了极点。他寄居在迈勒路上距胜利广场不远的一所房屋中，又开始了以前的那种贫困生活。虽然拿破仑身处繁华热闹的巴黎，可他没有感到丝毫的快乐，而是一个人过着孤单、清寒、寡欢的生活。朱诺夫人曾这样描绘这一时期的拿破仑："拿破仑非常消瘦，不修边幅，头发蓬乱，不抹粉，一副惹人生厌的外表。我还看到他走进特朗基利泰旅馆的庭院，那时他步伐摇晃、歪斜，戴着一顶破旧的圆形帽子，帽子几乎遮住了他的双眼，大衣的翻领盖住了他警觉的双耳。一双瘦长、黝黑的手，不戴手套，因为他说过这是多余的支出。他穿的长靴，样子不好也不上油。面容因为身体奇瘦和脸色发黄而显出病态。"拿破仑虽然才华出众，但由于生活潦倒，命运多舛，曾几度有过自杀的念头。不过，拿破仑最终还是打消了这种念头，继续研究政治和战略方面的问题，并密切关注着意大利战场，随时为以后的大展宏图做着准备。

巴黎是一座有着三千年历史的古城，它的雏形始于公元前5世纪。公元前1世纪，在罗马统帅恺撒大帝的手中得以拓展。公元5世纪时，日耳曼法兰克族撒利克部落的酋长克洛维夺取了塞纳河流域的统治权，创立了法兰克王国。在接下来漫长的日子里，在巴黎逐步建立了宫殿、寺院、教堂等，巴黎的规模在手工业、商业的浸润下发展繁荣，逐步发展成为现在这样一座大城市。法国文学家雨果曾这样形容过巴黎的兴始："巨大的城冲破了四周陈旧的围墙，如同婴儿撕破襁褓一样成长起来。"当大革命席卷整个法国的时候，巴黎又成为革命的心脏。拿破仑始终坚信自己在这个风云变幻的大城里，终将找到发挥自己才能的空间和机会。

1795年8月20日，拿破仑被委任到救国委员会地形测绘局任职，但仍然饱受猜忌。然而不久后，法国错综复杂的政治斗争再次为拿破仑提供了一个发挥其政治和军事才能的绝佳舞台。所以说，机会永远都会留给有准备的人。

再次回到巴黎的拿破仑心中已有很多想法，虽然前途依然不光明，但他已树立起了足够的信心去克服各种困难。

1795年的夏天，法国国内动荡纷乱的局面一直持续着。这一年的10月5日，热月党人战胜了雅各宾派之后，解散了巴黎公社和各地革命委员会，封闭了人民团体和俱乐部，废除了包括限价法在内的商业方面的种种限制。新兴资产阶级通过投机倒把、盗窃公款来发财致富的活动空前猖獗起来，酒宴、狂欢舞会、淫荡生活及骇人听闻的伤风败俗行为风行一时。平民的饥饿、贫困同资产阶级暴发户的穷奢极欲、寻欢作乐形成了鲜明的对比。巴黎的平民再也不能忍耐下去了，饥饿的群众在国民公会大厦集结起来，打破了国民公会的大门。国民公会派军队对群众进行了血腥镇压,并把许多人送上了断头台。

与此同时，热月党人的统治也遭到了流亡的保王党人的威胁。在巴黎一片混乱的局面中，保王党人认为波旁王朝复辟的时机已经到来。于是他们在南部的马赛、里昂等地接连发动叛乱，并在他们控制的地区实行白色恐怖。同时，集结在伦敦、科布伦茨、汉堡、罗马等地的流亡保王党人也再度活跃起来。他们拥立路易十六的弟弟普罗旺斯伯爵为国王，并组织了亡命者队伍，在布列塔尼省的西北端贝伦半岛登陆。热月党国民公会派奥什将军前去镇压，击溃了这支叛乱队伍，并将俘虏的750名叛乱者全部处死。

为了稳定动荡不安的局势，热月党人于8月15日通过了一部宪法。这部宪法取消了大革命胜利后确定的普选权，规定了很严格的选民财产资格，取消了《1791年宪法》中“人民有权反对违反人民意志的政府”这一条款，规定了所有权是一切权利中最神圣的权利，应受到特别保护。这部宪法还效仿美国的议会制度，确定了分权原则，将国家权力分为立法权和行政权。立法权赋予两院，即元老院和五百人院；行政权则赋予由五位督政官组成的督政府。国民公会在实行这部宪法之后即行解散。可以看出，在这部新宪法中，民主和反民主的条款是混杂不清的。而这部宪法在9月22日公布实施时，热月党现任议员为了维护自己的权利，又在这部宪法中补充了一项重要条款，这一条款的添加大大削弱了它的民主色彩，引起了群众的强烈不满。这一附加条款宣称新宪法所要求的每年改选三分之一的议员的规定也适用于本届国民公会，这意味着五百人院和元老院中三分之二的成员必须从现任的国民公会成员中选出。因此，巴黎街道曾一度充满了“打倒三分之二”的标语。这一抗议运动并非保王党人发动，但很快被他们所利用，于是保王党分子趁机又活跃起来。9月中旬，法国中部地区开始出现动乱。他们还在巴黎的中心勒巴勒蒂埃区组织了一个中央委员会，准备在选举大会上通过合法斗争搞垮国民公会。在他们的煽动下，叛乱犹如瘟疫般迅速在各区蔓延开来。负责巴黎警卫的梅努将军因不满新选举法而倒向保王党一边。葡月 12 日，梅努将军同叛乱区司令谈判，同意让军队撤回军营，结果致使大部分地区落入叛乱者之手。在巴黎叛乱分子已达到 4 万人之多，而忠于国民公会的兵力却只剩下 5000 人左右，陆军部队当时更是远离巴黎。再加上热月党人的倒行逆施，使得国民公会失去了群众的支持，热月党人的统治已岌岌可危。

国民公会决定对叛乱分子的进攻予以反击，他们先革除了梅努将军的职务并将其逮捕，任命热月党的著名人物巴拉斯为巴黎武装部队司令。巴拉斯 1789 年为热月党第三等级代表，1792 年成为国民公会议员，1793 年参与围攻土伦，是热月政变的一个策划者，政变后是救国委员会委员。他为人无比自信，娴于辞令，擅长玩弄权术，既能在派系斗争中明哲保身，又善于看风使舵。虽然在陆地和海上都经历过一段战争生活，但他并非职业军人。现在，战斗将在几个小时后展开，他必须找一个英明果断的将军做他的助手。

巴拉斯打算在闲居巴黎的雅各宾派将军中物色人选，他立刻想到了拿破仑——一个穿着破灰大衣，曾几次找他帮忙的瘦削的年轻人。他知道拿破仑是个退职将军，曾在土伦立下赫赫战功。于是他立即派人把这个意志坚定、指挥得当的年轻将军找来，问他能否把叛乱镇压下去。拿破仑只考虑了几分钟，便给出了肯定的答复，但他提出了一个附加条件：谁也不能干涉他的指挥。他说："等大功告成以后，我才会放刀入鞘。"当时，拿破仑在巴黎还不太知名，正是巴拉斯为他提供了一个崭露头角的机会，拿破仑如同一只久缚的雄鹰又准备展翅飞翔了。而后来的历史事实证明，也正是有了这次对拿破仑关键性的举荐，巴拉斯本人才得以永垂史册。

这时的巴黎，情况十分危急。拿破仑受命于危难之际，他以异乎寻常的精力迅速地重新部署了国民公会的防卫。早在革命初期的战斗中，炮兵出身的拿破仑就曾经考虑过大炮在巷战中是否有效的问题，对他这个几何学的天才来说，这倒是个合适的课题。他想出了一个用炮火猛攻叛乱队伍的计划。拿破仑得到了巴拉斯的命令后，立即派出敢冲敢打的骑兵军官缪拉前往附近的萨布龙军营，去那里把闲置的40门大炮弄来。

野战炮团驻扎在萨布龙军营，仅有150名士兵守卫，其余的200人守卫在马利，而默东的军用仓库根本就无人警卫。斐扬只有几门4磅野战炮，虽有2.4万发炮弹，但却没有炮手。

当缪拉弄回了40门大炮，拿破仑又吩咐手下从第89营和宪兵营中征集多名炮手到杜伊勒里宫驻防。然后他又从凡尔赛带来的警察团中抽出200名警察派往默东，还派去了50名骑兵和两连退役士兵。拿破仑下令将马利的各仓库迁至默东，并在默东设厂制造弹药。

1795年10月5日，巴黎出奇的冷，阴沉的天空乌云密布。巴黎的居民们这一天都安静地待在家中，但拿破仑却通过密报得知，保王党徒今天将进攻巴黎，企图颠覆热月党政权。装备良好的叛军在一部分国民自卫军的支持下，已经控制了巴黎的主要街道。他们以为此时占领国民公会并不困难，于是，在兴高采烈的凯旋音乐伴奏下，举着旗帜，向杜伊勒里宫进军。

此时，拿破仑正站在微微细雨中，神色严峻地等待着叛军的进攻。他在每个交通要道都布下了重兵，把大炮支到了路的中央，随时准备与叛军决斗。

叛军的指挥官是一位名叫丹尼肯的老将军，在调动兵力、部署进攻上有些犹豫不决，他把宝贵的时间都浪费在了谈判上，这样反而为拿破仑少而精的部队赢取了时间。拿破仑利用谈判期敌人的不防备，悄悄把大炮部署到了重要位置，对准了那些威胁着杜伊勒里宫以北街道的保王党部队。

拿破仑巧妙地利用了叛军的犹豫时间，及时在斐扬设置了野战炮，对准了圣奥诺雷街，街道两端又各架设两门8磅野战炮。为防备万一，布置后备炮多门，用以侧击可能强行通过的队伍。他在卡鲁塞尔广场留下三门8磅野战炮，对准那些可能被用来对国民公会纵火的房屋。

下午4时，叛军队伍开始集结。4时45分，叛军列队成行，开始向各个据点发动进攻，但是很快都被击退了。到了5时，保王党重新集结军队大举进攻，拿破仑举剑一挥，40门大炮同时开火，一时间，巴黎上空浓烟滚滚，叫喊声不绝于耳，不少叛军直到命坠地府都不相信国民公会竟想到用大炮来还击。一个小时的时间，保王党徒们在拿破仑的指挥刀下魂飞魄散，血肉横飞，这场战斗打得异常激烈，保王党徒拼命抵抗，但毫无结果，最后不得不退回到那个筑有街垒防护的圣罗歇教堂。

与此同时，河对岸的另一队叛军，约有5000人，正鱼贯过桥，向杜伊勒里宫冲来，但他们很快在炮弹的轰炸下溃退了。叛军在仓皇逃走时，抛下了大量尸体，在这些死者中，逃亡分子、老财主和贵族随处可见。但是残存的叛军并不认输，他们在圣罗歇教堂和共和国剧院重新集结起来。

拿破仑率领后备部队在革命广场与蒙肖西组成一个纵队，随带两门12磅野战炮，沿林荫大道前进，绕过樊多姆广场，在总部设置通往前哨的连接点，然后返回。布律纳将军带着两门榴弹炮在圣尼凯斯街和圣奥诺雷街部署。卡尔拉将军则率领本部200名士兵和一门4磅野战炮开赴平等广场。各纵队开始统一行动，剩余的叛军也已退出圣罗歇教堂和共和国剧院。叛军无奈之下只得退往拉罗街地势高的区域并构筑了街垒。当天夜里，拿破仑派出若干个小分队四处巡逻，并不时放几炮威吓叛军。

拂晓，拿破仑获悉，一批圣热内微学院的学生带了两门大炮去加入叛军，拿破仑立即派出一队龙骑兵把炮夺了回来并运到了杜伊勒里宫。

各区叛军虽然已被击败，但仍表现出顽强抵抗的决心。他们在格勒内尔区各条街上筑起街垒，并在各主要道路上架设了大炮。9时整，拜鲁那将军占领了樊多姆广场的一处阵地，用两门8磅野战炮对贝勒蒂埃的这个主要阵地实施炮轰。瓦肖特、布律纳和杜维其三位将军所率各师也做好了进攻准备。各区叛军眼看他们前无进路，后无退路，顿时丧失了斗志，慌乱撤出阵地，四处逃窜。

次日，贝勒蒂埃区和法兰西剧院被解除武装，战斗彻底胜利，热月党人的国民公会得救了。这场保王党谋划已久的阴谋顷刻间就被拿破仑的大炮给粉碎了。

几个月前，国民公会曾残酷地镇压了平民的起义，把大批起义者送上了断头台，而这一次对失败的保王党叛乱分子却表现得相当温和，只处死了两个叛乱头子，拿破仑还利用自己的影响，使被指控犯了叛国罪的梅努将军恢复了自由。

在这次平叛中，拿破仑指挥得当，身先士卒，他的战马曾两次中弹，当他踏着叛军的尸体接受人们的欢呼时，他已是骑在第三匹战马上了。巴拉斯和其他领导人都非常钦佩拿破仑的勇敢和果断。也正是由于具备这样的性格，拿破仑才采用了前所未有的在城市中使用大炮轰击暴乱分子的手段，在拿破仑看来，既然要打仗就不要计较代价，即使以血流成河为代价也要争取到胜利。此后，拿破仑指挥战斗一直毫无例外地遵循着这个原则。他不喜欢白白浪费炮弹，但在能带来好处的地方，他是从来不会吝啬的。他在这次平叛战斗中就没有吝啬，叛军被他的大炮打得血肉横飞。在战斗中毫不留情，这也是拿破仑的一大特点。他曾自我剖析道："我是两个不同的人：有头脑的人和有良心的人。不要以为我没有一颗多愁善感的心，其实我是相当善良的人。但是，我从很早的少年时代起，就尽力使这条心弦静止下来，以至现在它不发出一点儿声响。"事实也证明，在对付胆敢进行抵抗的敌人的时候，拿破仑的这条心弦是从来也没有发出过声音的。

这位曾经不修边幅、一头乱发、衣着破旧，处处显出极度贫困、不为人知的年轻人，在经历过这决定性的一战后，命运发生了戏剧性的变化。一时间，拿破仑成了巴黎人心目中的英雄。不管是在军界，还是在社会的各个阶层，他都成了军事奇才的化身，成了刚毅、果敢与伟大的代名词。巴黎人崇敬地称他为"葡月将军"，国民公会也认为是他的英明挽救了共和国。

葡月政变以后，法国成立了督政府，督政府对拿破仑这位有着超凡才能的青年将领非常欣赏，国民公会也认为是拿破仑用他的非凡努力拯救了法国，因此对他极为器重。很快，他就被授予了少将军衔，并被任命为法国内防军和巴黎卫戍副司令。宪法规定一个人不能同时担任督政官和内防军司令，因此政变后掌握督政府权力的巴拉斯很快就辞去了军职，拿破仑顺利升任司令。他成了势力强大的共和国督政官巴拉斯的密友及作战部队独立指挥官。他的社会地位随之迅速提升，他搬进了旺多姆广场旁的高级旅馆，他的生活变得丰富多彩了。

拿破仑在司令任上，大力整顿了国民自卫军，重组了警察团，清洗了保王党分子，查封了雅各宾俱乐部，迅速稳定了热月党人、雅各宾党人和保王党分子之间因仇恨和冲突而破坏的社会秩序。

毫无疑问，拿破仑的政治生涯和军事生涯，在经历了几次严重的挫折之后，终于展现出了锦绣前景。巴黎街头的隆隆炮声已轰开了拿破仑迈向权力巅峰的命运之门。

第三章 将军的爱情

拿破仑刚毅、果断的性格深深地打动了德茜蕾的心。两个初涉爱河的年轻人经过一段热恋后，终于订了婚。然而，葡月政变后的拿破仑再也不是那个腼腆拘谨、笨手笨脚的科西嘉人了。他开始时常穿行在富丽堂皇的沙龙里，每晚都有无数的美女在他身边围绕。

年轻的拿破仑成为将军后，他的个人生活也随之变得绚丽多彩了。

他陆续把母亲和两个弟弟、三个妹妹接到了自己的身边。他的母亲经历了那么多磨难，饱尝了种种世事风霜，现在终于可以松一口气了。拿破仑的薪金和口粮维持着一家人的生活，他现在终于能奉养饱经风霜的母亲了。母亲莱蒂齐亚流着眼泪轻抚着拿破仑的将军肩章，喃喃地说道："如果你父亲能看到这一天该多高兴啊！"

拿破仑不仅自己平步青云，他的哥哥约瑟夫也与同乡萨利切蒂交上了朋友。弟弟路易被拿破仑任命为参谋部少尉军官，有很好的发展前景。整个波拿巴家族都在向好的方向迈进。

马赛城有一位大绸缎商弗朗斯·克拉里，他行事谨慎的作风使家业兴旺，他将父辈的事业不断扩展，并成为马赛最大的绸缎商之一，他曾被指派为宫中丝绸承办人。他早年故去后，留下妻子和一个儿子艾蒂安、两个女儿朱莉和德茜蕾，艾蒂安继承了父亲的事业。

突然有一天艾蒂安因"效忠王室"的罪名被警察局逮捕了，一时间克拉里家的顶梁柱倒塌了，家中的女人们哭成一团。

唯有小女儿德茜蕾呆呆地坐在那里琢磨着与她年龄不相符的事情。姐姐朱莉是个心直口快而又缺乏智慧的漂亮姑娘，她看到妹妹对哥哥的入狱无动于衷，不由得对德茜蕾大叫起来："德茜蕾，你是铁石心肠吗？怎么连眼泪都不掉一滴？"

德茜蕾站起来，给嫂嫂苏珊擦掉泪水，对妈妈说："妈妈，我明天要去见阿尔比特。"

德茜蕾走到窗前，手抚着流苏微曳的丝绸窗纱，镇定地说道："阿尔比特是派驻马赛的国会议员，他在市政府就职，明天我要跟苏珊一起去见他，并跟他解释拘捕艾蒂安一定是出于误会。否则，不仅艾蒂安会被砍头，我们家也会被抄。"

大家都觉得德茜蕾言之有理，认为这是个可行的办法。但母亲却认为德茜蕾是个孩子，不应该在外面抛头露面。

德茜蕾急切地说服大家，为了救艾蒂安，这是必须做的，而且救人才是最重要的。

第二天，德茜蕾穿上高雅的灰色礼服，又悄悄地到朱莉房里擦了胭脂和口红，并把两块绸布填在胸衣里，镜子里的她看起来似乎妩媚成熟了许多。

这是个阳光明媚的日子，德茜蕾和苏珊优雅地走进了市政厅大门。一位英俊颀长的男青年友好地询问她们的来意，苏珊在男子的亲切询问下窘得说不出话来。德茜蕾见状忙跨前一步，说："我们要见阿尔比特。"

男青年道："阿尔比特现在不在，我是他的助手约瑟夫·波拿巴，可以告诉我你们找他有什么事吗？"

德茜蕾满怀希望而来，没想到阿尔比特不在市政厅，不由得在失望焦急之下哭了起来。

约瑟夫忙说："告诉我也一样，我是他的助手，我会向他汇报并办理的。"

德茜蕾哽咽着把哥哥艾蒂安仅是一个纯粹的商人的事详细地告诉了约瑟夫，并说阿尔比特是马赛人，应该为正经的马赛商人做主。

约瑟夫听后半晌才说道："你的父亲曾向反动贵族售卖过绸缎，而贵族是人民的敌人。你父亲去世了，所以抓了你哥哥。不过你别太着急，也许我能帮你。"

"真的吗？"德茜蕾有些不相信。

约瑟夫微微一笑，道："别小看我，我们波拿巴家族说话算数，要知道我们家出了一位将军！"

德茜蕾十分好奇地问："将军？是你的父辈吗？"

约瑟夫自豪地摇摇头说:“是我年仅 24 岁的弟弟。”

德茜蕾的心中充满了希望，在她看来一位将军的哥哥说话肯定是算数的。她看着约瑟夫英俊的面孔和挺直的腰板，不由得想起了朱莉。

她灵机一动，说道:“谢谢你，波拿巴先生，能邀请您今晚到我家做客吗？”

约瑟夫迟疑了一下，才问:“你家是很有名望的，我能有这个荣幸吗？”

“当然！如果能同时邀请到您的将军弟弟更是不胜荣幸。”德茜蕾立刻答道。

约瑟夫答应了。

当天下午，艾蒂安就被释放了。

德茜蕾和她的妈妈、姐姐为了迎接恩人的到来，仔细清扫了庭院，朱莉听了妹妹的暗示后更是妆扮一新。

傍晚时分，波拿巴兄弟来到德茜蕾的家。约瑟夫一身干净利落的打扮，与拿破仑随意的装束形成了鲜明的对比。

在波拿巴兄弟二人落座后，德茜蕾对那位身材矮小、军装脏皱、头发蓬乱的人的身份产生了怀疑。但交谈开始后，约瑟夫的温文尔雅和拿破仑的睿智敏锐便表现了出来。

拿破仑坐在一把最不起眼的旧椅子上，对艾蒂安轻轻地说道:“我们部队没有合适的军装，枪也太老，但这个问题我已寻求到解决的办法了。”

艾蒂安感觉到了拿破仑不同于凡人的气质，颇有兴趣地问:“什么办法呢，将军？”

拿破仑说道:“把奥地利人赶出意大利，那是一个富饶的国家，我们的军队可以在那里得到给养。”

“但意大利人会有什么反应？他们会俯首帖耳地让你占领他们的国家吗？”艾蒂安好奇地追问。

“当然，我是要解放他们，解放整个欧洲，我要把《人权宣言》带给所有被解放的国家。”拿破仑自信地回答道。

艾蒂安虽然是一个憎恨战争且安分守己的商人，但他被拿破仑的气度感染了："伟大的胸怀，将军，绝妙的见解。"

拿破仑笑了，德茜蕾发现拿破仑的长相虽然谈不上英俊，但却有一种超乎想象的吸引力。

约瑟夫看了看窗外，对克拉里夫人说："您的花园真漂亮，能否让小姐带我们去参观一下。"

"当然！"克拉里夫人欣然应允。

约瑟夫由朱莉陪着，德茜蕾则陪伴在拿破仑身旁在花园中散步。不一会儿，两对年轻人就各自分开走了。

拿破仑盯着这位皮肤光洁，笑容可掬，双眸黑亮而温柔的小姑娘，突然笑了笑说："你不是个小孩子，而是一位美丽的姑娘了。你请我们来，恐怕不仅仅是为了感谢我们吧？"

德茜蕾回头望了望后边早已依偎在一起的约瑟夫和朱莉，不由得羞红了脸。从她第一眼看到这位小个子将军开始，她的心里便产生了一种莫名其妙的激动，在此刻他又洞穿了自己暗设的小伎俩。德茜蕾感到从此在这个男人面前，她将是透明的，无法掩藏的。

拿破仑爱惜地握住德茜蕾的纤纤玉手说："原谅我的直率，我是个天生的军人，做什么都喜欢快捷，我认为应给他们机会多认识一下彼此，我看朱莉和约瑟夫很快就可以结婚了吧！"

德茜蕾低头喃喃道："谁会相信一见钟情呢？"

拿破仑轻轻地挽起德茜蕾的手臂，她感到和他是那么接近，他们慢慢地走着，彼此亲切、知心地交谈，好像是多年的老朋友。

天色暗了下来，暮霭低垂。拿破仑停下脚步，注视着比自己矮半头的德茜蕾，德茜蕾望着他那对明亮闪光的眼睛，惊奇地发现男人也会有如此长的睫毛。拿破仑轻轻捧起德茜蕾的双颊，直盯着她那双明眸说："对我，你不必隐瞒，我能洞察你这位冰清玉洁的少女的心思。"说着，他轻吻了一下德茜蕾的手，接着说："你们家很有钱，有用人可用，而我们家却一贫如洗。但等我征服了意大利，我会变得富有，到时候我也会给我的家人许多照顾。”

拿破仑的气度让德茜蕾大大折服，她抬头凝视着拿破仑深邃的目光说：“你一定会成功的，因为你说了，就一定能办到。”

拿破仑刚毅、果断的性格深深地打动了德茜蕾的心。他那被太阳晒黑的皮肤，棕红色的头发，使他看起来是那样硬朗，而当他笑起来时，笑容又显得那么幼稚、天真。看着这样的拿破仑，德茜蕾内心自语道：“我还等什么？这不就是我心目中的男人吗？”

这次造访德茜蕾家后，拿破仑兄弟便是这里的常客了。艾蒂安时常邀请他们，他与这位年轻将军仿佛有谈不完的话题。显然，艾蒂安是以成败论英雄的典型人物。

朱莉被约瑟夫倜傥卓越的风采深深吸引，不久之后两人便结了婚。

拿破仑对约瑟夫的婚姻很满意。因为朱莉家富有，朱莉的相貌也很漂亮，尤其是拿破仑早已对那位德茜蕾小姐暗生了爱慕之情，他想约瑟夫和朱莉一定会乐于促成他们的这段感情的。

此后，拿破仑除了日常安排炮兵军事工作外，便频频与德茜蕾约会。他们常常漫步街头，谈卢梭，谈伏尔泰，谈歌德的《少年维特之烦恼》，拿破仑那广博深厚的学识使德茜蕾惊叹之余又爱慕不已。

一天晚上，他们在花园里，斜靠在篱笆上眺望宽广无边的草原，拿破仑突然问德茜蕾：“你惧不惧怕命运？”

“惧怕命运？不，”德茜蕾摇摇头，“我不怕，没有人能预知自己的将来，为什么要怕自己不知道的事？”

“很奇怪，许多人都说他们不知道自己的命运。”在月光下，拿破仑的脸显得出奇的苍白，他的眼睛凝视着远方，带着梦一般的神情说，“我知道自己的命运，我知道自己的将来。”

“那么你惧怕吗？”德茜蕾不解地问。

拿破仑沉思了一下，接着说道：“我知道我有非凡的力量，我会做出一番伟大的事业。我生来就是为了统治和兴建一个国家的，我是为了创造奇迹而来到人世的。”德茜蕾听着这样陌生的言论，不知所措地笑了起来。

“你感觉好笑吗？”拿破仑语调低微得似在耳语，“欧仁妮，你在笑吗？”（欧仁妮是德茜蕾的乳名，拿破仑一生都是这么叫她的。）

“原谅我，请你原谅我，”德茜蕾说，“因为你的表情令我害怕，月光下你的面容显得那么苍白、陌生又特别。我害怕的时候常常会笑。”

“我并不想使你惊骇，欧仁妮。”拿破仑的语调是那么温柔，“我知道你害怕，你在害怕我不平凡的命运！”

这个夜晚那么恬静，那么幽美，似乎可以听到路边野花闲草的呼吸。拿破仑俯身深情地看着德茜蕾，近得让她开始颤抖，她本能地合上眼，感觉到拿破仑温柔而有力的吻落在了她的额头、脸颊、红唇上。斜挂在天上的月亮犹如一盏银色的灯笼，天上的点点星斗似乎在冲他们眨眼，拿破仑用温柔的声音在她耳边轻诉：“欧仁妮，别怕，我有能力保护你，请相信我，我愿意把我最美好的爱献给你，你答应吗？”

德茜蕾激动得哭出了声，连连点头：“亲爱的，我爱你，不管你做什么，不管你是伟人还是凡人，我只爱你。”德茜蕾把一个装着自己青丝的椭圆形颈饰放到了拿破仑的手心，用热切的目光凝视着他，说道：“你去创造你的世界吧，我永远都在这里等你。”

两个初涉爱河的年轻人经过一段热恋后，终于订了婚。

正当拿破仑初享爱情的甜美时，法国发生了震惊欧洲的热月政变。拿破仑因被卷入某种政治阴谋而被囚禁了起来。

拿破仑被监禁期间无比思念他的欧仁妮，他常托起挂在胸前的装有欧仁妮秀发的饰物亲吻不已。

而如惊弓之鸟的德茜蕾则陷入了深深的苦痛之中。她在心中千百次地呼唤爱人的名字后，终于鼓起勇气来到拿破仑的家中。约瑟夫看到推门而入的德茜蕾大吃一惊，忙问道：“你怎么来了？”

德茜蕾平复了一下情绪，缓缓道来：“请你们准备几件拿破仑的衣服，我要去看他。”莱蒂齐亚被德茜蕾的勇敢和真情深深打动了，她走上前来，抚了抚这位既如鲜花般娇艳，又如磐石般坚定的姑娘，含泪道：“谢谢你，德茜蕾小姐，你太仁慈了，我们会永远记住你对拿破仑的支持。”

德茜蕾接着说：“是的，我要让他能继续去征服世界。”

莱蒂齐亚一把将姑娘搂在怀里，激动地说：“你太了解他了，他一直都坚信自己能创造奇迹，原来只有我和他的爸爸相信，现在终于又有一个人相信他了。”

坚定不移的爱情使这个还很稚嫩的姑娘迅速地成长起来。德茜蕾不顾哥嫂的极力劝阻，拿着包裹找到了城防司令部，一位少校接待了她。

“这包裹是怎么回事？你叫什么名字？”

“包裹是送给拿破仑·波拿巴的。我叫德茜蕾·克拉里。我哥哥不准我来，我是偷偷来的。你们放了他吧，放了他吧！”

少校被德茜蕾的哭叫弄得没有办法，只好劝她道：“我认识你父亲，请别哭了。”

“不！我就要哭！”

“好了，好了！”少校被弄得手足无措，只得应道，“我一定给你送去，好吗？”德茜蕾才破涕为笑。

后来拿破仑回忆起这件事时，深情而又充满感激地说：“当时欧仁妮的包裹送来的是柔情，是勇气，是力量，是我挣脱锁链的信念。”

一个月黑风高的晚上，雨刚刚停，德茜蕾站在窗前凝望着外面漆黑的夜空，心情比天色还要灰暗。她不知道她的心上人是否收到了包裹，也不知道他在遭受着怎样的折磨与煎熬。当妈妈叫她赶快上床休息时，她躺在床上仍不能摆脱阴冷的感觉。

德茜蕾微合双眼，似睡非睡间好像真的听到了《马赛曲》在耳边响起，她猛然坐起，揉揉眼睛，凝神一听，真的！熟悉而亲切的《马赛曲》正悠扬地在花园里飘荡，德茜蕾一下子从床上爬起来，鞋也没穿，披着睡衣直接冲向花园。

《马赛曲》戛然而止，一双有力的臂膀紧紧地拥住了跑来的德茜蕾。德茜蕾只感觉到挂满泪水的脸颊被急切地亲吻着，那熟悉的声音在耳边喃喃地诉说："欧仁妮，我的宝贝，我的宝贝……"

德茜蕾轻抚着心上人又见消瘦的脸颊，也哽咽道："拿破仑，是你吗？是梦吗？是梦吗？……"

刚刚获得自由的拿破仑是多么想一步就迈到恋人的身边。当他骑马疾驰到恋人家门前时，见到德茜蕾房间的灯已经熄灭，本想明天再来，但一腔热情烧得他浑身沸腾。他不由得想起德茜蕾那么艰难地送到囚地的包裹，如果说开始时他对德茜蕾的爱还处在升腾阶段的话，那么此刻他已经感到自己的每一个细胞都在燃烧。

拿破仑把娇弱的恋人用军大衣裹起来，抱到自己的膝上，深情地说："我的欧仁妮，我再也不能没有你，我们结婚吧！"德茜蕾笑着说："我还没满16岁，你被捕的这段日子，哥哥一直禁止我提起你。"

拿破仑说："我是无辜的，所以他们放了我。"这时的拿破仑仍没有意识到，这次重获自由是因为他的才华和能力对共和国是有用的。

"我的宝贝，等我回来，我们就结婚。我先去征服我的世界，我还是一名将军，我还要去带领部队。"拿破仑豪情万丈地说。

"你去吧，我等你，一直等到你回来接我。"德茜蕾深情地回答道。

然而对这两个初涉爱河的年轻人来说，接下来的长久分离才是更加严峻的考验，加上哥哥艾蒂安的极力反对和阻挠，这对恋人的前途变得无比艰难。

尽管两人立下海誓山盟，可德茜蕾的哥哥坚决不同意这门亲事，更想方设法地把母亲和德茜蕾送到了意大利的热那亚。于是拿破仑便许久得不到爱人的来信，他在猜疑与不安中患得患失，并在此期间埋头写了一部名为《克利松和欧仁妮》的小说。

这部小说是用心蘸着情感写的，是他用纯真的爱情精心剪裁出的故事。这部小说把德茜蕾的杳无音信给他造成的不安大大地悲剧化了。其实，他知道德茜蕾不是朝三暮四的姑娘，他始终相信他终将娶她为妻，困难和挫折之后就会有幸福。

经历了镇压葡月政变的拿破仑，此时已开始了青云直上的仕途。

他搬到了卡皮西纳街的国防总部大楼去住，但仍然过着原来那种简朴的生活，并没有因此而得意忘形。虽然他对自己如此克俭，却不忘照顾他的家人和朋友们。他把朱诺和路易提拔为自己的副官，把舅父招来做了他的秘书。他认为约瑟夫应当从政，让人任命吕西安为军事专员。此外，他把弟弟小热罗姆安排到圣日尔曼一所条件优越的寄宿学校，并安排各类亲戚到职能部门任职，他还送给了自己的母亲和妹妹大量的银子、证券和服饰。

拿破仑还坚持每天去探望在战斗中负伤的下属，安慰他们的妻子和孩子。他对人真诚和善，对待保王党的投降者温和而又人道，还为那些贫困的人民发放面包和柴火。

这时的巴黎由巴拉斯执政的督政府统治着，此时拿破仑成了巴拉斯家的常客，经常出席他家排场豪华的晚宴，也经常出席巴拉斯美貌风流的情妇塔里昂夫人的沙龙。

在塔里昂夫人的沙龙里，人们进行着大宗的赌博。拿破仑却从不往牌桌边坐，也不去赌 21 点。相反，人们常看到他坐在女人身边，他向她们问候致意，语气稍显粗沉，他也任由她们恭维吹捧。

他再也不是那个腼腆拘谨，笨手笨脚的科西嘉人了，他开始穿行在装饰得像希腊宫殿般富丽堂皇的沙龙里，每个晚上都有无数的美女在身边围绕。沙龙里面有化了妆的国民公会议员；有佩戴三色武装带的军官；有头戴金黄色假发的纨绔子弟；有戴着长面具，翻出黑领子的花花公子；有穿着希腊、罗马式薄装的女人，她们穿着蝉翼般的紧胸衣，衣服敞开着直到腰部，修长的身材露出一对乳房，一个个花枝招展，妩媚动人。在乡村风格的乐曲声中，他们跳着舞，笑着，谈情说爱，讨价还价。所有的人在经历过腥风血雨之后，都发疯般地去生活，去玩乐。他们的开怀谈笑，他们的奇装异服，他们的挥霍浪费，他们的厚颜假面，似乎都在嘲笑着断头台。在那段政变不断的恐怖的岁月里，断头台是全国真正的独裁者，而他们却侥幸保住了自己的脑袋。

这些人当中，大多是社会名流，新权显贵。既有新暴发户，又有老富殷实之人。其中，有面庞浮肿，像蜡像似的康巴塞雷斯；满脸疱疹的卡尔诺；眼睛充血、脸色煞白得像死人一样的富歇；高深莫测，开口闭口名言警句的前神父西哀士；连情妇都同巴拉斯共享的军需官乌弗拉尔；板着面孔，刚刚在基贝隆半岛粉碎了保王党人叛乱的奥什；画家大卫；诗人阿尔诺；音乐家梅于尔；高雅、好冲动的剧作家塔尔玛……在所有的这些附庸风雅、逃离了断头铡刀的形形色色的人物中，还有女公民哈默林、吕德内、博阿尔内、雷卡米埃等。

从这些风流女人身上，拿破仑第一次感受到了巴黎的奢侈和雅致。虽然他一身土气，但却深深地体会到了她们的与众不同、无与伦比，与他以前所见过的那些女人不可相提并论。巴黎的女人花容月貌，水性杨花，欲火撩人，以此让男人俯首帖耳，她们是真正的时尚的主人。

“到处都是女人，”拿破仑向约瑟夫吐露心声，“看戏、散步、上图书馆，随时都看得到。在学者的办公室里，你都可以看到标致的女人。走遍世界各个地方，唯有此地的女人才称得上是把握潮流的舵手，因此，男人对她们的追求简直发了疯……”

而拿破仑现在是这些女人争宠的对象。他现在是“葡月将军”了，而且军权在握，在巴黎是举足轻重的人物了。

一天晚上，在耀眼的灯光下，拿破仑挽着塔里昂夫人的手，跳起了优美的华尔兹。塔里昂夫人双臂裸露，穿着一件宝蓝色滚边长裙，高耸的乳峰伴着乐曲微起微伏，一股淡淡的香水味阵阵袭向拿破仑。拿破仑不由得赞美道：“夫人，您太美了！”

塔里昂夫人抿嘴一笑，娇声说：“哦？哪里美啊？”

拿破仑毫不犹豫地答道：“夫人的眼睛似天上的星星炫人心神，夫人的秀发似天上的白云飘摇柔美，夫人的红唇似美丽的鲜花吐露芬芳，夫人的……”

塔里昂夫人笑着打断了他的赞美，娇嗔地瞟了他一眼：“好了，好了，想不到将军也如此善于辞令，不过，我可不是巴黎最美的人啊。”

拿破仑调侃道：“怎么？难道夫人还不能称为巴黎第一美人吗？”

塔里昂夫人嘴巴一努，朝坐在一旁的博阿尔内夫人指道：“那才是一位美人呢！来，我给您介绍。”

塔里昂夫人把拿破仑拉到博阿尔内夫人面前，介绍道：“约瑟芬，这就是我们天天谈到的救星，葡月将军——拿破仑·波拿巴将军。”

博阿尔内夫人站起身来，羞怯地看了一眼拿破仑，娇声道：“将军是有名的英雄，认识您很高兴。”

拿破仑盯着眼前这个千娇百媚的女人，心里不由一动：真是天生尤物！一双蓝如海洋的眼睛，一对弯似新月的黛眉，在她那抿着嘴的嫣然一笑中，那双掩饰在长长睫毛下显得有些忧郁的眼睛里，包含着多少柔情蜜意，流露出多少风流韵味，一颦一笑都恰到好处。那纤美的体态，起伏的酥胸，都是那么诱人。尤其是那一抹飞上脸颊的淡淡红润，更使她在这群放浪形骸的女人中卓尔不群。

拿破仑情不自禁地托起那只纤柔的手，放在唇边深深地吻了一下。

塔里昂夫人在旁边说道：“约瑟芬，这位将军就交给你了，你可要好好招待，我到那边去一下。”说完就扭身撤到了一边。

剩下拿破仑和博阿尔内夫人两人四目相对，两人久久没有说话。

这场介绍，是塔里昂夫人早就预想好的安排。约瑟芬·德·博阿尔内，生于1763年6月23日，出身于一个法国王室龙骑兵队长之家。从小在巴黎读书，学过不少贵族课程。在15岁时经由她的姑妈介绍，嫁给了博阿尔内子爵。博阿尔内子爵是个花花公子，尽管自己的夫人如花似玉，而且也为他生育了一个儿子欧仁，一个女儿奥坦丝，但他仍改不了自己风流成性的习惯，到处拈花惹草，然而对自己妻子的要求却近乎苛刻，要求她恪守妇道，不许招摇。

为此，夫妻两人经常吵架，约瑟芬身上常常带有丈夫殴打所致的青斑。

后来在雅各宾时代，博阿尔内夫妇双双入狱，博阿尔内被送上了断头台，而约瑟芬则因为容貌出众，在塔里昂的帮助下恢复自由。约瑟芬因此异常感激塔里昂，故而常常到塔里昂府上拜访，并与塔里昂夫人成了好友。

约瑟芬深知在这个动荡的年代，靠丈夫留下的微薄遗产，不足以供应自己花天酒地的挥霍，也不足以令自己的一双儿女在富裕环境中成长，于是她主动投入了国民公会主席巴拉斯的怀抱。但是最近，她似乎从巴拉斯的眼神中读出了几分对自己的厌倦，她不由得愁入肠怀，情绪低落，尤其是当她得知巴拉斯已经对塔里昂夫人产生了兴趣之后，更是对今后的生活感到茫然。她一边落泪一边对塔里昂夫人说："亲爱的，我是不是老了？不再美了？"

塔里昂夫人自然知道她话中的含意，笑道："你依然美丽，而且美得无与伦比。明天我将举办舞会，到时我请你与一位将军共舞如何？"

约瑟芬点头默许，这其中的奥妙，她与塔里昂夫人心照不宣。

塔里昂夫人早就知道巴拉斯曾与博阿尔内夫人有暧昧关系，巴拉斯也不止一次地在她面前抱怨，说博阿尔内夫人贪婪，对金钱太看重，很想远离她等话语，况且她对拿破仑也很关注。她感到这位年轻人虽然身居要职，但贫困的出身却是他行动的最大障碍，如果把博阿尔内夫人介绍给拿破仑，既给了他跻身上流社会的台阶，又表示了自己对他的重视与关怀，当然也避免了巴拉斯重回博阿尔内夫人怀抱的可能。

于是，就有了今天的这场介绍。

而对这一切，拿破仑都无从知晓。他确实是被博阿尔内夫人打动了。博阿尔内夫人在上流社会修炼了一身得体的举止、优雅的谈吐，尤其是她的天生丽质，再加上伪装出来的一副欲语还休的羞怯神态，让拿破仑不得不怦然心动。

直到晚宴结束，拿破仑的眼睛都没离开过博阿尔内夫人的那张俏丽的脸庞。当他回家后躺在床上，博阿尔内夫人的身影依然在他眼前晃动，久久不能离去。

他开始绞尽脑汁地思考，怎样才能再有机会与博阿尔内夫人共舞。此时，德茜蕾在他的心目中，与博阿尔内夫人相比，已经显得太微不足道了。

此时的拿破仑已不再会为一位胸脯微凸的16岁小姑娘激动不已了。尽管德茜蕾曾经给过他温暖和柔情，但那些对他来说只是一段美好的回忆而已，一切都过去了。

现在的他，事业上平步青云，他开始渴望有一份激动的恋情了，他需要有人每天在他身边说爱他。

在这个夜晚，26岁的拿破仑第一次深切地感到自己最需要的是一个成熟女性的拥抱。

博阿尔内夫人回到家中,同样也是长夜难眠。她知道自己已经不再年轻了，趁着现在还有姿色，应该尽快找到新的靠山，为自己的两个孩子找到生活的保障。现在大儿子欧仁已经15岁，小女儿奥坦丝也12岁了，该为他们的前程着想了，以后的一切言行都应该有目的性了。

她今晚开始时并没有对这位小个子的年轻人过多观注，但交谈不久后就立刻改变了看法。

当他们跳舞时，她有意无意地跟他谈起目前的政局，拿破仑当时谈的看法不但颇有见地，而且极具魄力。

“法国目前的情况不妙，应该在安定了国内的秩序后，主动打到意大利和奥地利，那里有丰富的宝藏来供给我们的军队，我要占领这片土地，开创法国的新时期。”

这些话对博阿尔内夫人很有影响，她相信他的话，而且整个巴黎都在传颂这个年轻人，说他吉星高照，前途无量。她考虑了很久，决定在这个年轻人身上下一些功夫，为自己的后半生和孩子们的前途赌一把。

她的赌注就是自己美丽的身体，对此她充满信心，因为她坚信，初出茅庐的拿破仑尚不曾领略过巴黎贵妇人的风韵。而她现在所缺少的就是一个与拿破仑再度相逢的机会。

拿破仑在升任城防副司令后，公务十分繁忙，在他的提议下，督政府颁布了一项法令，严禁市民私藏武器，违者格杀勿论。这项法令无疑是为了政府的安全而设的，不想这一举措却给博阿尔内夫人带来了一个绝妙的机会。

一天，拿破仑正在屋内起草文件，突然一位纤弱、俊美的少年闯入了他的办公室，进门就跪倒在拿破仑面前，说道：

“波拿巴将军，我是博阿尔内子爵之子，欧仁·博阿尔内。我父亲已死在雅各宾党的断头台上，我是个小孩子，不会去做反对将军的事，只是希望政府能把我父亲的剑归还于我，我想以此剑来纪念我的父亲。”

拿破仑扶起欧仁，看着这位面目颇似博阿尔内夫人的少年，竟当场答应了。

拿破仑不知道这一切都是博阿尔内夫人一手策划安排的。

第二天，还是在拿破仑办公之时，博阿尔内夫人就走进了房间。拿破仑只觉得眼前一亮，一位美人已翩翩向他施礼了。

“波拿巴将军，感谢您昨天答应了我儿子欧仁的请求，今天我特来致谢。”

拿破仑不敢相信自己的眼睛了，今天的博阿尔内夫人在粉红色披肩的装束下，显得比那天晚上还要年轻，他不由得连声道：“不必客气，不必客气！”

博阿尔内夫人早将拿破仑的一切反应洞晓于心，故意优雅地说：“为了表达我的诚意，恳请将军明晚到我家小酌，不知可否？”

拿破仑此刻已没有了那天晚上的矜持，连忙答应：“不胜荣幸！”

博阿尔内夫人留下一股香气，满意地走了，只剩下拿破仑在一旁遐想联翩。

第二天，拿破仑装扮一新，乘着四轮马车来到博阿尔内夫人的宅邸。拿破仑满脸笑容，正要把昨晚想好的话对迎面走出来的博阿尔内夫人说时，不想一条狗猛扑过来，汪汪地狂叫，冲他的腿一口咬下去，幸亏他穿着长筒皮靴，才没有伤到皮肉。

博阿尔内夫人笑着喝退了狗，带着歉意说道：“对不起，将军，吓着您了，快请进吧！”

拿破仑觉得自己不能没有风度地朝一条狗显露愤怒，便若无其事地走进了客厅。

博阿尔内夫人今天刻意打扮了一番，身上穿的衣服又薄又透，全身玲珑的曲线都看得出来，在微曳的烛光下，泛着一种朦胧的美。她看着拿破仑微笑着说:“我们一家没有成年男人，养条狗就是为了安全。我不想有什么男人盲目来访，所以这只狗可以说是我的朋友，请您原谅它的无礼。”

拿破仑正目不转睛地欣赏着博阿尔内夫人诱人的身姿，听了这话后对这位美妇倍添了纯真的印象。

他拉住坐在身边的美人的玉手，称赞道:“夫人不仅人美，心地也最纯洁。”

博阿尔内夫人宝蓝色的大眼睛忽闪着，盯着拿破仑道:“叫我约瑟芬好吗?我叫您波拿巴。”拿破仑不由得心驰神摇，有些把持不住了。

约瑟芬的家是个坐落在当丹长街半郊区地段的小公馆，穿过花园的一条小通道，就能看到一幢新希腊式的小楼阁，一楼有四扇高大的窗户，顶楼却很矮。沙龙白木为墙，嵌上细木条饰，颇有庞贝遗风。屋内摆放的家具与房子的风格不大协调，几把软座圈椅，几把古色古香的扶手椅，露出了磨破的丝绒，旁边却是一张崭新的柠檬木躺椅。一台华丽的活动穿衣镜，一台漂亮的雷诺竖琴。

就是在这样的一所房子里，拿破仑迷上了约瑟芬。他把上班以外的所有时间都花在了她的身上。她思量着怎样把这些时间安排得称心如意，她同他谈政治和经济，关心他的工作，帮他出主意、想办法，像好友似的亲近他。拿破仑已对此感激涕零。

他现在对她无所不谈，无所不问。当然，她不会把自己的生活忧虑对他和盘托出。他以为她很富有，而她也不置可否，故意让他想入非非。

虽然拿破仑能指挥千军万马，对他的炮架摇手说一不二，但在约瑟芬面前，他却腼腆起来。他期待着约瑟芬的一句话，一个眼神，一个暗示，总为此惶惶不可终日。他爱她，心里爱她，感官爱她，全身的每一个细胞都在爱她。现在的拿破仑如坠五里雾，失去了理性的判断和推理能力。一个淳朴的科西嘉人,虽然已经26岁了,但对女人的秘密却一无所知。不知道她们的风流韵事，

约瑟芬，拿破仑最爱的女人。拿破仑建立法兰西第一帝国之后，她成为了法兰西第一帝国的皇后。然而，这位据传是“美艳绝伦”的女人却没少背着拿破仑偷情，给这位几乎征服了欧洲的伟人戴了很多“绿帽子”

更不知道她们的香艳手腕。而约瑟芬呢，虽然头脑简单，但却是情场上的行家里手，总是如此多情……

一天晚上，他终于拜倒在她的脚下。两人面对面地用餐，在土耳其长沙发上长时间地拥抱亲吻，房门不知何时已被悄悄地关上。约瑟芬半推半就，拿破仑迫不及待。拿破仑紧紧地搂抱着约瑟芬，压得她喘不过气来，给她留下的印象之深，致使她把以前的拥抱都忘到九霄云外去了。

此后，约瑟芬依然在挑逗这位初试风情的小伙子，她用她玲珑的小手，写下动听又撩人的话给拿破仑。

“您不再来看望一个爱着您的朋友了，您已经将她遗忘。可是您错了，因为她深深地爱慕着您。

“明天来与我共进午餐吧。我需要见到您，和您谈谈有关您的事情。

“晚安，我的朋友，拥抱您。

“博阿尔内的未亡人。”

而拿破仑显然已经受不住如此温柔而又多情浪漫的挑逗，他急切地回信写道：

“真不可思议，您怎么会写出这样的信来。请您相信，再也没人比我更渴望得到您的友情了，没有谁像我这样随时需要找机会对您表达这种渴望。要不是公务缠身，我会亲自带信来的。”（写于 1795 年 10 月 29 日）

“我一觉醒来，满脑子都是你，我的心肝！你的画像和昨晚令人陶醉的时光，使我身心难得片刻宁静。

“您在我心中起了多么奇妙的作用！温柔，无与伦比的约瑟芬。您生气了吗？

“如果看到您忧伤，我就会心痛欲裂，我再也不会安宁。可是，当我吮吸着您的芳唇、沉醉在您的心窝时，我却更加难受。爱情之火吞噬着我。

“我心爱的，接受我 100 万个热吻吧！不过，你却不要吻我，因为这些吻会使我的血液燃烧起来。”（写于 1795 年 12 月某日）

“离开你家，心里沉甸甸的。我认为，对我品格应有的尊重，本该排除你昨晚为之激动不已的那个想法。如果这一想法在你脑中占了上风，你就太不公平了，夫人。我也深感不幸，你怎么可以认为我爱你，并不是爱你这个人……”（写于1796年2月底）

约瑟芬呢，对这位年轻的情人一点儿也不讨厌。她明明知道，这位人物的精力是如此充沛，爱欲是如此强烈，她是很难满足他的要求的。她对他应该是了如指掌的。对于约瑟芬来说，爱情只不过是有利可图的游戏。不过，她还没遇到过像他这样的拥有如此强烈情欲的男人。

对于这位新情人，人们都在传颂他的福星高照、前程无量，该怎么办呢？做自己的丈夫？他比自己小6岁，这样的结合能不能白头偕老，或只是一时的狂热？但有两点是肯定的，这样的婚姻意味着她将处于引人注目的地位，而且也有助于安置好她的两个孩子。

巴拉斯竭尽全力地想促成约瑟芬和拿破仑的婚姻，这样既可以顺水推舟地摆脱一个女人无休止的索求和纠缠，还可以得到拿破仑对自己的忠心。巴拉斯曾对博阿尔内夫人许愿，只要她听他的话，他就让拿破仑当意大利方面军的司令，以此作为她的嫁妆。当司令官是拿破仑梦寐以求的，这样一来，建功立业的光荣之路就能在他面前打开，而开路的先锋就是爱情。

对于拿破仑，巴拉斯则晓之以情，动之以理。博阿尔内夫人“身系新旧制度”，更何况，她会使他彻底“法国化”。通过她，他将在社会秩序中向前迈进一大步。拿破仑根本不需要别人对他进行长篇大论的劝导，他自己早就想与约瑟芬结成连理了。拿破仑请求博阿尔内夫人同意他的求婚。她抚摸着拿破仑，却不置可否，她还需要时间考虑。尽管她权衡过利弊，认为利多弊少，但却迟迟不敢决定，不敢迈出这一步。

“您爱他吗？您会这样问我吗？”她写信给她的女友，“那……不……”“那么您讨厌他吗？”“不，但我现在处于不冷不热的状态，那令我不舒服……我钦佩将军的勇气、渊博的知识、活跃的思维，但我害怕，我承认这一点，他似乎对周围的一切都要实施统治权……假如，我们一旦结为夫妻，他又不爱我了，他会不会把他过去对我的所作所为，反过来埋怨到我的头上呢？……到那时候我可怎么办？我哭都来不及了……”

无疑，约瑟芬怕将军家里容不下她，她怕自己不清不白的过去让拿破仑的家族知道。约瑟夫和吕西安的确提醒过他们的兄弟，但拿破仑不愿相信他们的话。约瑟芬非常懂得该怎样哄骗他，他天真地认为巴拉斯与她之间，除了业务往来和正当友谊之外，绝没有其他暧昧关系。

现如今时代是多么自由啊，即便约瑟芬有过轻率的行为，但比起塔里昂夫人和夏多尔诺夫人的所作所为来，都是不为过的。在拿破仑眼里，约瑟芬是那么天真无邪！总而言之，他坚信她是爱他的，她给了他这种爱情的最有力的见证，因为那甜蜜的热吻是不会撒谎的。他曾经好几次妒性大发，但每次都是约瑟芬胜利。她走在造谣诽谤之前，一句话就能够把它们推翻。

甚至有时候，她这个女人故意反咬一口，说拿破仑根本就不爱她。此时，拿破仑就立刻激烈地为自己辩护。

“你真的这样想过，我不爱你，不是为了你？……啊！夫人，那我变成什么人了！在一个这么纯洁的灵魂里面难道会滋生出如此低级下流的感情吗？我感到很吃惊。你那古怪的感觉到底是怎么回事呢？举世无双的约瑟芬……”

拿破仑感到自己有些离不开这位魅力无边的女人了，他想要同她结婚，但他同样没有忘记那位把初恋的亲吻献给他的德茜蕾，他不希望过分地伤害到她。拿破仑给她写信道：

“假如有一天，你遇到一个你愿意为之敞开心扉的人，在他面前，你禁不住怦然心动，心旌摇荡，那就不要胆怯，勇敢地去爱他，去追求幸福吧。”

同时，拿破仑又要了一个小花招儿。他让哥哥约瑟夫向德茜蕾提出，除非她立刻嫁给拿破仑，否则就与她中断一切往来。这显然是变相的悔婚。因为拿破仑知道德茜蕾的母亲反对此事，她的哥哥艾蒂安也极力阻挠，她立即与拿破仑结婚是不可能的。而且她家的长女朱莉已嫁给了一文不名的约瑟夫，小女儿就更不会轻易嫁给波拿巴家的另一个儿子了。

心已支离破碎般痛楚的德茜蕾难过极了，她回信道：

“该从哪里描述你的来信将我置于何种困境？你究竟是何居心？想把我压垮，置我于死地？你真是高明，你成功了。是的，你这残忍的人，陷我于绝望和失意之中。你说‘要中断一切往来’，这句话令我战栗。我原以为你是值得我终身爱恋的人，事实却非如此！我决不能向家人开口提出此事……”

拿破仑收到此信，看到德茜蕾的反应，心事减轻了许多。

当晚，他就来到了当丹大街，约瑟芬请他共进晚餐。吃完了点心，约瑟芬就把他带进了卧室。拿破仑沉迷在约瑟芬的羞怯、娇柔与贤淑的包围中，不能自拔。他知道约瑟芬比自己大6岁，而且还有一双儿女。他的家人没有同意这门亲事的，就连德茜蕾的信也不轻不重地敲打了他一下，但是他已向这位年轻的寡妇投入了全部的感情。

当拿破仑和约瑟芬在巴黎沉醉在浪漫的热恋中时，可怜的德茜蕾怎么样了呢？

与拿破仑分离已有一年了，他的来信也日益减少，即便有信也是内容冷淡，字里行间也没有了从前的热情，更没再提过婚事。他早已忘了一年前与德茜蕾的月下定情。相反，他在给约瑟夫的信中却滔滔不绝地叙述在巴黎所遇到的衣着入时的贵妇，还说他发现一个出类拔萃的女子在一个男人生命中是多么重要，善解人意、善于处世的女人是多么伟大，这一切都令德茜蕾忧心忡忡。

德茜蕾从约瑟夫那里知道了有关拿破仑和约瑟芬的传闻。她不敢多想，只能不断地告诉自己那些都是不可信的谣传，但不管她怎样安慰自己也还是明白“无风不起浪”的道理。他们那么久没有见面，巴黎又有那么多妖艳入时的女人，想到这儿，德茜蕾再也坐不住了，她决定立即去巴黎找拿破仑，她相信她不会轻易地失去她的爱情。

德茜蕾在颠簸不堪的车子里坐了四天四夜。她无数次地设想着与拿破仑相见的情形：他一定会非常高兴，立刻拉着她的手，将她介绍给他的那些高

约瑟芬比拿破仑大 6 岁，已经是有了两个孩子的寡妇。她深知，拿破仑的家人很难接受她的身份，但她决定将赌注全压在拿破仑这只“潜力股”上。因此，工于心计的约瑟芬利用自己的美貌，使出浑身解数迷惑拿破仑

贵的朋友。然后他们再单独去散步，商量如何写信告诉她的母亲，并请求她准许他们立刻结婚。德茜蕾就是这样，怀着愉快的心情，带着美丽的憧憬，等待着新希望的降临。

德茜蕾到达巴黎的这天细雨绵绵，她穿了一件蓝色的丝绸外衣，努力想使自己显得漂亮一些。但她发现在这里她的衣着很不入时，巴黎的女人早已不穿正统的服装了，而穿那种领口开得极低的上衣和裙子，路上的行人都向她投来了奇怪的目光。

塔里昂夫人的府邸外站着许多闲散的人，只为观赏那些进进出出的客人。德茜蕾走近大门口，一个穿着红色制服的贵族家仆上前拦住了她：“你要干什么，小姐？塔里昂夫人邀请你了吗？”德茜蕾摇摇头：“我以为谁都可以进去呢。”

仆人用轻蔑的眼光打量着穿着不入时的德茜蕾，无礼地说：“你以为如此吗？这里未经邀请不许入内。除非，除非你陪着一位绅士。这是夫人的命令。”说完，他砰的一声关上了门。

德茜蕾浑身湿透，寒冷难耐。这时刚好来了一辆马车，德茜蕾对着那位从马车上下来的军官径直走了过去。“对不起，先生，请您带我进去。您知道没有男伴，他们是不会准许我进去的。”德茜蕾急切地对那位军官说。

军官惊奇地看着德茜蕾，摇摇头，好像很不愿意。但突然间他又改变了主意，把胳膊伸给德茜蕾：“来吧，小姐。”

门口的仆人立即认出了德茜蕾，但他不得不向德茜蕾身边的军官深深地鞠躬行礼，接过他的大衣。德茜蕾对着里面的镜子，将被淋湿的散落在脸上的头发整理了一下。“好了吗，小姐？到里面举止要大方，不然会让我失面子的。你叫什么名字？”

“德茜蕾。”德茜蕾喃喃地说，她不想让人知道她的姓。

“姓什么？”

“请不要再问，我就叫德茜蕾。”

仆人打开两扇白色的大门，军官向另一个仆人通报姓名，这个仆人便大声禀告：“让·贝尔纳多特将军和德茜蕾小姐到！”

一位穿着黄色纱衫的黑发女子迎接他们：“您大驾光临，真是我意想不到的荣幸，亲爱的将军。”

“您太客气了，塔里昂夫人。”军官礼貌地回答，德茜蕾也谨慎地施礼。

德茜蕾在宽敞的房间里举目四望，不见拿破仑的踪影，德茜蕾设法将自己躲藏在角落里。穿红色制服的仆人，捧着满盛着酒和精致食物的大盘，在人群中穿梭。德茜蕾取了一块点心，食不知味地咽了下去，心里惴惴不安。

身边有两位绅士在交谈，一个说：“巴黎人正为物价恼火呢，再上涨还会掀起革命的。”

“亲爱的富歇，”另一个说，“解决这个问题只有一个办法——镇压。我刚才看到了贝尔纳多特将军，陆军部长会向他授意的。”

“贝尔纳多特？”富歇说，“他不会向人民开枪的，但约瑟芬的新朋友会那样干。”

这时，一个仆人大声说：“请安静，先生们，女士们！”然后，听到塔里昂夫人的声音：“大家到书房来，我有一个令人惊喜的消息相告。”

德茜蕾跟着客人们走进书房。书房被人群挤得满满的，什么也看不到，德茜蕾听到有人对着一个粗胖的男子私语：“巴拉斯发福了。”她想，这就是巴拉斯，约瑟芬的密友。

塔里昂夫人大声说：“请大家围着沙发坐。”

这时，德茜蕾发现了拿破仑，他和一个穿着粉红色缎服的漂亮女人坐在一个小沙发上。德茜蕾立刻意识到，那个漂亮女人就是约瑟芬。约瑟芬双目半闭，目光一直盯着巴拉斯，唇边挂着一丝奇异的微笑。

拿破仑挺胸坐在沙发的扶手上，一眼也没看约瑟芬，而是一直盯着塔里昂夫人。

“大家都有酒了吧？”塔里昂夫人问，“先生们，女士们，我有事相告。”

拿破仑站了起来，面色红润。塔里昂夫人看着巴拉斯，巴拉斯举手示意。她继续说：“我们亲爱的约瑟芬决定再次结婚，她的新夫是法兰西最勇猛的军官——拿破仑·波拿巴将军！”

“不……”德茜蕾控制不住地尖叫起来。这尖锐的声音好像要撕破整个房子，屋子里马上出现了一阵可怕的沉寂，人们把目光全部投向了德茜蕾。

德茜蕾向前走了两步，盯着拿破仑的眼睛。这双眼睛依然如玻璃般清澈光亮，可对德茜蕾似乎不屑一顾，毫无反应。她又看看那个女人，她眼圈上涂着银灰的油彩，嘴唇上涂着猩红色的唇膏，是那么妖艳妩媚。德茜蕾憎恶她，气愤地将手中的酒杯用力摔在她脚下，溅污了她的衣裙，约瑟芬惊恐地叫了起来。

德茜蕾狂奔至街上，脑子里时而杂乱无章，时而一片空白。在泥泞黑暗的街道上，她疯狂地奔跑着，脑海里闪过一个念头——毁灭。一切都已改变，这是一个不争的事实！一种不能忍受的痛苦刺伤了德茜蕾的心。对她来说生命还有什么意义？

塞纳河！德茜蕾停止奔跑，缓缓地走上桥，看着桥下的河流。多么残酷啊！德茜蕾开始往栏杆上爬。这时一只有力的大手抓住了她，德茜蕾大声叫喊："放开我！放开我！"但那个人的手劲儿很大，很快就把德茜蕾拖离了栏杆。

"安静一下。不要做傻事，到我的马车里去。"他一边说，一边将德茜蕾扶进了马车，并对马车夫说，"现在不用跑了，一直往前走。"德茜蕾像个落汤鸡似的，又冷又怕，浑身颤抖地哭泣着，一只大而温暖的手伸过来握住德茜蕾冰凉的双手。"记得吗？德茜蕾小姐，是你自己要求我陪伴的。"一个声音在黑暗中低沉地说。

"请你不要理我！让我下去！"德茜蕾推开他的手。

"不，现在我们不能分开，直到我安全地送你回到住所。"他的声音是那么柔和。

"你就是贝尔纳多特将军？"德茜蕾问道，她突然又记起了塔里昂夫人家中的那一幕，立刻嘶声叫道，"走开，将军全是没有心肝的。"

"但到处皆是将军啊！"他笑道，并脱下自己的上衣披在了德茜蕾的肩上。像触电似的，德茜蕾想到另外一个风雨的夜晚，另一个人和另一件上衣，那天晚上，拿破仑也是这么扭着她的手。这就好像是昨晚的事，又像是一个世纪以前的事。

"请原谅我在塔里昂夫人家的失常举止，但拿破仑确实曾经答应过与我结婚。"德茜蕾又难过地哭了起来。

"没关系，为你，我感到难过。小姑娘，他是不会娶你的，他与马赛大绸缎商的女儿订婚很久了。"他搂紧德茜蕾，让德茜蕾把头放在他的肩上，接着说，"今天塔里昂夫人还说，我们的小将军准备牺牲一份嫁妆，为的是娶巴拉斯遗弃的情妇。所以你该明白，他是无论如何也不会娶你的。"

贝尔纳多特的音调是那么平静和温柔，德茜蕾感觉到生命中只有这一点儿温暖了。

“可怜的孩子，你现在只好面对现实。一个是富商的千金，一个是风月场中的老手。无论政治或是军事上都能给他帮助，你如何能与她们比？”贝尔纳多特一手搂着德茜蕾，一手仍紧握着德茜蕾的右手，爱怜地说道。

“一望可知你只是个小女孩，你不能想象一个贵夫人的私生活，不可能得知华丽客厅幕后的真情。当然，你是个善良正直的小女孩，怎么能知道这些事……”他说到这里，停了停，“你知道，我很愿意娶你为妻！”

“让我出去！请你不要拿我开玩笑！”德茜蕾本能地对马车夫喊道，“停下来！立刻停下！”但将军的声音更高：“往前走，不要停！”

“或者我未能清楚地表达我的意思，请你原谅。因为我从未有机会遇到一位像你这样的女孩子。真的，德茜蕾小姐，我由衷地向你求婚。”

“在塔里昂夫人家，我感觉许多夫人都特别欢迎将军。”德茜蕾安静下来对将军说。

“你认为我会娶那些高等娼妓？”贝尔纳多特反问道。

德茜蕾还不能了解贝尔纳多特这个像高塔似的男人的心思。他究竟想在自己身上得到什么呢？此刻她只觉得自己的生命似乎已到了尽头。

“我是个很简单的人，15 岁从军，在军中很久只是一位低级军官，以后才升到将军，统率一个师。或许配你，我的年岁稍微大了一点，我已经 31 岁了。”

“我也快 19 岁了。我很累，我要回家。”德茜蕾已失去了耐性，也不敢再相信什么了。

“你能否考虑一下我的求婚呢？这些年来我一直在积攒钱财，我可以拿这些钱买一幢房子给你和孩子住。”贝尔纳多特将军缓缓地说道。

“孩子？谁的孩子？”德茜蕾吃惊地问。

“当然是我们的孩子。”贝尔纳多特将军十分肯定地回答。

到了德茜蕾住的地方，将军下来将德茜蕾扶下马车。德茜蕾仰视他的面庞，发现他鼻子高挺且牙齿整齐洁白。

“晚安，非常感谢你，真心地感谢你！”德茜蕾温和地与将军道别。

“什么时候准许我来看你，得到你的答复？”

“那不可能，将军，真的，我不能嫁你，并非我太年轻，而是因为我太矮了。”德茜蕾跑回到屋里，急急地关上大门。她精疲力竭，却无法入睡。她感到生命已完全失去了意义，不知道自己将飘落何方。

不管德茜蕾的心灵创伤有多严重，拿破仑与约瑟芬还是准备好要结婚了。

1796年3月9日晚，在当丹街的市政大厅里，昔日的蒙德拉贡市大厅此时成了婚礼厅。在婚礼厅的候客室里，约瑟芬及其三个证婚人巴拉斯、塔里昂和卡尔姆莱正等着迟迟未到的拿破仑。巴拉斯不耐烦起来，不时看看挂钟，塔里昂则不时开个小玩笑。约瑟芬穿着束腰灰色大礼服，把穿着薄薄的缎面小鞋的脚挨着火炉取暖，双手托着下巴发呆。

10点了，拿破仑会不会忘了？会不会后悔了？是不是忙着关心出兵意大利的事而脱不开身？突然，随着一阵急促的脚步声，石阶上传来了佩剑的铿锵声。将军来了，有点气喘，后面跟着副官勒马罗严。拿破仑一边向大家致意，一边匆忙地对约瑟芬说了声对不起，便走到市长身边说道：“喂！市长先生，快点，为我们主持婚礼吧！”

勒克莱尔市长向两位新人宣读了法律条文，双方宣读结婚誓词。拿破仑的回答坚定有力，约瑟芬的回答则像喃喃自语。拿破仑送给约瑟芬一枚蓝宝石婚戒，戒指上面刻了四个字“命中注定”。新郎新娘和证婚人分别在婚书上签了字，约瑟芬同出席婚礼的客人一一行了贴面礼。而后，拿破仑便同他的新婚妻子乘一辆四轮敞篷马车离开了。

第二天，在约瑟芬的请求下，夫妻俩双双到圣日耳曼寄宿学校看望了她的两个孩子。欧仁已经15岁了，身材修长，眉清目秀，但有点柔弱。奥坦丝还是一个小姑娘，穿着学生制服，一点儿也显不出可爱，但她有一双很温柔的眼睛和一头金色秀发，这些都遗传自她的父亲。

兄妹俩对拿破仑的态度都表现得很冷淡。在孩子们看来，他们的母亲与地位低的人结婚，降低了他们的身份。拿破仑早料到了孩子们对他的态度，但自己却对他们充满了友爱之情，而且想要对他们的未来承担责任。

在度过了短暂的新婚蜜月期后，他不得不离开爱恋中的娇妻，奔赴意大利的战场。拿破仑要带着朱诺、路易和财务官肖韦走马上任了。他与妻子含情脉脉地告别，即将开始他飞黄腾达的征程。

第四章

征服意大利

有着意大利血统的拿破仑对解放意大利的事业非常热心。他曾在札记中写道:“意大利，处于天然屏障之内而与世隔离，巍峨的高山和浩瀚的大海把它与欧洲的其他地区分割开了，看来，这样的一个意大利，应当成为一个伟大而强盛的国家。”

1796年，反法同盟的力量有所削减。一年前，普鲁士、西班牙、荷兰已经退出反法同盟。但是，法国的两个主要敌人，英国和奥地利仍从海陆两个方向加紧对法国的进攻。自葡月政变后逐步得到督政府赏识的拿破仑曾屡次向政府进言，提出必须尽快击退英奥两国，以防止其他国家的重新联合进而卷土重来。当时，奥地利有两个主要战场——莱茵战场和意大利战场。莱茵战场上奥军实力雄厚，法国难以取得较快的进展，而意大利北部战场却相对薄弱，因此较容易有所突破，而且可以减轻法军在莱茵战场上的压力。

意大利北部地区长期以来一直是波旁王朝和奥地利哈布斯堡王朝相互角逐的战场。两个王朝的敌对行动和长期的民众纠纷，使这个地区处于十分软弱无力的地位。统治着这个地区的哈布斯堡王朝在这里占领了富饶的米兰公国和曼图亚大要塞，以及一些零星的王室封地。奥地利王室的一个后代坐镇佛罗伦萨统治着繁华的托斯卡纳大公国，以至于在很长一段时期里，当地居民都生活在死气沉沉的状态中。但是，在这些民众心中一直都压抑着对这种统治的不满和反抗。尤其在法国大革命后，自由民主的思想迅速传播到这里，民众的独立意识开始觉醒。那些较早接触到新思想的人悄悄开始了民主活动。这些民主活动虽然遭到了压制，可是人们心中的民主思想仍在生长。

有着意大利血统的拿破仑对解放意大利的事业非常热心。他曾在后来的札记中写过这样一段话，表达了他对意大利前途的信念："意大利，处于天然屏障之内而与世隔离，巍峨的高山和浩瀚的大海把它与欧洲的其他地区分隔开了，看来，这样的一个意大利，应当成为一个伟大而强盛的国家……它的居民的生活习惯、语言、文字都是统一的，这种统一性，将来或迟或早地应

1796 年 11 月，在意大利的阿克莱桥之战中，拿破仑身先士卒，率领法军直扑奥军

当最终把它的居民团结在单一的政府之下……总有一天，意大利人无疑将会选择罗马作为首都的。”作为意大利的征服者和统治者，拿破仑曾经把意大利人从几百年的沉睡中唤醒，并且在一定程度上向意大利人展现了他本人的那种不屈不挠的精神。

当拿破仑还是一个年轻的军官时，就仔细地研究过梅里布元帅 1744 年至 1745 年的战役和他的参谋长布塞为他入侵皮埃蒙特所拟订的作战计划。在指挥意大利军团炮兵的 14 个月中，拿破仑本人曾对阿尔卑斯山海滨地区的地理和当地各季节的天气做过认真的调查研究。迪莫宾 1794 年 4 月成功地夺取奥内利亚，9 月攻占了代弋，这两场胜仗其实都是拿破仑计划的，他曾亲自踏勘过阿尔卑斯山所有的山隘，如 6200 英尺的腾达山隘，3000 英尺的阿登山隘和纳瓦山隘。

1795 年夏，拿破仑还在巴黎“测绘局”工作时，就精心制订过入侵皮埃蒙特的作战计划。他推断，法军可以在奥军驰援撒丁军之前，轻而易举地将撒丁军逐出战场，然后再把奥军逐回曼图亚和特兰提诺，为进军维也纳打开通道。这其实也就是他在 1794 年 6 月 20 日草拟的，由小罗伯斯比尔带到巴黎后因热月政变而夭折的那个计划。除地形特征外，他的作战计划还必须考虑到敌人的实力和部署。

在某种程度上，这又取决于政治因素。当时法国意大利军团与奥撒联军隔山对峙，法军在数量上明显处于劣势。然而，奥地利皇帝和撒丁国王之间的同盟是脆弱的。

另一个复杂因素是位于战区东侧的热那亚的国际地位问题。热那亚共和国是一个夹在皮埃蒙特和托斯卡纳大公国之间的中立沿海国家。热那亚人无意卷入战争，而法国人基于自身的利益也不想拖他们下水。

当时，纳尔逊的地中海舰队对法国港口实行了严密封锁，因此热那亚的中立港口对于法国来说便成了一个可利用的补给来源。然而奥地利人却怀疑法国人有夺取热那亚的企图，于是心急如焚地要阻止法国人这样做。因此，由舍雷尔领导的意大利军团在阿尔卑斯山海滨地区白雪覆盖的山顶度过了一个痛苦的冬天。由于物资缺乏，舍雷尔从他设在尼斯的司令部接连不断地向巴黎的督政府要给养，要衣服、靴子和装备。但是督政府对于舍雷尔的要求却很少予以理会,因为此时国库已空空如也。在忍无可忍和难以维持的情况下，舍雷尔终于在 1795 年 2 月 4 日递交了辞呈。

舍雷尔的辞职使意大利军团的官兵甚为震惊，人们纷纷猜测谁会成为他们的新司令。在过去的两年里，他们的司令换了一个又一个，既年迈又无能。因此，人们都期望有一个年轻有为、精力充沛的人来当司令。

这时，在督政府的官员面前正好有一位年仅 27 岁，军事才华横溢的青年军官，他在攻克土伦和保卫杜伊勒里宫时，都使得督政府的政权得到了保障。何况，在过去的几个月里他一直在精心制订并修改入侵皮埃蒙特的计划，现在是让他去负责执行这些计划的时候了。

1796 年 3 月 2 日，拿破仑被正式任命为意大利军团司令。

督政府在任命拿破仑为新司令的当天，草拟了一份《对意大利军团司令的指示》，并于四日后交给了拿破仑，内容上它无疑是以拿破仑原来拟订的那个计划为基础的。该指示简明扼要，新司令可以全权处理前进路线和战术方面问题，仅提醒他注意主要战略目标的先后次序，即先夺取切瓦要点，迫使皮埃蒙特人退出战争；然后补给军队，而把奥军赶过波河；最后进军米兰。但该指示没有提到最终目标，这也许是明智的，因为这要视执行结果而定。

这下拿破仑有许多事情要做了，一分钟也不能浪费，因为其部队的行政勤务已糟糕到了极点。他上任后的第一件事就是组织一个精明强干的司令部智囊团。他的那位出色的参谋长是无可非议的，事实证明，正是他自己的领导能力与参谋长贝尔蒂埃孜孜不倦、一丝不苟的工作相结合，才可能在其后的 18 年中取得一个又一个的胜利。

贝尔蒂埃当时 42 岁，早年是一位绘图员，当他还是一名年轻军官时，曾在北美独立战争中当过参谋。在与拿破仑共事前，他曾任意大利军团司令克勒曼的参谋长，因此对于阿尔卑斯山海滨地区的地理环境，与拿破仑一样熟悉。贝尔蒂埃的军人素质仅限于处理参谋业务上，在这方面他是举世无双的。拿破仑后来曾对他的能力和弱点作过这样的评述：

“他工作非常积极，每次司令官实地勘察和外出巡视，他都陪侍左右，而又从不延误自己的公务。他缺乏决断能力，所以不适合当指挥官，但他却具有一个优秀参谋长的一切素质。他是一个很会识图的人，通晓一切侦察手段，总是亲自发布命令，对于极为复杂的部队调动他都能指挥自如，有条不紊。”

对于一位无须提示就能果断决策的指挥官来说，贝尔蒂埃的确是一个理想的参谋长。除了贝尔蒂埃外，拿破仑还带了两位青年炮兵军官做自己的助手，就是他在土伦战役中物色的马尔蒙上尉和朱诺上尉。另外，还有在葡月政变中那位颇有锐气的骑兵军官缪拉中校，以及他一直亲自培养的小弟路易。

对事业近乎酷爱的拿破仑，并没忘记自己的爱妻约瑟芬。他的心中装满了约瑟芬藏娇含羞的微笑，约瑟芬明亮深情的蓝宝石色的双眸，白嫩性感的肌肤，都令拿破仑魂牵梦绕。所以他在行军之余，心情激荡地给约瑟芬写去了言辞火热、饱含深情的信：

“……我没有一天不在爱着你，没有一夜不在想着把你搂进怀里，甚至每次举起茶杯，总是责怪那促使我离开心上人的荣誉和野心……可爱的约瑟芬，我心中只有你。我只思念你，你占据了我全部心思……”

虽然拿破仑深深思念着新婚的妻子，但他并没有忘记自己是一位领军打仗的将军。他率领部队经过长途跋涉，到达位于尼斯的意大利军团司令部后，清楚地看到了自己所面临的内忧外患。

首先是自己部队的情况很糟，战斗尚未开始，士兵们却都像病患般地疲惫衰弱，长时间的缺油少肉和粮食不能充足供给，使得士兵们一脸青黄；其次是军资匮乏，许多士兵衣不蔽体，不挡寒风；加之拿破仑的年轻阅浅，军团里贵族出身的军官们都很看不起这位貌不惊人的新任司令官。

敌方则是有备无患，占尽天时地利。首先敌方为了抵御法国军队的进攻，修筑了大量战壕、碉堡、工事；其次在后方配给充足粮食，官兵温饱无忧，并且贮备了大量武器弹药；再有就是敌方的兵力也比法军的兵力雄厚。

拿破仑在检阅了自己的军队并分析了敌方情况后，决定首先要整顿自己军队的军风军纪，并从军官开始。

一天晚上，拿破仑正在与马塞纳、奥热罗、拉哈普几位将军讨论作战方案。突然，房外一阵喧哗，拿破仑立即命令副官出去查问。副官很快进来报告说，是一位中尉带着几位士兵来向司令官申冤。

原来，这位中尉手下的几位士兵在毫无防备的情况下，被另一部分士兵抢走了不少钱物，而且被殴打得不轻，中尉及时制止了自己手下人的伺机报复行为，来向司令官讨公道。

拿破仑听完汇报，联想到士兵们平时的游匪习惯，又看了看旁边那几位看热闹的将军脸上的讥笑，他意识到这是一个整顿军纪的机会。

拿破仑一拍桌子，大声喝道："马上查清参与抢劫的士兵名单，按军法论处，并且不论出身贵族还是普通百姓一律不准讲情，一视同仁，严惩不贷。对那位举报的中尉给予嘉奖，并提升为上尉，以示全军。"

军团中此类事情过去也发生过，但均没有引起上级的重视，没有得到如此处置。当副官出去执行此项命令后，屋内的几位将军都不禁脸色大变，开始体会到这位小个子军官的不平凡了。

拿破仑转身又走到奥热罗将军面前，脱下帽子，笑着对奥热罗道："将军，看上去您是不是比我高出一头？"拿破仑突然笑意一收，严厉地说，"如果在战斗中您也因此而感到我矮您一头，那么我会砍掉您的脑袋，立刻消除这个差别！"奥热罗脸色大变，"扑通"一声坐在了椅子上，仰视着拿破仑，颤声道："波拿巴将军，我们很尊重您，同时也绝对服从您。"

经过拿破仑一系列整顿军风军纪的行动，军队风气立时变了样，几位将军也暗自折服并敬畏起这位说到做到的小个子将军了。但拿破仑深知只严不宽也不能统率部队，所以，他在战前深入部队，在前沿阵地视察演讲，调动士兵的民族荣誉感，号召他们保卫共和国，打击外国入侵者。

在全面实施前线指挥之前，拿破仑还要做许多工作才能弥补因前任司令官的懒散和巴黎各部的疏忽而造成的后果。

拿破仑不是那种把行政细节留给部下处理的司令。他很清楚，一支部队除了训练打仗以外，还必须吃饱、穿暖，不拖欠军饷并提供运输工具。

1796年4月4日，拿破仑把司令部全部搬到了阿尔班加并巡视了前线部队。4月9日，拿破仑率部队在沿岸部有巡逻的英国舰艇的炮火攻击下越过“天险”阿尔卑斯山，平安到达意大利。

当时驻守在皮埃蒙特境内的军队有两支，一支是由博利厄率领的奥地利军，一支是由科利率领的撒丁军，共计8万人，并且配备了强大的骑兵和具有压倒性优势的炮兵。而拿破仑的军队只有4万人，而且炮兵、骑兵均配备不足。面对敌我力量的巨大差距，拿破仑并未感到沮丧。他非常自信地认为：迅速调整并调集兵力可以弥补炮兵不足的缺陷；选择适当的阵地可以弥补骑兵不足的缺陷。拿破仑凭着对这个地区地形的了解，迅速做出了部署。

然而就在大战即将开始之时，奥撒联军总司令博利厄在从法军向热那亚的推进中，错误地认为法军的主攻方向是热那亚，于是他把司令部移到诺维，并把军队分成三部分：右翼是由科利指挥的撒丁军团，司令部设在切瓦，其任务是扼守斯图拉河和塔纳罗河一线，保障奥军的侧翼安全；中路由阿尔热托指挥，司令部设在萨塞洛，其任务是占领蒙特诺特，在法军向热那亚推进时猛攻法军左翼，截断萨沃纳的沿海道路以绝法军后路。左翼则由博利厄亲自指挥，经博克特去攻打沃尔特里，以掩护热那亚。

4月10日，博利厄率领的左路军队抵达沃尔特里，向驻扎在那里的法军发起猛攻。奥军的这一行动使得奥军左翼远远地离开了中路部队。这时科利率领的撒丁军团仍在很远的西面，奥军中路部队陷入了左右无援的孤立境地。拿破仑很快发现这是个不可多得的有利战机，他果断地决定，放弃先打败撒丁军的计划，集中兵力，首先击败态势孤立的中路奥军。

这时，中路奥军在阿尔热托的指挥下占领了蒙特诺特。4 月 11 日，拿破仑亲自赶到尼吉诺山南面的桑托里奥，向马塞纳、拉哈普和奥热罗三位师长面授机宜。当天晚上，三位师长率领各路法军一起悄悄地向蒙特诺特进发。12 日清晨，晓雾还没有被阳光驱散，近万名法军突然出现在奥军的背后和侧翼，奥军被这突如其来的打击吓蒙了，他们来不及做正面的抵抗，便在法军枪炮的轰击下溃散了。阿尔热托在绝望中命令部队杀出一条血路后撤。战斗仅仅进行了几个小时，奥军就损失了 3000 多人，其中 2000 人成了法军的俘虏。远在西面的撒丁军团得知阿尔热托被围，急欲助他一臂之力，无奈两军距离甚远，加上山路崎岖，增援不便，只好听任盟军被歼。博利厄则对这场战斗毫不知情。两天后，阿尔热托溃败的消息传到了沃尔特里，博利厄这才发现自己掉入了拿破仑的圈套，但为时已晚。拿破仑凭借敏锐的洞察力、迅速的决断和敏捷的行动，取得了出征后第一场战役的胜利。

奥军在蒙特诺特失利后，开始退守米里希摩和代戈，企图在那里固守阵地，等待博利厄元帅和科利将军的部队从两翼向中路靠拢，阻止法军向都灵方向和米兰方面发动进攻。拿破仑洞察了敌人的意图后立即决定，不给敌人以喘息的时间，趁两翼敌人来不及向中路增援之际，兵分两路，以最快速度攻占米里希摩和代戈。他命令奥热罗率领其部下进攻米里希摩，马塞纳和拉哈普各率己部攻占代戈，他自己则随奥热罗师行进。

4 月 13 日拂晓，奥热罗率 9000 人向目标发起进攻。战斗进行得十分顺利，没多久便将敌人逐出了米里希摩峡谷。接着又在科萨里亚高地附近包围了奥军普罗维拉旅近 2000 人。普罗维拉在绝望中多次率军突围，均被击退。最后，他被迫龟缩在科萨里亚的一座古堡里坚守不出，等待右翼科利将军为他解围。14 日，拿破仑亲临战地，指挥法军与前来增援的科利部队交战。科利部队被拿破仑打得大败而逃。陷入绝境的普罗维拉的最后一点希望也破灭了，这时古堡中的粮食和饮水也消耗殆尽。在法军炮火的猛烈轰击下，普罗维拉被迫出堡缴械投降。

1796 年 4 月 11 日，在兰蓬上校的指挥下，法军第 17 轻步兵旅扼守奈奇诺高地，与奥军展开厮杀

代戈位于米里希摩东北部。法军一旦攻占代戈，就意味着切断了奥、撒主力之间的最后联系。14 日下午 2 时，马塞纳师和拉哈普师共两万人，从敌人的正面和后方同时发起进攻。在法军强大的攻势下，奥军支持不住，被迫放弃阵地，狼狈溃逃。法军乘胜追击，一举攻占了代戈。

占领了代戈后，拿破仑决定挥师切瓦，进攻撒丁军团，在代戈只留下少量法军。15 日凌晨 3 时，在代戈东面突然出现了一支奥军的整编师，他们趁法军不备，发起猛攻。黑暗中，法军还以为碰上了奥军主力，惊慌失措，混乱不堪，交战没多久便被赶出了代戈。原来，这支奥军是从沃尔特里赶来增援代戈守军的，但由于夜间行军，在山区迷了路，所以没赶上 14 日下午的那场战斗。当他们发现据守在代戈的法军很少时，便发起了进攻。代戈失守的消息迅速传到了拿破仑那里，拿破仑立即率领前往切瓦的军队连夜赶回代戈。

在拿破仑的指挥下，法军对孤立无援而又立足未稳的奥军发起猛攻。奥军凭借代戈高地的坚固工事拼命抵抗。这时，拿破仑的助手拉纽斯表现得异常勇敢，他亲自率领两个营的轻装步兵，沿代戈高地左侧斜坡爬上去。无奈敌军炮火猛烈，他的两次行动均未成功。拉纽斯被激怒了，在第三次进攻中，他用剑尖挑着帽子，冒着炮火冲在最前面。士兵们被他这种大无畏的英雄气概所激励，个个奋勇冲锋，终于收复了代戈。战斗结束后，拉纽斯被拿破仑破格提升为旅长。

奥军与撒丁军的联系被彻底切断了，拿破仑的作战方向转向了切瓦的撒丁军团。切瓦位于塔纳罗河上游，是从南部山区通往皮埃蒙特平原的重要门户，共有撒军 1.5 万人。4 月 16 日，拿破仑下令对切瓦的撒军发起进攻，奥热罗率部正面攻击，拉哈普和马塞纳左右迂回，以期对撒军形成包围之势。科利将军察觉到了法军的企图，为了避免被包围，于 17 日放弃了切瓦。撒军在夜色的掩护下，退往科萨利亚河岸，占领了坚固阵地。

法军占领切瓦后，立即尾随撒军西进，对扼守坚固阵地的撒军发起强攻。由于地形生疏，进攻准备过于仓促，再加上塔纳罗河泛滥，拉哈普和马塞纳都没能按时出现在敌人的侧后，法军从正面发起的多次进攻均被撒军打退。一连几天，法军伤亡严重，在敌人阵地前丢下了大量尸体。这时，拿破仑得到情报说，驻守在阿奎及其以北的奥军正在向切瓦方向移动。拿破仑顿感大事不妙，急忙召开军事会议。会上一致认为，不管士兵如何疲劳，法军必须毫不迟疑地再次向撒军发起进攻，否则，法军将会面临两线作战的危险。

4 月 22 日，法军准备就绪，刚要对撒军发起进攻，突然出现了一个意外的情况：撒军列好队伍，自动撤出了阵地，并匆匆地向芒多维退去。原来，科利打算避开法军打击的锋芒，将撒军转移到芒多维东面一个更有利的阵地上。可他万万没有想到，这一行动不仅让拿破仑轻而易举地占领了几天来让法军付出巨大代价的坚固阵地，而且使撒军在退却中遭到了法军优势兵力的包围。在法军强有力的打击下，撒军无暇巩固阵地，只好撤出芒多维，向都灵方向仓皇撤退。科利事后为自己这一愚蠢指挥追悔不已。

拿破仑令骑兵对溃退的撒丁军乘胜追击。撒军丧失了全部大炮和辎重以及最精锐的部队，奄奄一息的撒军再也无力抵御法军的进攻，撒丁国王被迫宣布退出战争，派代表到都灵南面的凯拉斯科城，同拿破仑进行单独的讲和谈判。

4 月 28 日，谈判正式开始。拿破仑以胜利者的身份向撒丁王国提出了非常苛刻的条件，要求撒丁必须退出反法同盟，并派全权代表去巴黎缔结和约；撒军必须交出科尼、切瓦和托尔托纳三个要塞；在托尔托纳移交法军之前，暂时交出亚历山大；法军将控制目前所占领的一切地方，法军可以在皮埃蒙特境内自由通行，并有权在瓦伦察渡过波河；地方警备必须解除；正规军要分驻各地作为警备队，不得引起法军官兵的不安。这些条件遭到了撒丁代表的严词拒绝，会场气氛十分紧张，谈判一度陷入僵局。最后，拿破仑充分发挥他的外交才能，利用法军的胜利不断地对撒丁代表进行威胁，施加压力，终于迫使他们接受了全部条件。当天下午，双方正式签署了停战协议。这样，皮埃蒙特，这个通往意大利北部的大门，在不到一个月的时间里，就被拿破仑打开了。撒丁国王，这个曾是法国国王路易十六两兄弟岳父的人，在签署《凯拉斯科停战协议》后数日便郁郁而死。

随后，拿破仑在凯拉斯科城向士兵们发表了鼓舞人心的演说，他说道：

“士兵们，你们在 15 天内取得了 6 次胜利，缴获了 21 面军旗和 55 门大炮，攻克了许多坚固的阵地，占领了皮埃蒙特最富饶的地区，俘虏了 1.5 万名敌军，杀伤敌人 1 万多名……你们什么都缺少，却补充了一切。你们没有大炮却打了胜仗，没有桥梁却渡了河，没有鞋却急行军，没有酒也经常没有面包……士兵们，祖国期望你们去取得更大的成绩，你们不会辜负祖国的期望吧？你们还有许多仗要去打赢，许多阵地要去夺取，许多河要去渡过……我希望所有的人在回到家乡的时候都说上一句：我曾经在战无不胜的意大利军团作过战。”

士兵们的尊严和荣誉感被拿破仑的话激发起来了。这支曾经衣衫褴褛、士气低落且纪律涣散的军队，在拿破仑的带领下，已成为一支所向无敌的优秀军队。现在军中再也无人怀疑拿破仑的权威和指挥能力，将领们最初对拿破仑的嫉妒和不信任也一扫而光，拿破仑获得了部下诚恳的信任与合作。

法军在皮埃蒙特的胜利，使得意大利战场的战略形势发生了根本性变化，奥地利人在意大利陷入了孤立境地。拿破仑决定，充分利用协议给他提供的一切有利条件，把战争推向奥地利在北意大利的属地——伦巴第。

1796 年 4 月 30 日，奥军博利厄亲自率领一队骑兵突袭了亚历山大里亚、托尔托纳和瓦伦察三个要塞，但均以失败告终。博利厄慌忙率领主力退守波河北岸，企图凭借波河挡住法军直驱伦巴第首府。拿破仑为了渡过波河，采取了一系列巧妙的布局和战术。首先，他故意向博利厄透露撒军无条件向法军开放瓦伦察渡口的内容，然后又命令马塞纳、奥热罗、拉哈普三位将军分别率部进驻托尔托纳、亚历山大里亚和伏赫拉等地。5 月 3 日，拿破仑将法军大本营从凯拉斯科移到托尔托纳，并亲自指挥，多次在瓦伦察附近发起牵制性进攻,假装摆出了一副要在此地强渡波河的进攻架势。博利厄对此深信不疑，并派出重兵在此防守。

5 月 7 日，拿破仑亲自率领部队以难以置信的速度急行军至波河下游 50 英里的皮亚琴察，用普通船只载运士兵渡过了大河。拿破仑的突然出现，使得刚巧在此地侦察的两个奥地利骑兵连惊慌失措，法军不费吹灰之力便将奥地利骑兵赶出了阵地。博利厄得知这一情况后惊愕不已，他万万没有想到，拿破仑为了获得战略上的利益，竟不惜侵犯皮亚琴察所在的中立国帕尔马公国的主权，绕过了奥军主力。博利厄发现自己上了当，急忙前往皮亚琴察，企图使法军背靠波河而战。然而，拿破仑无意在此危险之地迎战奥军，他率领部队迅速向福米奥推进。5 月 8 日，两军先头部队在福米奥村相遇，奥军经不住法军的猛烈攻击，被迫向洛迪和米兰方向退却。夜间，博利厄命主力部队全部撤到了阿达河左岸，并在各处浅滩和桥头加强了岗哨。

洛迪是阿达河下游右岸的一个小镇，博利厄估计法军可能要从洛迪方向强渡阿达河，便在附近设置了拥有 30 门炮的炮兵阵地，并企图炸掉这座桥。这回博利厄估计对了，法军正是要从这座桥上通过。

5月10日，拿破仑调来一个炮兵连对对岸的奥军猛然轰击。由于法军炮火的封锁，敌人无法向桥头靠近，不得不放弃炸桥的打算。傍晚，一场扣人心弦的争夺战在洛迪桥上打响了。大约6时，奥军的炮火刚刚减弱，隐蔽在城墙后面的几千名法军突击队员突然打开洛迪城门，他们一边高呼“共和国万岁”，一边沿大路冲向桥头。但很快被敌人密集的炮火击退。尽管拿破仑认为一个司令官在战争期间不应该冒生命危险迎战，因为将领的死亡本身就会给部队带来极大的混乱，造成一个战役甚至整个战争的失败，但是，如果客观情况要求个人必须做出榜样时，一个司令就应该毫不犹豫地冲锋陷阵。

这一次，拿破仑感到有必要冒生命危险去扭转战争的局势了。他率贝尔蒂埃、马塞纳、拉纳等高级将领赶赴阵前，冒着炮火向桥上冲去。士兵们的士气被鼓舞起来了，尽管不时有人在炮火中倒下，但整个队伍还是奋不顾身地冲上桥去。当冲到桥中间时，一些士兵发现河水很浅，便纷纷跳下桥去，一面涉水前进，一面向岸上射击。桥上、桥下的士兵如潮水般一拥而上，直逼奥军侧翼。奥军阵线混乱不堪，土崩瓦解，死伤众多。博利厄见败局已定，便率残兵败将迅速越过波河的另一条支流明乔河逃遁而去。

其实洛迪桥之战对于整个战役并无深远战略影响，但是对参战部队和拿破仑本人在心理上的影响却非同小可。这是他首次同他的部队在第一线战斗，他在这次战斗中所表现出的那种斯巴达式的勇敢，得到了士兵们的热情赞扬。他们以大革命时期那种共和派传统的同志式态度，亲切地称拿破仑为“小伍长”。一夜之间，拿破仑成为了人们心目中的传奇英雄。而且，这一仗无疑极大地增强了他的自信心。正如后来他在圣赫勒拿岛时所说的：

“只是在洛迪之战后，我才认识到我终归要在政治舞台上扮演一个决定性的角色。我的雄心壮志的第一颗火花就是在那时产生的。”

5月14日，马塞纳师和奥热罗师进抵伦巴第首府米兰城下，奥军2000名守敌宣布无条件投降。5月15日，法军在人们的欢呼声中浩浩荡荡地开进了庄严繁华的米兰城。从此，奥地利人在伦巴第的长期统治便不复存在了。为

1796 年 5 月 10 日，在法军炮兵的火力支援下，拿破仑指挥法军步兵冲过洛迪桥，攻克洛迪城

了纪念这一历史性的胜利，并进一步激发法国士兵为彻底击败奥地利人而继续战斗的勇气和热忱，拿破仑在米兰对沉浸在胜利之中的法国士兵做了振奋人心的演说，而后，他对自己的副官说：

“我们今后取得的胜利将远比我们已取得的胜利更伟大……我们这个时代，尚无人构思伟业，要由我来开此先河了。”

1796 年 5 月下旬，在意大利战场上的法军主力，经过短时间的休整后，在拿破仑的率领下，向东挺进，追击奥军残部。几天后，法军占领了威尼斯共和国领土上的最大城市——布里西亚。紧接着，法军继续向加尔达湖至曼图亚一线挺进。5 月底，法军终于抵达了奥地利军队在北意大利赖以抵抗的最后一道天然屏障明乔河，形成了对欧洲最著名的军事要塞曼图亚的包围。

就在这时，发生了一个小小的插曲。由于拿破仑在意大利战场上的一连串胜利，其名望达到了颇为惊人的高度。法国督政府对这位年轻军官日益扩大的势力深感不安，他们担心拿破仑可能会摆脱他们的控制。于是，他们决定要遏制拿破仑的这种野心的发展。他们命令将意大利军团分成两个部分，一部分由拿破仑指挥，其任务是控制波河右岸，攻占罗马和那不勒斯，掩护法军的右翼，从南面封锁曼图亚；另一部分由克勒曼将军指挥，其任务是在波河左岸活动，阻止奥地利重新占领伦巴第，包围并攻占曼图亚。

拿破仑对这个肢解意大利军团和分散指挥权的命令怒不可遏，他十分清楚这完全是一种蓄意修剪鹰翅的政治伎俩。他以坚决果断的态度回复督政府：要么收回成命，要么批准他辞职。他在给督政府的信中写道：

“假如你们在我指挥的道路上设置障碍，假如你们让我的一切行动听从政府特派员的决定……那么你们别再指望从我这里得到好的结果……你们必须对自己的指挥官有绝对的信任。如果我得不到这样的信任，我并不抱怨，但我要尽力争取你们委任我其他的职位。打仗的事，各人有各人的打法，克勒曼将军比我有经验，当然能比我做得更好，但是我们两人共事，则一定坏事，我只有在你们赋予我完全和绝对的信任之下，才能为国家做出贡献。我清楚地知道我写这封信是需要鼓足勇气的，因为这很容易使人怀疑我野心太大，骄傲太甚；但是，我有责任向你们陈述自己的思想……我不能同一个自视为欧洲最优秀的指挥官共事。何况，一个蹩脚的将军强过两个优秀的将军。打仗如同治理国家一样，是一件机智的事。”

迫于拿破仑的坚决态度，督政府最终没敢撤换这位名字已被视作胜利象征的主将。督政府的官员又以抚慰的措辞给拿破仑写了一封信，表明克勒曼的阿尔卑斯军团仍继续充当拿破仑的意大利军团的兵员补充站。

曼图亚要塞位于波河和明乔河交汇处，地形险要，工事坚固，可屯数万之众，有“意大利锁匙”之称。曼图亚是奥军在意大利的唯一重要基点，势在必守，以阻扼法军。而法军也志在必得，以此控制北意大利，并打通前往德奥之路。

5 月 30 日，奥军明乔河上防线被击破，博利厄率军 1.5 万人退守曼图亚城内，等待奥皇的援军。拿破仑没等奥皇援军到来，便抢先屯兵城下。此时的意大利战场形势十分严峻。

在莱茵战线，法军的儒尔当和莫罗两位司令都吃了败仗，被迫退却。拿破仑不但要守住阿迪杰河一线，还要封锁住曼图亚并保证意大利军团与法国本土交通的畅通。然而，奥地利在莱茵战场的胜利使它极有可能从莱茵方面抽调兵力来加强意大利战线的兵力，这在一定程度上增加了拿破仑指挥战斗的难度。奥地利皇帝为了保住对意大利的控制，决心不惜一切代价，为曼图亚要塞解围。而拿破仑如果不迅速攻下要塞，就会腹背受敌，既要同兵力比他大得多的奥地利增援部队作战，还要受到曼图亚守军从后面发起的攻击。而天主教徒和意大利北部半封建的贵族对法军进入意大利所带来的那些革命思想非常憎恨，被击败后被迫接受屈辱条约的撒丁王国也有可能在拿破仑的后方哗变，以切断他同法国的交通联系。

果然，拿破仑刚把曼图亚围住，奥皇就派了莱茵战线上享有盛名的维尔姆泽元帅前来接替博利厄将军。维尔姆泽是位 72 岁高龄的老将军，他在莱茵战线上抽调了 3 万名精锐官兵，并在途中又从善战的提罗尔居民中征召了一些新兵，使得意大利战线上的奥军达到 6 万人，法军在数量上再次处于劣势。奥地利方面非常得意，曾夸下海口说，8 月底以前奥军将重新占领米兰，意大利将是法军的坟墓。

维尔姆泽兵分三路前往曼图亚，企图迅速歼灭包围曼图亚的法军。维尔姆泽派副手科斯达诺维奇率领一支部队去占领加尔达湖西岸，从侧面进攻法军；维尔姆泽则指挥主力沿阿迪杰河两岸向曼图亚进军；他又派达维多维奇率部队进攻莱尼亚戈，以牵制法军。然而，维尔姆泽犯了个大错，他的三个纵队互不相连，彼此无从驰援，尤其是科斯达诺维奇分队与其他两路纵队中间还横亘着宽阔的加尔达湖面。这一切疏忽都没有逃过拿破仑的鹰眼。他立即决定暂时放弃对曼图亚要塞的围攻，集中兵力向得不到其他两路纵队支援的科斯达诺维奇分队进发。

7月31日，法军按照拿破仑的指令把大炮埋入战壕，匆忙撤离曼图亚。维尔姆泽对拿破仑的计划变动毫不知情，还以为是法军对自己恐惧而仓皇撤退。维尔姆泽不费吹灰之力进入了曼图亚。他向奥皇报捷说，他在阵地上缴获了法军180门大炮。正当他幻想着全面胜利的时候，传来了不幸的消息，拿破仑军队击溃了科斯达诺维奇部队，科斯达诺维奇率残部已退向老巢提罗尔。维尔姆泽大吃一惊，知道中了拿破仑的圈套，便立即率军离开曼图亚，企图与科斯达诺维奇取得联系。但为时已晚，拿破仑的主力部队已像猛虎一样朝他扑来。8月5日，两军相遇在卡斯蒂里恩。马塞纳师首先向奥军的右翼发起进攻，刚刚交手，法军便表现出力不可支的状态，匆匆向西北方向败退。维尔姆泽大喜，当即命令奥军对不战自溃的马塞纳师发起追击，他决心抓住这一有利时机，一鼓作气，迅速打通与科斯达诺维奇的联系。然而，正当维尔姆泽将自己的预备队投入到右翼的时候，一场大规模的进攻却在奥军的左翼开始了。法军12门重炮一起发射，打得奥军惊慌失措，抱头鼠窜。维尔姆泽这才明白法军匆匆撤退只不过是一个圈套。他率领部下拼命抵抗，混战中险些被俘。法军向奥军左翼进攻得手后，马塞纳师和奥热罗师分别向奥军的右翼和中部进攻。在法军的强大攻势下，奥军终于支持不住，被迫向明乔河一线撤退。在法军穷追不舍的打击下，维尔姆泽历尽千辛万苦才回到了司令部所在地特兰托，心情极为沮丧。不久前他的大军就是从这里怀着战无不胜的信心出发的，如今却已损伤4万人。

拿破仑和他的军队在这场进行了7天的战斗中，从没有脱过靴，更没有睡过觉，无休止地行军，一仗接着一仗。如今虽已给了维尔姆泽以重创，但拿破仑没有就此让他的军队稍事休息，这支坚如钢铁的军队马不停蹄，以迅雷不及掩耳之势再次包围了曼图亚。

陷入困境的老将军并不甘心失败，他又征集了5万人的兵力，打算再次奋力解除曼图亚之围，把法军赶出伦巴第。这一次，维尔姆泽又重犯了分兵作战的错误。他亲率3万人从特兰托经由布兰塔的狭道向曼图亚进发，命达维多维奇率 2 万人留在罗韦雷托以掩护提罗尔。拿破仑得知这一情况后，故意不露声色，任凭维尔姆泽军队长驱直入。当维尔姆泽到达巴塞诺，完全脱离达维多维奇和他的后方时，拿破仑立即解除曼图亚之围，调动强大兵力疾趋罗韦雷托，其行军速度之快让人难以置信。

9 月 4 日，法军情绪十分高涨，他们在杜布阿的率领下，向固守在罗韦雷托镇的奥军发起一次又一次冲锋。杜布阿在冲锋中不幸受伤倒下，他挥动马刀，用最后一口气喊道："我为共和国战死，只盼在生命离开我之前听到胜利属于我军的消息！"法军在杜布阿的激励下勇敢地追逐着奥军，奥军被打得落花流水，达维多维奇不得不逃出罗韦雷托镇。

维尔姆泽听说达维多维奇全军覆没，惊得目瞪口呆。他以为拿破仑会因此长驱直入奥境，与莱茵战线上的法军会合，共同进攻维也纳。老将军决定让他的残部留守伦巴第，期待着有一天在奥地利遭到惨败时，切断法军经过意大利的退路。可他万万没有想到，此时拿破仑的目标正是自己。拿破仑的军队以两天行军 60 多英里的惊人速度，自罗韦雷托回师维尔姆泽的前锋所在地——普里莫拉诺。法军来势凶猛，所向披靡，维尔姆泽的前锋在瞬间被歼灭。第二天，这支军队直扑巴塞诺。

9 月 8 日的巴塞诺会战又以维尔姆泽将军的惨败告终，缴械投降的士兵达 6000 人。维尔姆泽带着 1.6 万名残兵败将退入曼图亚城。9 月 13 日，法军再度包围曼图亚，维尔姆泽几乎陷入了绝望的境地。

这时莱茵战线上的法军战绩却很不好，儒尔当将军被奥地利卡尔大公的军队击退，莫罗将军在奥军的压力下做"战略性"的退却。奥军在莱茵战线上的胜利使得奥地利王宫的御前会议做出这样的决定：从莱茵战线上调集两个军团约 6000 人，由享有盛名、年过六旬的老将阿尔文齐元帅率领，前去解救曼图亚和维尔姆泽。

阿尔文齐的军队在兵力上再次置拿破仑的军队于劣势。然而，维尔姆泽所犯的分兵作战的错误又一次在阿尔文齐身上上演了。拿破仑再次运用他那行之有效的战术——个个击破，而且不惜兵行险招，终于击败了阿尔文齐的军队，拿破仑依然是伦巴第不可动摇的主人。

奥地利害怕这位年轻的法国将军会乘胜兵临维也纳城下，便不惜代价再次征兵，昼夜兼程驰援阿尔文齐。1797 年 1 月 7 日，又有 6 万名士兵聚集在阿尔文齐元帅的麾下。奥军在数量上又一次超过了法军，老元帅这次下定决心，坚决要救出维尔姆泽并攻占伦巴第。

然而阿尔文齐仍然没有吸取上次分兵作战的教训，又采取了两条行军路线。1 月 14 日，拿破仑在利沃里高地利用有利战机，打败阿尔文齐。自那天后，阿尔文齐再也不敢去解救曼图亚和困境中的维尔姆泽了，他率残部仓皇逃回了提罗尔。在这艰难的一战中，拿破仑的三匹坐骑相继中弹死去，但他毫无惧色，仍然镇定地指挥着战斗。在战斗中，他得悉另一路奥军已到达加尔达湖，并已与曼图亚城内的维尔姆泽取得了联系。因此，他不等看到奥军投降，便把追击阿尔文齐残部的任务托付给了马塞纳、缪拉等部下，自己急率援军赶赴阿迪杰河下游。他知道奥热罗的兵力单薄，不足以抗击普罗维拉的军队，他必须前去阻止维尔姆泽同普罗维拉的会合。

拿破仑率部队急行军一昼夜，于 15 日傍晚抵达曼图亚近郊。拿破仑听完围城将军的报告后，立即提醒大家要保持高度警觉，他自己则熬夜巡查着各个岗哨。其间他发现一个哨兵斜倚着树根睡着了，他没有唤醒士兵，而是拿起士兵的枪替他站了半个小时的岗。当哨兵从梦中惊醒，认出替自己放哨的正是总司令拿破仑时，不禁惊恐万分，“扑通”一声跪倒在拿破仑跟前。拿破仑平静地说：“朋友，这是你的枪。你们艰苦作战，又走了那么长的路，打瞌睡是可以谅解的。但是目前，一时的疏忽就可能断送全军。我正好不困，就替你站了一会儿，下次可要小心！”这个哨兵感激得说不出话来，一个劲儿地点头。

第二天清晨，一场激烈的战斗在圣乔治镇打响了。勇敢的法军用刺刀猛扑奥军阵线，击溃了所有企图抵抗他们的敌人。在法军凌厉的攻势下，奥军队形开始出现混乱。这时，尾随普罗维拉的奥热罗师也开始向奥军后背攻击。

奥军腹背受敌，走投无路，不得不停止抵抗。下午 2 时，普罗维拉军缴械投降。

维尔姆泽得知前来解围的奥军全被击溃，再加上城中粮食已尽，不得不派出信使与法军议降。

2 月 2 日，维尔姆泽率军开出了曼图亚。为了不让这位年迈的老将军感到受辱，拿破仑回避了值得自豪的接受奥地利驻意大利最高统帅佩剑的投降仪式。督政府对拿破仑的宽容大度有些不满，但拿破仑根本不理会他们的意见，他上报说："对奥军提出的条款，我以为既对得起勇敢而又可敬的人，也无损于法兰西共和国的尊严。"

长达 9 个月的曼图亚争夺战结束了。奥热罗奉命赴巴黎向督政府呈献缴获的 60 面军旗，他受到了巴黎人民欣喜若狂的迎接。

维尔姆泽刚刚把曼图亚和 1.3 万人的卫戍部队以及几百门大炮交给法军，拿破仑便立即把围攻曼图亚的军队抽调出来。他要带着这支战无不胜的军队去惩罚他隐忍至今的教皇了。教皇庇护六世刻骨仇恨法国大革命，他千方百计地帮助奥地利进行反法活动。如今，梵蒂冈教廷获知拿破仑已把目标指向自己时，不禁惊恐万状。教皇东拼西凑才组织了一支队伍，可是这支军队哪里是法军的对手，教皇领地很快都被法军占领了。教皇见胜利无望，只得投降。1797 年 2 月 19 日，双方在托伦蒂诺签订了和约。

拿破仑现在已是整个意大利北部的主人，只有威尼斯领土除外。威尼斯使节前来要求保持中立，拿破仑答应了他们的恳求，他说："但是注意，你们的中立必须是真正诚恳而严格的。要是我进军奥地利期间，后方发生骚乱，切断了我的交通线，或任何违反你们意愿的行为，帮助了法国的敌人，我一定立即报复，从那一刻起威尼斯的独立就不复存在了。"

拿破仑在阿迪杰河畔各城镇留下若干守军监视威尼斯的中立，自己则率军直驱奥地利首都维也纳。这时又有一支 2 万人的生力军从法国本土奔赴到他的麾下，这支所向无敌的军队更加壮大了。

奥地利宫廷立即组织大军，这次奥皇任命的指挥官是一位年轻有为的将

1797 年 1 月 14 日，在利沃里战役中，拿破仑率领法军 23000 人挫败了奥军 28000 人的进攻，以伤亡 5000 人为代价，击毙击伤奥军 1.4 万人

领——卡尔大公。卡尔大公曾在莱茵战线上挫败了两位战争艺术大师儒尔当将军和莫罗将军，奥地利帝国的最后一线希望就寄托在这位雄才大略的亲王身上。

卡尔大公在塔利亚曼托河对岸崎岖的卡林西亚山前严密布防，因为这些山地扼守着从意大利到奥地利的通道。拿破仑得知奥军这一部署，立即派马塞纳师前往奥军卢津扬师坚守的皮亚韦河一带冲击奥军侧翼，自己则从正面向卡尔大公进攻。英勇善战的马塞纳再一次没有辜负拿破仑的期望，很快击退了卢津扬，驱散了奥军侧翼。

3 月 12 日，拿破仑成功地渡过了塔利亚曼托河。他气派十足地把军队列成方阵，好好地炫耀了一番。卡尔大公见状，不甘示弱，也在自己的阵地上把军队列成方阵，耀武扬威了一阵。突然，拿破仑解散方阵撤退，卡尔大公估计是法军昨晚通宵行军需要休息，故而撤退。他断定当天法军不可能发起进攻，于是他也收兵回营。谁知两个小时之后，法军以排山倒海之势冲向警戒不足的奥军，不待奥军组成阵线，法军已冲到近前。卡尔大公不得不决定退却。法军紧紧追击，攻占了格拉迪斯卡，俘虏了奥军5000人。卡尔大公继续退却，拿破仑于几天之内又占领了里雅斯特、阜姆以及卡林西亚地区的每一处重要据点。此后大公虽率奥军力战拿破仑10次，但始终未能恢复在塔利亚曼托河惨败所伤的元气，不得已退往维也纳。

维也纳宫廷被拿破仑军队闪电般的推进吓坏了。宫廷里一片惊慌，贵重物品和重要文件已经开始运往匈牙利，奥皇弗朗西斯二世准备向法国请求议和。

拿破仑乘胜猛追，一心想把共和国旗帜插在维也纳城头上，他上书督政府，希望得到其他方面军的配合，但督政府的回复是已同意奥皇的议和请求，拿破仑不得不停止了进攻。

4月7日，拿破仑的先头部队抵达累欧本。累欧本是奥地利斯蒂利亚省的一个城市，距维也纳250千米。拿破仑写信通知卡尔大公，表示准备议和。他在这封意味深长的信中，充分照顾了战败者的自尊心。他写道："假如我能够签订和约的话，那我所感到的自豪将会超过由战争胜利而获得的微不足道的荣誉。难道我们杀害的人民还不够多吗？难道我们给可怜的人类带来的灾难还不够深重吗？"

很快，卡尔大公的参谋长别尔加德中将和梅尔委尔特少将以军使身份来到法军大本营，他们在同拿破仑商谈后提出照会内容如下：

"将军麾下，皇帝和国王陛下愿意促使欧洲安宁，结束使两大民族破产的战争……在刚才我们和您进行商谈以后，皇帝深信两国都有尽快结束这场灾难性战争的善良愿望。因此，他愿意缔结为期10天的停战协定。"

拿破仑作为总司令同奥军代表进行谈判。他未等督政府派人前来议和，便授权自己同奥地利代表谈判和约的初步条款。4月18日，签订了累欧本临时条款，战争以拿破仑的胜利而告终。

拿破仑自累欧本回师后，立刻去报复出尔反尔的威尼斯。威尼斯在塔利亚曼托河战役期间抛开了中立立场，不仅对法国宣战，而且还煽动他们在维罗纳的党羽对当地医院的法国伤兵进行惨无人道的屠杀。这一行为彻底激怒了拿破仑，他派兵占领了威尼斯，并改组了其政府，还向威尼斯索取了 300 万法郎黄金、300 万法郎的海军物资、5 艘战舰、20 幅最精美的油画和 500 部珍贵的原稿。威尼斯的独立地位再也不存在了。

6 月 29 日，拿破仑宣布在意大利北部以伦巴第为中心成立内阿尔卑斯共和国。他废除了原有的奥地利的一套政府机构，组成了市政府和国民自卫军。这个效仿法兰西政体的共和国版图北起阿尔卑斯山脉，南至里米尼，西起提契诺河，东至明乔河，成为法兰西有力的盟国。

一年来，拿破仑率领着一群衣衫褴褛、饥饿瘦弱的士兵，从阿尔卑斯山和萨沃纳小镇之间的狭长地带起步，闯过重重险阻，终于取得了俘敌 16 万人、缴军械无数、大炮 1150 门的战果，以法国的胜利换取了暂时的和平。

面对这么辉煌的战果，每个法国人心中都升腾起了一位英雄，一位无与伦比的、空前绝后的军事天才——拿破仑 · 波拿巴。

每个法国人说起他时，赞叹之词无以言表，崇敬之心无以附加。同时，这一年也给世界历史，尤其是世界军事史添上了光辉灿烂的一页。

法国督政府对拿破仑日益增长的权势和不断提高的声望深感不安。巴黎的督政官一方面贪得无厌地用拿破仑从各公国勒索来的大量财富中饱私囊，一方面又从心底厌恶这个才华非凡、桀骜不驯的年轻将军，害怕这个年轻人的功业有朝一日会动摇自己的统治地位。督政府曾派克拉尔克将军监督并随时向巴黎密报拿破仑的行踪，但克拉尔克并没有很好地完成任务，因为他很快就成了拿破仑的忠诚拥护者。

督政府的担心不无道理，这时候的拿破仑已不仅仅是获胜共和国的一位将军，他还是一位按照自己意志行事的征服者，他有了更远大的理想。他住在米兰郊区豪华的蒙贝洛城堡里，围绕着他的是一批英勇善战的将领，对他言听计从的城市行政长官和意大利各公国的部长。蒙贝洛成为了一座真正的宫廷。拿破仑曾得意地说："我位于高空之中，我已看到世界在我底下流动。"他的理想是要当未来的领袖，为了实现自己的雄心壮志，拿破仑时时刻刻密切地注视着巴黎的政治动向。

1797 年 5 月的一个晚上，拿破仑的部下贝尔纳多特将军从法军占领地的里雅斯特派来了一个信使，这名信使交给正住在米兰的拿破仑一个公文包，这个公文包是从一个叫德·昂特雷格的保王党那里没收来的。拿破仑在这个公文包中发现了一份惊人的文件，那就是五百人院的主席，因征服荷兰而出名的皮什格鲁将军暗通保王党，企图帮助保王党推翻现任的督政府，拿破仑认为机会来了，他要有所行动了。

这时巴黎的政局动荡不安。保王党趁督政府残酷镇压巴贝夫革命运动之际，又大肆活动起来。在改选元老院和五百人院的三分之一的议员时，保王党分子赢得了大部分的议会席位，给议会添上了浓厚的保王派色彩，形势对巴拉斯一派十分不利，尤其得知皮什格鲁将军站在保王党一边时，局势更显危急。

拿破仑预见到保王党和共和国之间的斗争即将发生，他的朋友们催促他赶紧决定自己的立场。拿破仑考虑再三，认为现在自己的功劳还不足以支持他夺取最高权力，他决定保卫共和国，反对王政。其实，在拿破仑的心里，他早就瞧不起这个怯弱、无决断的督政府，并且做好了不能永远为督政府取得胜利的打算。但是，他更不想为波旁王朝取得胜利。暂时地保卫这个拿破仑不屑一顾的督政府，无非是保卫一个能使他达到权力顶峰的政权机构而已。

拿破仑开始秘密地进行自己的计划。他先派自己的副官拉瓦莱特到巴黎去，作为他的正式代表，并指示拉瓦莱特不要卷入任何党派斗争，在巴黎的政治斗争中保持不偏不倚的中立态度。7 月 7 日，他又派奥热罗到巴黎。拿破仑致函巴拉斯说："奥热罗将军因料理私事，请假回巴黎，他将面告诸位，远征意大利的军人们绝对效忠于宪法，效忠于督政府。"拿破仑还送了 300 万法郎给督政府，用以缓解其财政困难。奥热罗是个政治观点偏激而又好大喜功的将军，拿破仑深信他的这位将领在巴黎是绝对不会无所作为的，他会替自己去完成自己想要完成的任务。这样，拿破仑自己就不必在众目睽睽之下去冒陷入政治旋涡的危险了。

在拿破仑的支持下，共和国的三巨头决定逮捕五百人院和元老院中的保王派议员，他们任命奥热罗为军事司令官。这一决定正中拿破仑心意。

1797 年 9 月 4 日，奥热罗下令所有部队开赴指定地点，并在各桥梁和主要街道设置了大炮。拂晓时，两院大厅被包围，大批保王党人遭到逮捕，皮什格鲁将军和巴泰勒米督政官也被投进监狱，只有卡尔诺督政官逃走了。就这样，果月 18 日的政变没有遇到任何抵抗便完成了。

督政府胜利了，共和国得救了，节节胜利的拿破仑从遥远的意大利军营向督政府表示了热烈的祝贺。然而，督政府并未因此而感激拿破仑，他们始终认为拿破仑是一头蜷缩着的海兽，在潮水涌来时，会突然伸展出令人目眩的触须，并置人于死地。他们产生了一个让奥热罗来对付拿破仑的念头。

政变后的奥热罗将军被任命为莱茵方面拥有几万大军的指挥，这位虚荣心极强的将军以为自己的地位可与拿破仑匹敌了，便开始趾高气扬起来。他站在督政府一边，发表了指责拿破仑的声明。拿破仑愤怒异常。9 月 25 日，拿破仑向督政府提出了辞职："我请求你们委派别人来代替我，批准我的辞职。督政府这种忘恩负义的可怕行为，完全出乎我的意料。从此世界上再没有任何权力能使我为它服务了。我受到损害的身体迫切需要休息和安宁。我的精神状况也要求我在普通公民的行列中经受锻炼。在之前的一段时间里，我被赋予了很大权力，我在各种情况下都在为祖国的平安幸福而服务。让那些不信奉善行并怀疑我行为的人去说吧。我的安慰在于问心无愧和后世对我的评论。"

其实辞职是拿破仑对督政府采取的以退为进的计策，他十分清楚自己对督政府的重要性。果然，尽管督政府很不喜欢这位势力不断增强的年轻将领，但经过果月政变后，他们已无法失去拿破仑的力量了。他们要求拿破仑继续留在意大利军团总司令的岗位上。

1797 年 9 月 27 日，在拿破仑的坚决要求下，督政府与奥地利开始了正式谈判。由于督政府顺利地挫败了保王党，故而他们过高地估计了自己的力量，坚持要把威尼斯和弗留利并入阿尔卑斯共和国，此要求遭到奥方代表科本茨伯爵的坚决反对，并推翻了累欧本谈判的全部条款。这是一场漫长而艰巨的谈判，双方互不退让，谈判出现了僵局。

在这次谈话中，拿破仑表现出的外交才能丝毫不亚于他的军事才能。科本茨伯爵对拿破仑的外交手腕备感头痛，他多次向本国政府抱怨说，很少碰到像拿破仑这样的谈判对手。

10月17日，拿破仑终于在坎波福米奥村与科本茨伯爵签订了和约。根据《坎波福米奥和约》，奥地利把比利时各省割让给法国，并承认版图已扩大的阿尔卑斯共和国。法国则将威尼斯的一大片土地及首都划归奥地利，作为奥地利失去比利时各省和伦巴第的补偿。威尼斯的剩余部分则割让给内阿尔卑斯共和国。

这样，拿破仑不论是在他取得胜利的意大利，还是在屡屡被奥军打败的德国，他所坚持的一切几乎都达成了。他用威尼斯换得了奥地利在莱茵河上的让步，莱茵方面得救了，莱茵河成了法国的天然疆界。这是拿破仑外交活动的第一个重大成就。从此，第一次反法同盟便正式宣告破裂。

1797年12月9日，拿破仑在督政府委婉而坚决的要求下回到巴黎。12月10日，全体督政府官员在卢森堡宫为这位载誉而归的征服者举行了豪华的欢迎仪式，对拿破仑报以暴风雨般的喊声和掌声。对于人民的这种狂热情绪，拿破仑却不以为然，他事后对人说："假如把我送上断头台的话，人民也会这么快跑来看热闹的。"

外交部长塔列朗代表督政府发表了一篇十分讲究的、对拿破仑百般阿谀的欢迎词。全场听众对此并不感兴趣，他们急切要听到的是这位意大利征服者的讲话。于是，拿破仑用他那法国本土的口音发表了一篇简短的讲话。他说：

"各位督政府公民：法国人民为获得自由必须同各国君主进行较量。要得到一部以理性为基础的宪法，就必须克服1800年来的各种偏见。你们已经有了共和三年的宪法，你们已经战胜了所有这些障碍。宗教、封建制度和王政在2000年间相继统治着欧洲，但是你们不久前缔结的和约，开始了代议制政府的时代。你们已经组成了伟大的国家，其领土以大自然亲自划定的疆界为范围。向来以科学、艺术和伟人出生地而闻名的欧洲两个最美丽的部分，怀着客观的期望看到他们祖先的墓地上升起了自由的精神。这就是命运行将安置两个强大国家的基座。我荣幸地呈现给诸位的是在坎波福米奥签订并且经奥皇陛下批准的和约。当法国人的幸福得到最大实效的法律保障时，欧洲就获得自由了。"

接着，擅长辞令的巴拉斯发表了充满华丽辞藻的赞美词。然后他紧紧地拥抱了拿破仑，其他督政官也一一与拿破仑拥抱。议会两院在欢迎拿破仑方面也不甘落后。几天后，他们在罗浮宫画廊中摆设盛大筵席，款待拿破仑。

28岁的将军以十分平稳的心态接受了这些如倾盆大雨般袭来的赞誉。鲜花、掌声、赞美词对于这个雄心勃勃的将军来说，实在是太微不足道了，更何况这些赞扬备至、热情洋溢的话未必出于真心，他十分清楚督政府是不喜欢他的。他仍然住在远征意大利前居住的那所简朴的房子里，他似乎是在有意回避大众的青睐和喝彩，每天同自己的朋友相聚。人们注意到这个瘦削、苍白、精神疲乏的小个子将军在听人们说话时总是心不在焉，与其说是在听人说话，不如说是在独自出神，谁也猜不透他究竟在想些什么。不过，我们隐约可以感觉到，在他那好思考的头脑里，在他无畏的心胸里，一个行将影响欧洲命运的计划正在酝酿着。

第五章

东征埃及

早在意大利战争期间，拿破仑就经常想到埃及，并命令手下的一个将军占领了爱奥尼亚群岛，因为他认为占领这些岛屿是占领埃及的一个重要环节。东方始终吸引着他，他崇敬曾征服埃及、马其顿的亚历山大大帝，超过了恺撒、查理大帝或其他任何一个历史上的英雄。

在巴黎待了一段日子，拿破仑深切地感受到在这个繁华的大都会里，一切都是过眼云烟，自己的荣耀已经开始慢慢消逝。夺取最高权力是他的目标，然而时机未到，督政府还没有腐败透顶，自己也还未成为全军的宠儿和偶像。尽管他对意大利军团有充分的把握，但他还不能完全确定全体法国民众的心态，所以他要耐心等待时机。怎样才能更好地利用这个等待中的时间呢？最好的办法就是进行新的征服，击败法国的主要敌人——英国，建立新的辉煌功绩，在法兰西为自己树立更高的威望。

拿破仑出发了，他先考察法国北部海岸，考察从此地突袭英国是否可行。在8天匆匆的行程中，他怀着极大的耐心请教了水手、领航员、走私贩子和渔民。他提出问题，然后认真地听取回答，最后得出结论：从英吉利海峡进攻英国，无异于拿美丽的法兰西的命运去冒险。思虑再三后，他向外交部长塔列朗建议，从世界的另一个地方攻打英国，那就是埃及。

埃及一直是个让他魂牵梦绕的地方。其实早在意大利战争期间，拿破仑就经常想到埃及，并命令手下的一个将军占领了爱奥尼亚群岛，因为他认为占领这些岛屿是占领埃及的一个重要环节。东方始终吸引着他，他崇敬曾征服埃及、马其顿的亚历山大，超过了恺撒、查理大帝或其他任何一个历史上的英雄。后来，当拿破仑在埃及的沙漠上巡游时，他半开玩笑半认真地向同行者表达了自己的遗憾之情：自己生得太晚了，无论如何不能像曾经征服过埃及的亚历山大那样，在那里宣布自己是上帝或上帝之子。他认为欧洲太小了，真正伟大的事业应该在东方进行。他一直确信要真正打垮英国，首先必须占领埃及。因为占领埃及不仅可以阻断英国对印度的贸易通道并限制整个大英

拿破仑站在埃及的土地上。拿破仑非常仰慕亚历山大大帝征服埃及的伟业，同时他也想通过对埃及的占领进一步征服东方的印度，切断英国的重要经济来源

帝国的发展，而且还可以将埃及变为法国的殖民地，从而补偿法国在西印度所丧失的殖民地，此外还可以进一步征服英国财富的主要来源——印度。

尽管督政府认为进攻法国的老盟友土耳其苏丹的领地埃及实属不义之举，但还是同意了拿破仑远征埃及的方案。一方面，法国在战胜大陆强国奥地利之后，迫切要求同反法同盟的组织者英国决一雌雄；另一方面，督政府也希望战争能分散拿破仑的旺盛精力，以免这个令人妒忌的、野心勃勃的年轻人留在巴黎与自己作对。督政府早已看出拿破仑再也不会轻易地服从自己，特别是欢迎他凯旋的时候，他不像其他年轻军人那样，带着激动的、感激的心情来接受祖国对他的颂扬，而是像一个古代罗马皇帝在战争胜利之后去参加奴颜婢膝的议会所组织的庆祝凯旋的盛会一样，态度冷淡，阴沉威严，沉默寡言，把眼前的一切看成是理所当然且司空见惯的事。总之，他的态度令人十分不安。这次远征埃及正合督政府的心愿，如果得胜还朝，督政府可由此巩固自己的统治；如果战死疆场，督政府可由此去掉一块心病，与失去手中政权相比他们宁愿失去一位才华横溢的将领。

1798 年 3 月 5 日，拿破仑被任命为埃及远征军总司令。他立即展开了繁忙的准备工作，巡视海岸和海军，组织远征兵团，研究世界政治局势以及英国纳尔逊舰队的一切动态。拿破仑几乎是逐个地选拔远征埃及的士兵。他认识很多士兵，他有着极为惊人的记忆力，他知道哪个士兵勇敢、坚强，但经常饮酒；哪个士兵聪明、灵敏，但容易疲劳。为了使他的军队能在烈火般的阳光下作战，能在炎热的、一望无际的荒芜干旱的沙漠中行军，他必须挑选吃苦耐劳、身强力壮的士兵。他还挑选了一批高级军官，贝尔蒂埃继续担任他的参谋长，布律埃斯海军上将担任舰队司令。除此之外，还有克莱贝尔、狄舍、拉纳、贝西埃尔、缪拉、朱诺、达武、马尔蒙等一批著名将军。约瑟芬的儿子欧仁·博阿尔内也作为拿破仑的随从副官一同前往。由于对自然科学和文学历史有着浓厚的兴趣，这次远征他还带上了许多科学研究人员和工程技术人员。此外，他还带了大量的图书。

5月9日，拿破仑从巴黎来到土伦，监督装船的最后准备工作。在上船前夕，他对部队发表了极具鼓励性的演说，并许诺每个战士凯旋时可获得6亩土地的奖励。

5月19日，远征舰队由土伦扬帆出航。此舰队拥有130艘运输船，由13艘主力舰护送，另外还有42艘三桅快速帆船，以及大小运输帆船共300艘。主力舰中，“东方号”和“阿密腊耳号”各拥有大炮120门。运输船上的陆军由15个步兵联队、7个骑兵团和28个连（炮兵连、工兵连和地雷工兵连等）组成，共计步兵2.43万人，骑兵4000人，炮兵3000人，非战斗人员1000人。

当最后一名士兵上船后，恰巧，太阳升起来了，天空被照得那样光彩夺目，以至后来士兵们高兴地称之为“拿破仑的太阳”。灿烂的阳光照耀在排成半圆形的船舰上空，甚是壮观雄伟。官兵们的心中对即将到来的战争充满了必胜的信心并寄予了美好的期望。

这次远征的目的地是严格保密的，只有极少数高级官员知道是前往埃及。直到最后一分钟，官方还称它是英吉利军团的左翼兵力，并宣称要经过直布罗陀海峡，绕过西班牙，去爱尔兰登陆。这个消息传到了英国海军司令纳尔逊的耳朵里，他信以为真。当法国海军离开海港，直奔马耳他岛时，纳尔逊却正在直布罗陀海峡防守着拿破仑的军队。

马耳他岛位于地中海中部，是大西洋通往地中海东部和印度洋的交通要道，也是地中海最好的港口。6月10日，法国舰队抵达该岛，拿破仑立即派兵登陆，岛上的骑兵只做了象征性的抵抗就投降了。拿破仑宣布此岛为法兰西共和国领土，建立了新政府。6月19日，法国舰队离开该岛，同时留下4000名法军据守马耳他，以确保地中海法军的航运畅通无阻。

6月30日，法国舰队顺利抵达亚历山大港附近的埃及海岸。拿破仑派出一艘巡洋舰前往亚历山大港侦察，不久，这艘巡洋舰就从港口返回，并带来了法国领事马嘉隆。从这位领事口中得知，原来纳尔逊获悉法军占领了马耳他岛后，便断定法军的目的地是埃及。但他过于性急，致使英国海军到达亚历山大港时，根本不见法军踪影。于是他自作聪明地断定法军的目标是伊斯坦布尔，便立即率领舰队直奔伊斯坦布尔。

拿破仑担心纳尔逊会随时回来，便决定立即登陆。此时海面上波涛汹涌，狂风大作，天气极其恶劣。海军司令为了安全起见，主张等几个小时后再登陆，他断言纳尔逊几天之内是回不来的，但是却遭到了拿破仑的严词拒绝，他说："时间紧迫，命运只给我三天时间，如果我不充分利用，我们就失败了。"海军司令不得不发出全体登陆的信号。

尽管登陆十分艰难，许多人溺死在海中，但最终还是完成了登陆。7月2日凌晨1时，法军踏上了埃及的土地。3时许，拿破仑亲自率领3个师向亚历山大港进发。几个小时后，亚历山大港便落入了拿破仑手中。拿破仑在亚历山大港停留了6天，并用阿拉伯文向当地居民发出了一份具有威慑力量的安民告示。6天之后，拿破仑任命克莱贝尔为当地和全省的司令官，率约9000人的卫戍部队留守亚历山大，他自己则率其余军队向开罗进发。

这是一年中最炎热的季节，要在几乎是无水的沙漠里做长达60公里的行军，官兵们第一次真正认识到这场战争的严酷性，将士们对这种恶劣的环境都无法忍受了，就连缪拉和拉纳这样英勇无畏、久经考验的将领也忍不住发起了牢骚。唯有拿破仑一人超然于这一切困难之上，他是下定决心要把这场战争进行到底的。尽管整个部队疲惫不堪，但部队每到一个城镇都不休息，拿破仑的计划是快速行军，立即挺进开罗。

7月13日夜间，拿破仑率军沿尼罗河左岸向南进发，同时由卑霍指挥的一支法国舰队也沿河上驶。拂晓时分，法军在肖布腊克希与敌方的马穆鲁克骑兵团相遇。拿破仑立即将他的每个师都组成方阵，方阵里刺刀林立，寒光逼人，四角还设有火炮。日出之时，各团的乐队在方阵中央奏起《马赛曲》，准备迎接战斗。

面对法军方阵密集的刺刀，马穆鲁克骑兵毫无惧色，他们喊叫着发起了勇猛的冲击，但很快便遭到法军枪弹和葡萄炮弹的还击，不得不败下阵来。

1798 年 7 月 3 日，拿破仑率军进入埃及亚历山大港

马穆鲁克骑兵再次冲锋，仍毫无战果，法军的方阵犹如铜墙铁壁一般，纹丝不动。在法军强大火力的逼迫下，马穆鲁克骑兵不得不退向开罗。

拿破仑不想给对方留有任何喘息的机会，立即率部追击。尽管天气酷热，法军还是兼程挺进。7 月 20 日黄昏，他们到达了尼罗河汊，距开罗仅 15 千米，排列整齐、雄伟壮观的金字塔就在眼前，而敌军早已在此严阵以待。

7 月 21 日凌晨 2 时，金字塔群附近的开阔地带旌旗蔽日，杀气腾腾，马穆鲁克军与法军都摆开阵势，准备一决雌雄。一场著名的金字塔大战开始了。

马穆鲁克一方的中央是精锐的骑兵军团，由 1.2 万名骑士组成。骑兵军团的右翼是两万名土耳其人和阿拉伯人组成的步兵军团。骑兵军团的左翼是由几千名阿拉伯游牧部落士兵组成的。他们的阵地上构筑着一道道土垒，土垒后面设置了 40 门旧式大炮。

拿破仑和他的参谋们来到前沿，仔细观察敌阵和周围地形，他们很快发现了马穆鲁克军的几个弱点：骑兵军团的队列十分松散，步兵军团更是混乱不堪；土垒非常简易，不足以阻挡步兵的攻击；铁炮安置在无法移动的海军式炮架上。拿破仑观察完毕，便对各师团下达具体作战方案，每个师团组成一个方阵，5 个师团面向敌军一字排开。

上午 11 时左右，一阵阵战鼓声和军号声响了起来，法军开始向前缓缓移动。看到法军的方阵逐渐逼近，马穆鲁克军的主将穆拉德贝伊将军拔出战刀，发出了冲锋的命令。刹那间，沙土飞扬，马蹄声大作，马穆鲁克军发出狂野的呼喊，以排山倒海之势扑向法军方阵。

这时，法军立即停止前进。法军指挥官命令各方阵第一排士兵卧倒在地，第二排士兵蹲下，第三排士兵直立着举枪瞄准，后面的士兵则迅速地向前传递装满弹药的步枪。在各方阵前排出现的几个豁口上，乌黑的炮口伸了出来，这是法军的小型机动野战炮。当马穆鲁克骑兵冲到离法军仅 500 米时，法军的指挥官高举战刀的手猛地往下一劈，法军各方阵同时发射出密集的子弹。

战场上顿时枪炮齐鸣，人喊马嘶。法军的滑膛枪弹和榴霰弹将马穆鲁克骑兵成片地扫倒。不到几分钟，马穆鲁克骑兵已被大量杀伤，他们的伤亡越来越惨重，而法军方阵却岿然不动。无情的刺刀和轰鸣的炮火迫使马穆鲁克残存的几千骑兵不得不后撤。拿破仑趁势挥军前进，战败的敌人走投无路，接连跳入尼罗河中，溺死者无数。来不及跳河的，均遭法军杀戮，顿时尼罗河水被鲜血染得通红。

经过近两个小时的苦战，马穆鲁克军被吓得魂飞魄散，他们称拿破仑为“炮火之王”、“上帝之鞭”，从此，拿破仑的威名传遍东方。

通往开罗的障碍被扫除，法军很快进驻了这个城市。吓呆了的居民在沉默中迎接了征服者。拿破仑向开罗人发出如下公告：“昨天，马穆鲁克军非死即伤，我正派兵追逐逃脱了的散兵游勇。把你们河岸的船只放过来，并派代表团来通知我你们归降，拿面包、肉类、草料和大麦供应我的部队。不要惊慌，

1798年7月21日，拿破仑指挥法军方阵迎击埃及马穆鲁克骑兵。法军步兵和炮兵将法军骑兵围在中央，从远距离射杀马穆鲁克骑兵；一旦马穆鲁克骑兵靠近，法军步兵就以步枪上的刺刀组成密集的刺刀方阵，使马穆鲁克骑兵无法突破。500年前，马穆鲁克骑兵曾挡住了蒙古骑兵西进非洲的脚步，如今他们却在拿破仑的大炮面前败下阵来

要平静如常，我确信再也没有其他人比我更急于要为你们的幸福而效劳了。”

极度疲乏的法军在开罗得到了大量食物，他们终于可以好好地休息一下了。可拿破仑并没有闲下来，他以充沛的精力立即投入到埃及的组织管理工作中，他发出多道命令，号召法军严格遵守军纪，尊重伊斯兰教的信仰和当地的风俗习惯，不得骚扰清真寺和当地妇女。拿破仑亲自参加清真寺的礼拜活动，甚至向阿訇们表示，自己也信仰伊斯兰教，并请他们给自己讲解《古兰经》。经多方考察，拿破仑决定在埃及各省成立行政、警务、税务等机构。

正当拿破仑致力于重建埃及的政治制度时，突然传来了法国舰队在海上覆灭的消息，拿破仑震惊了。

原来，纳尔逊发现自己判断错误以后，立即掉转船头尾随法国舰队而来。8月1日，纳尔逊舰队的瞭望塔终于发现了停泊在阿布基尔湾的布律埃斯舰队。下午，纳尔逊率领14艘战舰，载着1000多门火炮，顺风驶至阿布基尔湾。在法军几乎一半人还在岸上搜集饮水和给养的情况下，纳尔逊率军从两方夹攻法

军舰队，法军舰队左右两边受到英舰近距离的炮火轰击，只有招架之功，却无还手之力。黄昏时，法旗舰“东方号”爆炸，舰队司令布律埃斯阵亡。次日拂晓，除了两艘主力舰和两艘巡洋舰得以逃脱外，其余军舰均已丧失行动能力。

拿破仑素以精力旺盛、镇定自若而著称，可当他得知这个消息时，也经不住这突如其来的打击，脸色发白，悲痛万分。他一下子就估量出了这幕惨剧所带来的致命后果：同法国的一切交通都被切断，返回法国的全部希望也随之破灭，除非屈尊向一个不共戴天的敌人投降。

拿破仑很是激动了一阵。不过没过多久，这种笼罩着他的阴暗情绪就消除了，他又恢复了坚定的自制力和镇静。他意识到现在最迫切的任务是振奋部队精神，驱散悲观情绪。他鼓舞部下说：“我们被隔绝在埃及的土地上了。这很好，我们必须在惊涛骇浪的大海上活下来，大海会平静下来的。或许命中注定我们要改变东方的面貌。我们一定要留在这里，像古代人那样在这里完成伟大的功业。”拿破仑的一番话使士气低落的军队重新充满了信心和希望。

舰队的丧失使拿破仑确信，必须迅速而有效地把埃及军团组织起来，必须在埃及站稳脚跟，因为法军还要在此地待很长一段时间。他毫不迟疑地发出一道道命令和指示，为的是防止与失败俱来的迫在眉睫的危险。

8 月 21 日，拿破仑按照法国科学院的模式建立了埃及科学院。科学院的任务就是促进埃及的进步和文化传播。随拿破仑从巴黎来的考古学家、地质学者和历史学者从尼罗河到阿斯旺瀑布，考察古代王国的遗迹。科学家、工程师们则研究防治传染病和设计灌溉工程。在总工程师、建筑学家勒佩尔的领导下，他们开始进行苏伊士海峡的水准测量和联结地中海、红海的运河开凿工程。由于舰队的覆灭，专家们失去了绝大部分财物和许多机械设备的支持，很多事情不得不从头做起。他们扩大谷物的耕种面积，建造大型烘炉和面包房，以解决粮食供应的困难；他们建造啤酒厂酿造土啤酒，以满足部队的需要；他们建立铸造厂和制硝厂，以供应机器、工具和火药。这一切都是为了使法军不需要依靠欧洲的供给而在埃及生存下去。

为了确保法国人在埃及的绝对统治地位，拿破仑对一切胆敢与法国人作对的人决不手软。埃及已成为拿破仑的掌中之物，可一个意外的消息使他对这一切感到索然无味了。他从朱诺那里得知留在巴黎的约瑟芬与夏尔中尉保持着暧昧关系，他气得暴跳如雷，连话也说不连贯，拿破仑的脾气变得暴躁无比。

约瑟芬的不贞使他的情绪非常低落，他写信给哥哥约瑟夫说："我需要离群索居。壮丽豪华使我感到腻烦，感情的源泉已经枯竭，荣誉对我来说索然无味。我虽年仅 29 岁，却已历尽沧桑。"可拿破仑毕竟是拿破仑，这种悲观情绪并没有持续多久，他对战争的热情和强烈的征服欲使他抛开儿女情长，跨上战马又出发了。

土耳其见自己的领地埃及被法国人占领，十分恼怒，苏丹立即派兵朝埃及进发，向法国宣战。1799 年 2 月，拿破仑留下狄舍将军保卫埃及，自己率 1.2 万人向叙利亚进军，迎击土耳其军队。进军叙利亚的路途同样是艰苦的，幸好沿途城市一个接着一个地向拿破仑投降。历经 4 个多月的艰难行军和顽强作战，法军终于在 6 月 14 日返抵开罗。

此时拿破仑已有将近 10 个月没有得到法国和欧洲的任何消息了，而英军司令料想拿破仑一定还不知道意大利的惨剧，故意幸灾乐祸地将一卷报纸当作礼物送给了拿破仑。

使者带回报纸，拿破仑迫不及待地连夜翻阅，并不断地发出愤怒的喊声。原来，在拿破仑远征埃及期间，一个强大的反法同盟又成立了，法国丢失了意大利，法军在莱茵地区一败再败。法国国内四分五裂，到处存在着怨恨和不满的情绪。"一群笨蛋！意大利丢了！我的一切胜利果实都丢了！我们必须离开埃及！"拿破仑看完报纸后愤怒地说。

第二天清晨，拿破仑召来贝尔蒂埃和新任命的海军司令冈托姆，同他们密谈了两个小时，最后决定立即回法国。他命令冈托姆赶紧备妥两艘快速三桅船和两艘小船，外加四五百人两个月的粮食。并严令二人要严守秘密，不得走漏半点儿风声。为了掩人耳目，他故意派人放风说，他要去考察尼罗河三角洲，并要求开罗的政务会议在他不在时按时向他报告当地的情况。

8 月 22 日，拿破仑一行四五百人抵达亚历山大港。此时他才向随行的全体官兵宣布目的地是法国。在这里，拿破仑会见了梅努将军，命他继续留下守卫埃及，并对他说："我要回巴黎去，我要驱散那些愚弄我们而不能治理共和国的蠢材。我将成为政府的首脑，我要团结一切党派，我要恢复意大利共和国，并且稳固地占有这块美好的殖民地。"此后，他又留下一封信，任命克莱贝尔为军队总司令，继续留在埃及，并授权他可以自由考虑撤出埃及的事宜。

8 月 23 日，夜色正浓，拿破仑一行悄悄登上舰船，开始了焦躁不安的大海航行。拿破仑对法国国内的事态也知之甚少，海上又布满了敌人的船舰，时刻都有被俘的危险，这一切都在拿破仑心里留下了阴影。

经过 40 多天的艰难航程，拿破仑船队成功地躲过了英国舰队的拦击，于 10 月 8 日到达法国南岸弗雷居斯海峡附近的港口。10 月 9 日黎明，拿破仑一行在土伦东边的弗雷居斯镇登陆。当这个小镇的居民得知是拿破仑将军回来时，平静的小镇立刻欢腾起来，街道上挤满了欢呼的人，民众的欢腾表现给了拿破仑夺取国家最高权力的信心。

他在小镇上得到了法国在意大利战败的详情。他决定当天晚上就回到巴黎，开始他那孤注一掷的冒险事业。

第六章

第一执政王

1799 年 12 月 12 日，拿破仑被选为第一执政，成为欧洲一个最大国家的统治者。三十岁的他，除打仗外从未做过任何事，更没有任何治国经验，而法国在内外事务方面又面临着许多问题。这头“雄狮”将拿出他的胆魄与才干，使这个国家乃至全欧洲都臣服于他。

拿破仑回国时,法国面临的形势十分严峻。1798年底,俄国、英国、奥地利、西班牙、土耳其、那不勒斯等国组成了第二次反法同盟。策划者和组织者是英国,军事行动的支柱是俄国和奥地利。反法同盟军从意大利、瑞士、荷兰、莱茵地区四个方面进攻法国。1799年初,苏沃洛夫率领的俄奥联军击败意大利的法军,4月底占领了米兰,7月底攻下曼图亚和亚历山大里亚,8月底又在诺维获得了一次决定性的胜利,法国著名将领儒贝尔战死,法军损失1.2万人,意大利北部又成了奥地利的殖民地。

战争的失利使人们不禁要问:昔日的胜利者现在在哪里?他带领几万人到哪里去了,把他和几万名法国男儿派到遥远的沙漠地区去流血牺牲,而让曾经取得光辉胜利的祖国在自己的边疆蒙受耻辱,这难道符合国家利益吗?法国期待着困守在埃及的拿破仑迅速归来。

督政府的钩心斗角、腐败无能以及经济困窘加剧了法国各阶层的不满情绪。拿破仑从意大利运到巴黎的几百万金币,全被督政府袒护下的官员和投机商私自侵吞了。城乡群众继续挨饿,他们提出一个口号:“我们需要一个能让我们吃上饭的政权。”军队中的士兵缺少鞋袜和粮饷,成千上万的成年人为逃避兵役到处流浪。有产阶级也在责备督政府的昏庸无能,因为督政府的内外政策没有给他们带来任何好处,早已销声匿迹的保王党又死灰复燃了,这些保王党竟大胆地在街上喊出“苏沃洛夫万岁!打倒共和国”的口号,到处充斥着不安、动乱和不满情绪。督政府5个督政官之间意见冲突、钩心斗角,已无足够的力量来制伏各个党派及平息各种愤怒的情绪。人们期盼着一个强有力的人物的出现,希望他能恢复法兰西昔日的平静和荣耀。

拿破仑在弗雷居斯登陆的消息不胫而走，他的回国让人们心中又出现了美好的希望。这位战功卓著的军人，曾把法国国旗插上罗马神殿和金字塔。他的辉煌战绩，他对法兰西的忠诚献身精神以及对自由原则的肯定态度，吸引着群众拥向他的身旁。拿破仑在向巴黎行进的途中，受到沿途各地居民的热情欢迎。人们为他举办隆重的欢迎仪式，发表激动人心的演说，张灯结彩，欢呼游行，把他当作共和国最优秀的将军和“救星”来欢迎。

10月13日，督政府向议会报告，拿破仑将军已回国，即日将抵达巴黎。议员们全体起立，整个会场爆发出经久不息的雷鸣般的掌声。会议中断了，代表们跑上街头，奔走相告。繁华的巴黎兴奋得像发了狂似的，在剧场、沙龙、大街上，到处都在传诵着拿破仑的名字。首都的卫戍部队则奏着军乐，走遍了整个巴黎以示欢迎。

如果说在返回法国前，拿破仑心中所构筑的远大理想还不明确，那么如今这异口同声的喝彩和万众欢腾的景象则使他明确了信念，他把夺取最高权力，除去不学无术、愚蠢自负且贪污腐化的督政府看成是人民交给他的使命。现在整个法兰西已为拿破仑通往权力的巅峰铺平了道路。

10月16日，拿破仑到达巴黎后，立即在贝尔蒂埃、蒙日和贝托莱的陪同下拜见了督政官。拜会完全是礼节性的，猜疑的双方缺乏热情地互相拥抱，然后进行了非常谨慎的谈话。拿破仑十分简洁地向督政官总结了此次远征埃及的成绩：在这16个月零20天中，他占领了马耳他岛，征服了上、下埃及，消灭了两支土耳其军队，生擒了土耳其军总司令，并缴获了大批辎重和野战炮。他洗劫了巴勒斯坦和加里列，建立了规模宏大且牢固的殖民地，他还把科学和艺术带回了它们的发源地。而且，拿破仑远征从根本上动摇了埃及的封建统治，为埃及的历史掀开了崭新的一页。

在卢森堡宫的外面，激动的人群拥挤在图尔农街道上，他们想亲眼见见从埃及归来的将军。会谈结束后，拿破仑出现在人群中，他身穿一件半东方式的上衣，戴着高毡帽，一把马穆鲁克的弯刀挂在腰间，头发比以前更短了，非洲的阳光把他的皮肤晒得黝黑。拿破仑轻松地微笑着，接受着群众对他的热烈欢呼。

在开始他计划已久的冒险事业的同时，拿破仑也不忘惩罚一下不贞的约瑟芬。回到巴黎后，他让人把大门关得紧紧的，将痛哭流涕的约瑟芬挡在门外。约瑟芬在门外几乎啜泣了一夜，苦苦哀求他的宽恕。当她因彻夜呜咽而筋疲力尽，不再试图去感化拿破仑时，另一边，再也按捺不住的拿破仑却打开了大门，向约瑟芬伸出了双臂。约瑟芬浑身颤抖地扑进了他的怀抱，两人又和好如初了。

拿破仑取得最高权力的第一个目标是在督政府取得一个席位，他开始物色自己的合作伙伴。10月18日至20日，拿破仑在家里会见了塔列朗、罗德雷、马雷、雷阿尔、富歇等人，其中塔列朗和富歇在拿破仑的计划和活动中占有重要地位。塔列朗身为贵族和主教，曾因在国民议会上提出没收教会财产的议案而出名，在大革命初期，曾出使伦敦。雅各宾专政时期，他流亡美国。他在担任督政府外交部长期间，同拿破仑有书信往来，双方对国际问题看法一致。塔列朗现在闲居在家，他具有卓越的外交才能和审察能力，他决定公开出来为拿破仑服务。富歇在雅各宾专政时期以残酷的暴力闻名，以后同热月党人一起推翻罗伯斯比尔的统治。他现在是督政府的警务部长，握有实权。富歇是个看风使舵、制造阴谋的能手，他从拿破仑身上看到了自己的前途，决定投靠拿破仑，从内部策划政变。

现在拿破仑要考虑的是如何对付五位督政官，他认为五位督政官中，戈伊埃、穆兰、罗歇·迪科三人无足轻重，因为这三个人毫无主见，只知附和另外两位督政官西哀士和巴拉斯的意见，对付这三个人轻而易举，关键是如何对付西哀士和巴拉斯。他本想与巴拉斯合作，挤掉西哀士，取代他的督政官职务，但他很快发现这个计划行不通。虽说巴拉斯果断、聪明、细致、职务甚高，但人民对他的印象非常不好，人们不仅仇视他，甚至鄙视他。他不仅有恬不知耻的盗窃行为、无法掩饰的贪污行为，而且与供应商和投机商一起营私舞弊，还在忍饥挨饿的贫苦群众面前大摆酒宴，这一切都使巴拉斯臭名远扬，成为督政府腐败、罪恶和瓦解的象征。

于是,拿破仑决定与西哀士结成临时联盟。西哀士在革命前夕,因发表《什么是第三等级》而获盛名,但在以后的革命过程中并无杰出贡献。督政府时期，他先担任驻柏林大使，1799年5月代替勒贝尔出任督政官。相比之下他的名声远比巴拉斯好得多。此时，他也正在物色听话的将军以巩固和增强自己的政治地位。他曾关注儒贝尔和莫罗两位将军，而儒贝尔战死，莫罗在政治上又不合他意。现在拿破仑出现了，他把拿破仑当作他理想的代理人，而拿破仑也正好要利用他。于是，二人结成临时联盟。只是西哀士万万没有想到在这场斗争中，不是拿破仑为他冲锋陷阵，反而是他充当了拿破仑的马前卒。

10月30日,拿破仑在巴拉斯家中吃午饭。这时的拿破仑已决定抛弃他了,既不把他当作敌人，也不把他当作政变中的人物。而巴拉斯虽对拿破仑有颇多猜忌，但他仍幻想着拿破仑这次仅仅扮演一个类似于在七月和果月事件中的角色，只起一个作为他的主要帮手的作用。

10月31日，拿破仑没有出席奥地利、俄国军旗展览会，也没有出席巴拉斯为全国将军、外国使节举行的晚宴，而是在弟弟吕西安的家里再度会见了西哀士。五百人院为了表示对拿破仑的敬意，选举吕西安为五百人院的主席。在吕西安家里，他们制订了一个政变计划：在政变那天散布谣言，说有一个雅各宾派的阴谋正在进行中，然后让两院做出一项决议，把两院从巴黎的市中心迁移到离首都几公里远的一个小镇圣克鲁，并任命拿破仑为巴黎武装部司令，以随时做出“预防措施”。拿破仑让西哀士负责说服督政官罗歇·迪科参加政变，而对其他三个督政官则采取说服、威胁和利诱等手段迫使其辞职。拿破仑估计用金钱可以收买巴拉斯，但是如何对付上了年纪的共和派律师戈伊埃呢？吕西安提议说：“我们迅速把他除掉，用武力解散两议院。”拿破仑摇摇头说：“政变最好采用合法手段。不使用暴力、不流血，这才是政变的理想途径。”

11月1日，拿破仑同当时的陆军部长贝尔纳多特一起吃早饭。贝尔纳多特精明强悍，性烈如火，胆大而有冒险心，不受利诱，不为感情所动。他曾在拿破仑返回巴黎的途中，建议巴拉斯立即逮捕他，把他作为擅离埃及战场的逃兵交付军事法庭审判。但巴拉斯无可奈何地说："我们没有力量。"拿破仑对贝尔纳多特有些畏惧，担心他可能出来反对自己，他现在要争取贝尔纳多特保持中立。

当天晚上，拿破仑到塔列朗家讨论政变细节。两人谈到深夜，突然，街上传来一阵吵闹声，是巡逻还是搜查？拿破仑脸色发白，以为阴谋已经败露，督政府前来逮捕他们了。塔列朗将灯熄灭，走到阳台上看了一会儿，原来这只不过是街上夜游者的一场狂欢，两人虚惊一场。

11 月 6 日，拿破仑同莱茵战线的指挥官莫罗将军一起参加两议院在卢森堡宫举行的盛大招待会。莫罗将军是一个缺乏政治头脑的军事人才，对于莫罗，拿破仑并不害怕，并且有办法对付他。11 月 7 日，拿破仑同塔列朗、西哀士共进晚餐，同时被邀请的还有贝尔纳多特和儒尔当。儒尔当是北方战线上的英雄。席间，拿破仑问儒尔当对目前政局有何看法，儒尔当答道："除非能够出现较为稳定的秩序，否则救国恐怕没有希望。"拿破仑放心了，显然，儒尔当是不会妨碍他的行动的。

掌握了所有的情况后，拿破仑决定在 48 小时内行动。缪拉、拉纳和马尔蒙分别去通知各个部队的军官，贝尔蒂埃负责参谋部，吕西安负责五百人院。

11 月 9 日即共和历雾月 18 日上午，拿破仑的家中会集了所有忠于他的将领，因为房间太小，连院子和通道都站满了人。与此同时，元老院正在杜伊勒里宫举行会议。一位议员宣布：雅各宾阴谋正在进行，共和国很快就会被这些兀鹰啄死。然后，议员雷尼埃引证宪法第 102 条，建议通过两项提案即把立法会议移到圣克鲁开会，并任命拿破仑为首都及近郊武装部队总司令。因为许多没被吕西安拉拢过来的议员没有接到开会通知，所以这两项提案以虚假的多数票获得了通过。

早上 8 时 30 分，元老院代表乘车到拿破仑府邸，将这一命令授予拿破仑。

拿破仑立即向在座的将领宣读议会对他的任命书，然后在一批威武显赫的将领的簇拥下乘马车来到元老院。拿破仑向元老院发表了一篇简短、不甚连贯的演说，他说：

“诸位代表，共和国正在危急中，你们充分了解这种情况并颁布法令去拯救它。灾难归于那些企图制造困难和混乱的人！我会在我的军队和同伴们的帮助下，将他们逮捕起来……你们明智地颁布了这个法令，我们的双手有能力完成它。我们要的是基于真正自由、平等、人民代表制原则的共和国。我以我的名义和我同伴们的名义发誓，我们一定能获得这样的共和国。”

这时，在杜伊勒里宫的园林里，早已集结了一支数万人的庞大军队，由布农维依、莫罗、麦克唐纳等将军率领。拿破仑检阅了这支部队，向他们宣读了元老院任命他统率一切武装部队，责成他维护公众安全的法令，并发表了讲话：

“共和国两年来的治理工作很糟糕，你们曾经希望我回国来结束这一切的灾难。你们一致祝贺我的任命，我正在完成这一任命所给予我的那些任务。你们将完成你们的任务，你们会以我经常在你们中间看到的毅力、坚定和信任来协助你们的将军。自由、胜利与和平将把法兰西共和国重新放在它曾在欧洲占有过的位置上，只有无能或背叛才会使它失去这个位置。共和国万岁！”

军队以雷鸣般的掌声为他欢呼。

就在这时，巴拉斯派秘书来见拿破仑，企图讨好他。谁知拿破仑一见到这位督政官的代表，便高声斥责道：“我为你们缔造了一个光辉灿烂的法国，而你们把法国搞成了什么样子？我为你们创立了和平的局面，而我回来看到的都是战争！我从意大利为你们运来百万黄金，而我回来看到的却是掠夺性的法律和贫困！我为你们取得了胜利，而我回来看到的却是失败！你们把我熟识的十万法军，我光荣的弟兄们弄到哪里去了？他们都牺牲了！我不能让这种情况继续下去了。该是信任那些有权获得信任的国家的保卫者的时候了。”

督政府已经到了它的末日，西哀士和罗歇·迪科因参与了这场政变而正式结束了自己的督政官生涯。拿破仑派塔列朗去说服其他三个督政官。塔列朗到卢森堡宫时，巴拉斯正准备宴请客人。餐桌上放了 30 套餐具，但只来了一位宾客，巴拉斯十分明白自己的处境。他漫不经心地听着塔列朗讲话，走到窗前，看见一群士兵围守在外面，他走了回来，迅速地在塔列朗交给他的辞职书上签了字，自我解嘲地说：“很高兴我又回到了普通公民的行列。”巴拉斯就这样永远地从政治舞台上消失了。戈伊埃和穆兰见大势已去，也都宣布了辞职。督政府就这样被拿破仑不费一枪一弹地解散了。

雾月 18 日晚，两个立法议会的行政人员已经到了圣克鲁。两院中虽然有不少拿破仑的支持者，但还不足以左右议会，特别是五百人院，那里有很多雅各宾党人。雾月 19 日清晨，拿破仑下令在巴黎和圣克鲁之间部署军队。军队很快行动起来，拿破仑自己也乘坐一辆敞篷马车，由骑兵队保护着，从巴黎来到圣克鲁。

这时五百人院的代表中有许多人由惊讶转为愤怒，他们不能理解为什么这样突然又莫名其妙地把他们的会议从巴黎搬到圣克鲁，他们更不能容忍军队包围了他们的会场。他们大骂拿破仑是个阴谋家、强盗、罪犯和独裁者。

下午 1 时，在圣克鲁宫的两个会议厅里分别举行了两院的会议。拿破仑及其亲信在旁边的大厅里等候两院通过有关成立新政府的决议。然而，时间一小时又一小时地过去了，两院不仅没有做出成立新政府的决议，反而对昨天元老院通过的那两项提案产生了质疑，这时已近黄昏，拿破仑意识到需要马上采取果断的行动，否则将功亏一篑。下午 4 时，他忽然闯进元老院议会大厅，在可怕的沉寂中，临时发表了一篇语序错乱的演说。

拿破仑不连贯的讲话被愤怒的叫喊声打断，无法再讲下去。拿破仑被迫退出元老院大厅，在几个掷弹兵的陪同下前往五百人院议会大厅，大厅里迎接他的同样是愤怒的喊声：“打倒强盗！打倒暴君！宣布他不受法律保护！”一群代表向他拥来，上千只手臂向他伸过来，有人拉住他的衣领，有人想扼住他的咽喉，有人用手枪、匕首威胁他，拿破仑一下呆住了，他那卓越的军事指挥才能和善于鼓动士兵的艺术在此时丝毫帮不上他的忙。勒费弗尔将军

1799 年 11 月 9~10 日，雾月政变中的拿破仑遭到了元老院和五百人院议员们的强烈反对

见势不妙，大声喊道：“救我们的将军！”他和一些掷弹兵推开议员，把拿破仑救出大厅。

拿破仑在经历了大厅里那可怕的一幕后，又恢复了他固有的坚毅和果断。他决定用公开的暴力，毫不手软地解散五百人院。他同五百人院主席吕西安一起去检阅军队，他高声对军队说：“阴谋家聚集在五百人院，他们用手枪和匕首威胁我，实际上是用来威胁共和国的。士兵们，我能把希望寄托在你们身上吗？”士兵们迟迟没有给他肯定的回答。这时吕西安在一旁拔剑高呼：“要是我哥哥胆敢损害法国人的各项自由，我誓把这柄剑插进他的胸膛。”士兵们听了这话，犹豫顿时消失。

拿破仑发出命令，鼓声大作，缪拉率领的掷弹兵跑步入宫，鼓声逼近会议大厅时，一些代表号召大家进行反抗，宁死不屈。但当掷弹兵持枪冲入大厅后，代表们四散逃窜，有的从门口逃走，有的跳窗而逃，但他们很快又被从四面八方逼向宫殿的军队包围起来。

逃跑的代表被追了回来，他们在刺刀的威逼下重新开会，通过了解散议会的决定。随后，这些代表被和平释放了。当晚，在圣克鲁宫的一个灯光暗淡的大厅里，元老院驯服地通过了建立新政府的法令，并把共和国的权力移交给了三个执政，即拿破仑、西哀士和罗歇·迪科。

凌晨 2 时，三名新执政宣誓效忠于共和国，凌晨 3 时，一切都安排妥当，圣克鲁宫恢复了往日的宁静，呈现出一片空旷无人的景象。拿破仑乘马车回到巴黎，几天来的焦虑和紧张使得他面容憔悴，疲惫不堪。面对新的局面，他陷入了沉思。一路上，他一言未发，临到家时，他对身边的秘书说：“布里昂，我说了许多贻笑大方的话。我宁愿对军人们说话，不愿对律师们说话。我缺乏议会活动的经验，但我会很快学会的。”

雾月 21 日晚，拿破仑迁入卢森堡宫，法国已被他掌握在手中。

雾月政变后，法国成立了由拿破仑、西哀士和罗歇·迪科三人组成的执政府。1799 年 12 月 12 日，拿破仑被选为第一执政，成为欧洲最大国家的统治者。拿破仑上台时只是一个除打仗外从未做过任何事的三十岁的年轻将军，还没有任何治国经验，而法国在内外事务方面又面临着许多问题。在国内，他面前摆着许多封建时期和共和国时期遗留下来的历史问题，许多事情处于开始了而尚未结束，开始了而被中断，开始了而又被收回的状态，一切都处在混乱之中。在国外，反法同盟仍然威胁着法国的安全。国库亏空，部队军饷严重不足。可是，拿破仑以他那充沛的精力、卓越的想象、缜密的思维和追根究底的作风，以及对国事活动的广泛兴趣和丰富知识，很快稳定了局面，并一步步地巩固了自己的专制权力。

拿破仑首先开始任命各部部长。康巴塞雷斯和富歇担任司法部长和警务部长，戈丹、贝尔蒂埃和塔列朗分别担任财政部长、陆军部长和外交部长。督政府的旧人员留下了不少，拿破仑决定只要有才能并愿意为他的政权服务，不论他们过去是属于哪一党派的，他都一概录用，并把他们安排在适合的岗位上。

西哀士受命起草新宪法。这位法学家经过 10 天的缜密思考，制定出了宪法草案,其中规定：由元老院选出终身大选长；这位大选长年俸600万利维尔，拥有 3000 名卫队士兵，居住在凡尔赛宫；这位大选长任命两个执政，分别负责战争与和平；他是国家荣誉、权力和尊严的唯一代表，他负责接见外国使节，并以他的名义颁布各种法律。宪法草案还规定，元老院有权罢免大选长。西哀士想通过这部宪法草案来防止法国出现独裁政府。

可具有权力野心的拿破仑对这部宪法草案极为不满，他认为大选长仅仅是国家的象征，他向西哀士指出：“大选长仅仅是国家的象征，您能指出世上会有这样的竟然低贱到心甘情愿去承受如此愚弄的庸人吗？两个执政中，一个拥有司法部长、内政部长、警务部长、财政部长、国库总监作为自己的助手；而另一个执政则管辖海军部长、陆军部长和外交部长。围绕着第一个人的是法官、行政官、财政官等穿长袍的人员；而围绕着第二个人的则都是带肩章的军人。如果一个为了军队而需要钱，需要征兵，一个却什么也不给，那么这样的政府就是畸形的产物。”西哀士则指责拿破仑想当君主。两人针锋相对，在卢森堡宫的会议厅内展开了 11 个晚上的对宪法草案的辩论。拿破仑凭着自己体力和精力上的优势，故意把讨论时间延长到深夜，用疲劳战术来战胜他的反对者。最后，精疲力竭的西哀士终于败给了精力旺盛、不知疲倦的拿破仑，放弃了大选长制。拿破仑把文、武两个执政各自行使的职权全部归于第一执政，而且通过分割权力大大削弱了议会的立法权。第一执政有权任命中央和地方的各级官员，有权任命陆海军官、驻外使节和法官，这些官员只对第一执政负责。第一执政还有立法创议权，有权签署对外条约，并且可以连选连任。而第二、第三执政则只能起到“咨询作用”，几乎没有什么权力。1800 年初，这部经拿破仑修正过的宪法草案交付全民投票表决，结果以 3011007 票对 1562 票的巨大优势获得通过，拿破仑成为拥有无限权力的第一执政。

宪法通过前夕，西哀士和罗歇·迪科辞去执政之职。为了酬答他们在政变中的合作，拿破仑安排他们在元老院担任终身元老，并把克龙庄园奖给西哀士。接替这两位执政的是法学家康巴塞雷斯和经济学家勒布伦。他们实际上只是拿破仑顺从的助手，一个能从立法上帮助他，一个能从财政上帮助他。

拿破仑不但将所有的权力都集中在了自己的手中，而且还严格地限制了言论自由。宪法颁布不久，拿破仑就发布了一项命令，命令停办当时 73 种报纸中的 60 种，其余暂时续办的报纸（一段时间后又停办了 4 种）要受警务部门的严密监督。通过这些措施，拿破仑终于成为了一个拥有无限权力的执政者，而这一切都归功于他手下强大的军事力量。“谁有强大的军队，谁就正确。”这句拿破仑最喜欢的话在这里得到了最好的印证。

与此同时，拿破仑自上台就开始采取有力措施稳定国内局势。雾月政变胜利的第二天，拿破仑就提出了两项极有意义的改革措施：一项是停止在有保王党嫌疑人的村庄拘捕人质，另一项是废除累进税制。这两项举措为他争取了人数众多的、既不是保王党也不是革命党的中间群众的拥护。另外，拿破仑还通过各种措施争取与各敌对势力和解，只要他们赞成新宪法，都可以回来并留居法国，或者得到赦免。这些反对势力包括保王党人、在历次政变中流亡或被流放的人、罗马的天主教徒，以及诺曼底、布列塔尼和旺代等地的造反农民。对于那些顽固的反对者，拿破仑则采取了坚决而有力的镇压，同时附以宽容的安抚政策。

虽然拿破仑很快稳定了秩序，恢复了国内和平，但督政府给他留下的这个烂摊子也是很麻烦的。对于拿破仑这样一个没有治国经验又缺乏很多必要的专门知识的人来说，他必须要面对并解决许多他完全陌生的问题。但拿破仑并没有被这些困难吓倒，他的长处是善于积累知识，善于听取专家的意见，并能从中抓住正确的意见。他曾对继子欧仁·博阿尔内说：“当你到了一个不熟悉的城市的时候，你不要闲着，而要去研究这个城市，你怎么知道你将来不会来占领这个城市呢？”因此，英国的船长们曾对拿破仑感到万分惊奇：他不仅能够说出法国船具的细节，而且还能说出英国船具的细节，以及英国和法国锚索的区别。

在拿破仑担任第一执政的初期，他经常外出巡视，亲自去了解国情和民情。他把生产和销售、税率和关税、水运和陆运等工商业问题研究得非常透彻。在充分了解国情的基础上，他认真听取专家们的意见。

1799 年 12 月 25 日，他挑选了一些有行政经验的人组成了拥有 29 名成员并以他为主席的参政院。参政院分陆军、海军、财政、立法、内务五个组，这五个组平时分别执行职务，不定期召开会议。会议通常由拿破仑主持，他让参政官畅述己见，但最终的决定权还是在他那里。他曾说过：“取得战斗胜利的人，不是提出好的建议的人，而是负责执行和下命令执行建议的人。”

拿破仑在一批富有经验的人才的支持下，大刀阔斧地进行地方行政改革，加强中央集权制。1800 年 2 月 17 日，他下令取消了地方自治和选举制度，各级行政区都由一名行政长官领导。同中央政府一样，地方所有官吏都由政府委派，其中大部分省长由拿破仑直接任命，这些省长直接对中央政府负责。他们履职的专业化，提高了管理水平和办事效率。

拿破仑认为强大的国家必须拥有强大的工业和发达的商业。所以，他要求政府给工业巨额津贴，派专人扶植建立新企业，举办工业博览会，鼓励机器生产。1800 年 2 月 13 日，他在“往来存款银行”和“商业贴现银行”的基础上建立了法兰西银行，此银行在法国金融和工业生活中起到了重要作用。为了保护国内工商业的发展，拿破仑政府采取了坚决的关税保护政策，以抵制国外商品在国内市场的倾销。在交通运输方面，政府投资修建了从巴黎到里尔、马赛、波尔多、斯特拉斯堡和布勒斯特的公路，并着手开拓圣康坦、乌尔克等地的运河。拿破仑派遣了很多工程师到工地，他自己也经常去那里，同工程师们一道拟订开拓方案。这一切都加速了法国资本主义的发展进程。

身为第一执政的拿破仑这时更加认识到了人心向背对巩固一个政权的重要性，为了更好地笼络人心，他在卢森堡宫向荣立战功的官兵授予荣誉马刀和步枪。在第一批被授予马刀的官兵中，有一个名叫莱翁·奥纳的掷弹兵军士，他被获准上书向第一执政表示谢意，拿破仑立即回信道："我收到了你的信，我勇敢的战友。你无须提醒我你的英勇行为，自从勇敢的班纳赛特死后，你是军中最勇敢的掷弹兵。你领取了我分授的100把马刀中的一把，谁都同意，你是最当之无愧的。我很想再见到你，陆军部长会下令让你前来巴黎。"这封回信在全军中流传，法国最伟大的将军、第一执政称呼一个军士为他勇敢的战友，这种平等的态度使整个军队热情高涨，忠心信服。

拿破仑这种笼络人心的手段也同样运用在文官中。拿破仑素以精力旺盛、不知疲倦而著称，他每天除了几个小时的睡眠，15分钟的午餐和不到15分钟的早餐时间外，其他时间全部都用来工作。他也以这个标准来要求别人，他身边的人不得不超出限度来工作，然而，没有人对此有过任何抱怨。一个曾在拿破仑时期长期任职的官员说："拿破仑有以亲昵且毫不拘礼的态度来保持人们对事业忠诚的本事。他在必要的场合下，善于用这种态度来对待下级，像对待平级的人一样。"这种本事使人们产生激情，就像他在军队里使官兵产生激情一样。人们在工作中累得筋疲力尽，就像官兵们在战场上作战一样，但毫无怨言。文官们也像武官们一样，为了得到一枚勋章或拿破仑的一个微笑，而不惜赴汤蹈火。

这个时期，卢森堡宫办了一件喜事，那就是拿破仑的妹妹卡罗利娜与缪拉将军举行了结婚典礼。缪拉虽出身低微，但举止文雅，风度高贵，深得执政夫人约瑟芬的喜爱。当时有人传说约瑟芬与缪拉有暧昧关系，为了证明这纯属谣言，约瑟芬极力劝说拿破仑将妹妹卡罗利娜嫁给缪拉。拿破仑很高兴看到妻子对这门婚事如此热心，便欣然同意了。卡罗利娜和缪拉很快就在卢森堡宫中举行了婚礼。

拿破仑虽为第一执政，但他的野心并未得到满足，执政府不过是他迈向君主制的一步。卢森堡宫太小，容纳不下这么多的政府官员，拿破仑决定要搬到法国历代国王的寝宫杜伊勒里宫去住。杜伊勒里宫,法国波旁王朝的象征，杰出的路易十四曾在这里签下了一个个进军命令，奠定了法国在欧洲大陆的霸权。荒淫的路易十五也在这里举行过当时欧洲最无耻、最荒淫的舞会，还有那个可怜的路易十六……

对于波旁王朝，拿破仑此时并无多少敬意，他同情但也鄙视波旁家族的那些无能的子孙。但他却由衷地欣赏杜伊勒里宫，不仅欣赏它那豪华而近于奢侈的建筑风格，更欣赏这种风格背后所隐含的文化意韵。

是的，那高大的圆柱，那雕有各种图案的精美的墙壁似乎都是一种权力符号。拿破仑喜欢权力，他要复活那些千百年来根植于法国人心中，又被大革命的滚滚洪流所泛起的、被自由和民主的泥沙深深埋起的王权崇拜意识。

为了迁入杜伊勒里宫，拿破仑准备了隆重的仪式。2 月 18 日下午 1 时，拿破仑离开卢森堡宫。当时的仪仗队还不足以表现作为后来帝国时期特征的那种豪华富丽，但是也具备了法国现有状况所能准许的全部华贵壮观。那个时期真正华美的只有军队的壮丽观瞻，包括华丽的向导团在内的 3000 名精选士兵集合于此参加仪式，个个都以整齐的步伐在乐队的高奏声中行进。

将官和他们的幕僚骑马,各部部长乘车。拿破仑乘坐的则是四轮豪华马车，马车套着六匹大白马，令人想起光荣与和平。这些漂亮的马匹是《坎波福米奥和约》缔结后，德国皇帝赠送给第一执政的。拿破仑还佩带着弗朗西斯皇帝馈赠给他的贵重马刀。与第一执政同乘一辆马车的是他的同僚康巴塞雷斯和勒布伦。拿破仑在通过大半个巴黎的路途中受到了广大人民的夹道欢迎。

通往杜伊勒里宫的各条大路上都有卫队夹道，这显然是迎接君主的排场。军队在广场上列队，拿破仑跳下马车，纵身骑上战马，检阅部队。另外两名执政则进入套房，国务会议和各部部长早已在那里迎候他们。窗口挤满了身穿当时流行的希腊式服装的优雅贵妇，每个角落都有热情的观众拥入，每个

杜伊勒里宫位于塞纳河右岸，曾为法国王宫，1871 年遭到焚毁。图为 1810 年，在杜伊勒里宫门前举行的阅兵式

角落都可听到异口同声的欢呼："第一执政万岁！"

拿破仑通过各个行列，向团队指挥官亲切问话。然后他在接近杜伊勒里宫大门处就位，右侧是缪拉将军，左侧是拉纳将军，背后有大批年轻的勇士，他们的面部都已被意大利和埃及的太阳晒黑，他们参加过的战斗次数比他们的岁数还要多。

当第 30、43 和 96 等几个残旅的军旗经过时，拿破仑看到，这些旗帜都只剩下一根根光秃秃的旗杆，他便立即脱帽鞠躬致敬。一位伟大的将领这样尊重在战场上破损了的军旗，赢得成千上万人的齐声喝彩。当军人排成单人纵列后，第一执政正步跨上杜伊勒里宫的阶梯。

督政府末期，在法国南部和中部的所有道路上常有强盗出没。这些强盗在光天化日下拦路抢劫，杀害民众，袭击村庄。他们甚至用火刑拷打被捉住的人，要他们供出钱藏在什么地方，他们打着为波旁王朝复仇的旗号，无恶不作。

拿破仑执政后，决定肃清这批强盗。拿破仑针对这批强盗颁布了非常严厉的命令：不抓俘虏，一律就地正法。窝藏盗匪或者购买赃物者，但凡与盗匪有联系者，一律处死。他还派出大批军队，这些军队毫不留情地镇压了罪犯及其帮凶，并严惩了那些对强盗姑息纵容的警官。

与此同时，旺代等地的保王党活动非常猖獗。保王党叛乱正在诺曼底、布列塔尼、旺代等地迅速蔓延，一部分农民也被吸引到保王党的叛乱队伍中。他们利用英国人从海上给他们提供最好的武器，借助森林和沼泽地带，进行长期的游击战，反对一切革命政府。

拿破仑对叛乱分子采取了软硬兼施的策略，他一面派出军队进攻叛乱分子，一面答应对立即放下武器的人实行特赦。这对分化瓦解叛乱队伍起到了很大的作用。1799 年 11 月 24 日，埃杜维尔将军代表法国当局同叛乱分子首领缔结了第一次停战协定。叛乱分子为了进一步摸清拿破仑的意图，试探拿破仑是否会支持他们的复辟活动，派代表前往巴黎与拿破仑会面。双方就不在叛乱的地区征兵、欠税延期缴纳和归还逃亡者尚未拍卖的财产等方面达成协议。拿破仑一方面表示“我不是保王党分子”，另一方面又说“十年来，法国人的血流得够多了”，由此表达了和解的愿望。最后，拿破仑表示希望同著名的叛乱首领乔治·卡杜达尔进行单独会谈，并保证他在巴黎期间的人身安全。

这个身材高大、刚健有力的叛乱首领终于来到巴黎，同身材瘦小的拿破仑单独会面了。这次会见持续了几个小时，为拿破仑生命安全提心吊胆的副官们挤满了旁边的小屋，他们很清楚乔治·卡杜达尔为了自己的事业早已将生死置之度外，他是什么事都干得出来的。然而，最终什么事也没发生。拿破仑提议给他一个将军头衔，让他加入法国军队，同外国人作战，乔治·卡杜达尔坚定地拒绝了拿破仑，并很快返回旺代。

1800 年 1 月 10 日，拿破仑发表公告：“再也不能容忍那些没有信仰、没有祖国，堕落为外国敌人的可耻工具的人和拿起武器反对法国的人。”他号召平叛军队打一场快速而漂亮的仗，对叛乱者绝对不能手软，对其同党及姑息养奸者一律格杀勿论。在军队的严厉镇压下，一度十分猖獗的叛乱在拿破仑执政不到3个月的时间内便被平定了。乔治·卡杜达尔顽固地拒绝投降，逃到英国去了。

为了团结一切可以团结的力量，拿破仑对逃亡者采取了宽容的态度，他取消了禁止贵族和逃亡者亲属充任国家公职的规定。1800年3月3日政府做出决定，不许在逃亡者名单上再增添新的名字，即从1799年12月25日以后出逃国外的人将不被以逃亡者对待，并允许逃亡者回国。这样，公开的保王党人、立宪派人士、雅各宾党人以及几次政变中逃亡国外的人士纷纷回国了。拿破仑对逃亡者的宽容态度使保王党分子对他产生了幻想，他们希望与拿破仑合作，一起恢复波旁王朝。

1800年2月20日，当时的普罗旺斯伯爵（即后来的路易十八）给拿破仑写了下面这封信：

“无论他们明显的行为是什么，像您这样的人，先生，是决不至于感到惊慌的。您接受了显要的职位，为此我感谢您。您比任何人更明了保证一个伟大的国家的幸福所必需的力量和权力。以法兰西自身的暴力拯救法兰西，您就会满足我内心的首要愿望。把法国还给国王，后世子孙将祝祷您身后之名。您对于我的国家来说永远是最需要的，决不能解除要职，那是对我的家庭和我本人的恩德。”

拿破仑将信弃置一旁，他对布里昂说：“波旁分子如果以为我是充当乔治·蒙克这个角色的人，那他们就太自欺欺人了。”

6月4日，普罗旺斯伯爵又寄来了第二封信，信中说：“将军，您要知道，您享有我的尊敬已久。如果您怀疑我的诚意，可向我提出您需要的酬劳并确定您朋辈的酬劳。至于我的原则，我是个法国人，我生性仁慈……出于理性的呼唤，我会更加仁慈……您在浪费宝贵的时间，我们可以保证法兰西的荣誉。我说我们，因为我需要您的帮助，而您没有我也将一事无成。将军，全欧洲正在观望您。荣誉在恭候您，我迫不及待地要为我们的百姓恢复和平。”

拿破仑决定打消这位伯爵复辟的念头，他亲笔写了回信：“殿下：我已收

拿破仑担任法国第一执政时的画像，此时他距离“皇帝”的身份只有一步之遥了

到您的来信，感谢您说到我时表现的宽容态度。您不应该想要回到法国，您要回到法国必须踩过十万死尸。为法兰西的安宁和幸福牺牲您的利益吧。历史会公正地对待您的。我对您家族的不幸并非无动于衷，而且将乐于获悉您对您隐退生活所要求的一切。”

保王党一计不成，又生一计。他们派遣美丽动人的德·吉什公爵夫人前往拿破仑的宅第。德·吉什公爵夫人相信凭借自己妩媚的容貌、漂亮的眼睛以及能说会道的小嘴，一定能完成波旁王朝交给她的使命。约瑟芬设午宴款待了她，席间谈到伦敦，谈到流亡者以及波旁王朝的那些亲王。这位美丽的夫人转达了亲王们的意思：如果第一执政重建波旁王朝，亲王们将在卡鲁塞尔凯旋门那里建造一座有拿破仑铸像的巨大圆柱。拿破仑迅速回答道：“第一执政的尸体将是这根圆柱的座基。”当天夜里，德·吉什公爵夫人就接到了离开巴黎的命令，第二天，她就踏上了通向边境的大道。

既然说服不成，保王党分子决定采取另外一种手段。

1800 年 12 月 24 日即雪月 3 日下午 4 时许，夕阳西斜，余晖中一匹黝黑的老马拉着一辆双轮破篷车缓缓前进，赶车的三个人都穿着蓝色罩衫，一副鬼鬼祟祟的样子。他们穿过克雷利大街，又走过胜利广场，最后到达圣尼凯斯大街，在这里可以看见杜伊勒里宫。这时夜幕已经降临，王宫的所有屋子都亮着灯。这三个人将马车停放在一个阴暗的角落里，随即开始精心设计一场暗杀拿破仑的阴谋。他们在篷车里放了满满一桶火药，然后雇来一个 14 岁的小女孩，嘱咐她把马车横在马路上，并要她看着马，不要让马移动。

这天晚上，海顿的大型圣乐《创世记》在歌剧院首次上演，拿破仑正准备同夫人一同前往观看。晚上 8 时，拿破仑的车队从杜伊勒里宫出发了，圣尼凯斯大街上顿时沸腾起来，行人停下脚步，临街的窗户一扇扇地被打开，人们一个个探出身子，高呼着：“他在那里！”“拿破仑万岁！”“第一执政万岁！”拿破仑的车队过来了，走在前面的是卫队，清一色的彪形大汉。后面的马车里端坐着第一执政和三位陪同的将军。再后面是约瑟芬的马车，因出门时为着装耽误了一些时间，所以她与拿破仑的马车拉开了很长的一段距离。

拿破仑的车队朝那个装满炸药的马车方向前进着，那个看车的小女孩已被这威武的场面惊得目瞪口呆，站在小女孩旁边的那个赶车人迅速地翻动了一下篷布下面的东西，便慌忙躲到远处。刹那间，一声巨响震撼了大地，一道耀眼的光芒一闪即逝。石块、砖头、瓦片、泥块、玻璃碎片，犹如一场稠密的冰雹铺天盖地地溅落下来。痛苦的号叫声、焦灼的呼救声响彻漆黑的夜空。刚刚还在兴高采烈地呼喊着拿破仑名字的人们都被炸得血肉模糊，看车的小女孩已被炸成碎片。炸药是在拿破仑和约瑟芬的马车之间爆炸的，所幸拿破仑毫发无损。唯有约瑟芬车内的博阿尔内小姐受了点儿轻伤。拿破仑的马车绕过圣奥诺雷大街的转角后停下，大家都在等待第一执政的命令，拿破仑只是冷静地说了一句："去歌剧院。"

在歌剧院里，拿破仑坐在他的包厢中，神态安详而平静，警务部长富歇在他的身旁，他一面用观剧镜观察观众，一面说："那些恶棍竟然想要炸死我们。拿圣乐说明书给我。"

雪月 3 日晚的爆炸事件使 8 个行人当场死亡，60 多人受伤，其中 20 人先后丧命，阴谋事件的残酷激起了巴黎人民的恐惧和愤慨。在此之前，警方已破获暗杀第一执政的案件达 30 起以上，这些暗杀案件中，有的是不满独裁的雅各宾党人干的，有的则是保王党人干的。为了镇压这些持续的恐怖活动，拿破仑在全国范围内采取了坚决的打击措施，逮捕、审讯、枪决、流放了一批又一批保王党分子和雅各宾党人，把雪月 3 日事件的参与者也送上了断头台。

拿破仑任第一执政期间还主持制定了一部法典，1800 年 8 月开始起草，1804 年 3 月公布施行。它是资产阶级国家最早的一部法典，经过多次修订，现在仍在法国施行。它的名称曾经几次变更，最初定名为《法国民法典》，1807 年更名为《拿破仑法典》，1816 年又改称为《民法典》，1852 年再度换回《拿破仑法典》，但从 1870 年以后，在习惯上一直沿用《民法典》的名称。作为对《民法典》的补充，拿破仑后来还主持颁布了《商业专门法典》和《刑事法典》。

《民法典》是一部典型的资产阶级法典。它依据法国大革命的社会成果，把在消灭了封建主义专制之后“刚刚诞生的现代社会的经济生活条件”译成了“司法法规的语言”，从法律上维护和巩固了资本主义所有制的资产阶级的社会经济秩序，促进了资本主义的发展。

《民法典》的影响极大，后来的欧洲和世界资本主义国家在制定自己的法典时往往以它为范本。《民法典》在很长的一段时间内，成为世界各地编纂新法典时的基础。

拿破仑本人对这部法典的评价也很高。他曾说：“我真正的光荣并非打了40次胜仗，滑铁卢之战抹去了关于这一切的记忆，但是有一样东西是不会被人们忘记的，它将永垂不朽——那就是我的《民法典》。”

第七章

胜利换和平

马伦戈战役以后，拿破仑希望欧洲能够暂时实现和平。经过八年的战争，法国人民已经厌恶打仗；而拿破仑刚刚执政半年，地位还不是很稳固。再加上战争导致国库空虚，财政恶化，这一切都使拿破仑决定暂缓他的扩张计划，以外交手段来寻求与欧洲各国的和平。

拿破仑在卢森堡宫宣誓就职时，法国还处在第二次反法同盟的包围之中。他深知一个新政府在旧政府的废墟上兴起时，如果国家处于战争状态，那么笼络人心的最好方式就是提出和平的前景，因为和平总是民众向往的目标。所以，尽管拿破仑内心希望用战争解决一切，但他表现出来的却是一副渴望和平的姿态。

他刚一上台，就急于照会各国政府宣告他已进入执政府，并向英、奥、俄三国君主建议尽快停止军事行动。1799 年的圣诞节，他向英王乔治三世和奥皇弗朗西斯二世发出私人函件，暗示以现状之基础来和平解决一切重要问题的时机已经成熟，他还暗示奥军应照原有和约撤回到阿迪杰河一线。英国国王没有理睬拿破仑的来信，只让大臣回复了一封傲气十足的回函。同时，英国首相威廉·皮特在下议院猛烈攻击拿破仑，他用古罗马时期西塞罗的话坚决地拒绝和谈建议："为什么我再一次拒绝和谈呢？因为这种和平是不可靠的、危险的，因为这种和平是不可缔结的。"

得到英国的答复后，拿破仑高兴地搓着手对他的外交部长塔列朗说："这是再好不过的了，这一回答正是我想要的。英国需要战争，英国将会得到它。是的，是的，殊死的战争！"

1800 年 1 月 7 日，拿破仑向军队宣布道："军人们，对于你们，我不仅要求你们保卫共和国的疆土，我们还必须侵入敌国。"同一天，他任命弟弟吕西安为内政部长，这样他就可以控制警察、国内治安和新闻检查。次日，他下令成立了一支执政警卫军，共 2100 人，包括两个榴弹步兵营、一个步兵连、两个骑兵连和一个炮兵连。这支队伍以后就发展成了皇帝的禁卫军。

奥地利也拒绝了拿破仑的和谈建议，因为这时的奥地利在军事上正处于优势，奥地利又一次成为意大利的主人，并企图从意大利发动对法国的进攻。幸运的是，一年前在意大利大败法军的俄国将军苏沃洛夫恰好在此时去世，现在的奥军领将是梅拉斯将军，这位梅拉斯将军曾是拿破仑的手下败将。拿破仑作战谨慎而果敢，而梅拉斯却常常低估拿破仑。1800 年 4 月，梅拉斯率领的奥军把萨沃纳附近的法军截为两段，并迅速把马塞纳的部队围困在热那亚要塞内。尽管马塞纳和他的军官们奋勇作战，但终究抵挡不住人数多于他们两倍的敌军，所以处境十分困难。奥军司令全部的作战计划是尽快使马塞纳投降，以便大军西指，唤起南方保王党的叛乱，造成法国的瘫痪。奥军司令部的计划是有可能实现的，但其作战计划却有一个漏洞，那就是梅拉斯将奥军庞大的兵力置于了敌人可以从后方（即瑞士）打击的地方。这一漏洞没有逃过拿破仑的鹰眼，他决定采取一项全新的而且极为大胆的作战计划。

拿破仑命英罗指挥的莱茵战线的十万大军在巴伐利亚一带活动，同克顿率领的奥军作战，吸引奥军的力量。他自己则采取一个冒险的行动，他不去顺应敌人的设想，去援救在热那亚陷入困境的马塞纳部队，而从瑞士经过大圣伯纳德山口进入意大利，从后方袭击梅拉斯的军队，夺取他的各个仓库、辎重库和医院，截断梅拉斯和奥地利的联系，迫使梅拉斯在被动的状况下作战。到处都有英国和奥地利的间谍，必须要瞒住他们，或者把他们引入歧途。为此，拿破仑决定制造假情报。

拿破仑对他的陆军部长贝尔蒂埃下了一道命令：“我的意图是要组成一个预备军团，由第一执政亲自指挥。它应分成三个军，每军又分两个师，共 6 万人，该军团将以第戎为集中地。”这个预备军团似乎是作为莱茵军团的增援。许多外国间谍迅速赶往第戎，他们看到拿破仑已检阅了这支人数不到七千，大部分没有穿制服的预备军。这些情报飞快地传到了伦敦、维也纳和意大利。人们得出一个结论：预备军并不存在。梅拉斯将军也由此断言：“实际上没有什么预备队，只是妄图用一支六七千人的由新兵和残废军人组成的军队来迷惑我们，迫使我们解除对热那亚的包围，诱骗我们扔掉真正的捕获物而追捕影子。”正当联军司令部兴致勃勃地嘲笑拿破仑的时候，在法国东南部，一支真正的预备军正秘密而迅速地集结在瑞士边境。

由于新宪法中规定第一执政不得亲自指挥军队，拿破仑命令贝尔蒂埃为预备军团总司令，卡尔诺继任陆军部长。拿破仑坐镇巴黎，通过卡尔诺向贝尔蒂埃下达了一连串命令，贝尔蒂埃实际上只是一个名义上的司令。不久，拿破仑接到贝尔蒂埃从日内瓦发来的急件，要求他迅速赶赴军营，拿破仑看信后决定离开巴黎。

这时马塞纳的处境日益危急。4 月 20 日，他派出一名少校偷越英国海军封锁线，向拿破仑求援。5 月 5 日，这名少校到巴黎面谒拿破仑，拿破仑随即给马塞纳回复一封短信，信中道:“预备军团正在加速前进，我本人今夜起程。我希望你能坚守，至少应守到 5 月 30 日。”

为了掩人耳目，防止别人知道他前去指挥军队，离开巴黎前夕，他当着另外两名执政和各位部长的面对吕西安说:“明天写出致各省长的通报，你和富歇送到各报去发表，只说我已出发去第戎视察预备军。你还可以说，我或许最远要去日内瓦，但是要肯定说我离开巴黎不超出 15 天……你同时还可宣布我已任命约瑟夫为国务会议成员。出什么事的话，我会像雷电一样赶回来……”

5 月 6 日凌晨 2 时，拿破仑一行出发了。沿途拿破仑谈兴甚浓，他大谈古代的军人，如亚历山大、恺撒、西庇阿和汉尼拔，他对这些统帅的地位和个人的手段研究得非常透彻。他对古代名将精辟的评价和独到的见解使同行人对他这位第一执政佩服得五体投地。

5 月 7 日，拿破仑一行到达第戎。两个小时以后，他们又飞快赶往日内瓦。在日内瓦，拿破仑会见了派去探测大圣伯纳德山口的工程师马来斯戈，马来斯戈如实地向拿破仑汇报了军队经由大圣伯纳德山口进入意大利的种种困难和骇人情景。拿破仑打断这位工程师的叙述问道:“能够通过吗？”马来斯戈答道:“勉强可以通过。”“很好”，第一执政说，“我们前进吧！”

5月13日，拿破仑到达洛桑，检阅了真正的预备军团的前卫部队。这时，拿破仑又收到马塞纳穿过敌线偷送出来的求救信，信中写道：“看在上天的分儿上赶快救我！这个城市已经受到海陆两面的封锁……我只有30天的口粮。”拿破仑回信道：“我已到洛桑两天。全军都在行动……我深知你处境艰难，但使我放心的却是有你在热那亚。在这种时候，你一个人可以抵得上两万人。”

拿破仑下定决心冒一切危险和困难突入意大利，为使进军能更迅速地完成，以及使敌人摸不清行军目的，拿破仑命令军队采取不同路线分四路前进。5月15日，各路队伍均已出发，拿破仑所率的这支由骑兵和步兵组成的军队的任务最为艰巨，它载负着战斗所需的全部军火。由于道路条件恶劣，部队只能沿一条道行进。到了圣彼埃，道路消失了，到处是悬崖峭壁和深深的积雪，部队只好攀登怪石嶙峋、堆满积雪的山脊强行前进。

5月16日，拉纳率领的前锋抵达秀丽的奥斯塔山谷，其他部队也迅速地接踵而至。到这时为止，拿破仑的军队不曾遇到任何抵抗，梅拉斯将军完全被蒙在鼓里。17日，法军抵达沙蒂隆，在这里遇上了小股奥军，面对突如其来的法军，奥军惊慌失措，他们做梦也没想到这个方向会冒出一支法国军队。由于仓促应战，再加上兵力悬殊，奥军很快败北而逃。

5月18日，法军继续向东挺进，不料却碰上了一个十分坚固的堡垒——巴尔德堡，法军的前进受到了阻碍。19日，贝尔蒂埃亲自去视察，并向拿破仑汇报，前卫部队开始攻打巴尔德堡，但因地形不利，未能攻下，只好绕道而行。5月21日，法军攻占了伊夫里亚镇，俘获300名奥军和14门大炮。然而巴尔德堡的奥军仍在顽守，致使法军炮兵无法通过。拿破仑静等了3天，巴尔德堡仍未投降，他终于按捺不住了，说：“我等不及了，这些蠢材永远攻不下巴尔德堡，我得亲自去。”

23日，拿破仑亲自来到一处可以俯瞰巴尔德堡炮台的高地，仔细观察炮台。他很快指出进攻部队的几个错误后，下令在他标注的地点构筑一座新炮台。6月1日，顽守巴尔德堡的奥军终于投降。

法军主力终于走出阿尔卑斯山区，皮埃蒙特平原就在眼前。现在拿破仑有三个作战方案可供选择：一是主力直逼热那亚，以解马塞纳之围，这可以吸引奥军主力回救，并可能全击奥军而取得胜利，也顾全了与部下的关系，但奥军有可能退守待援，致使战事拖长，那么他这次率部大迂回则起不到应有的作用。二是主力进逼都灵，与杜劳军会合，寻找机会攻击奥军主力，但对解马塞纳之围毫无作用，且难以形成战略包围之势。三是主力直取米兰，与蒙塞部会合，迂回奥军背后，切断联络线，形成战略包围，但局部将受损，不得不放弃热那亚的马塞纳部。拿破仑权衡再三,决定采取最后一种作战方案。

这时，一份急报送到拿破仑手中：敌人仍在围攻热那亚，并不断加强炮击，热那亚危在旦夕。如果要向该地进军，则一分钟也不能浪费。拿破仑将这份急报弃之一旁，随即分派各路大军去占领指定地点：拉纳军团逼近都灵，掩护主力右翼，并夺取波河上的渡河点；缪拉军团进占波河南面的皮亚琴察，以切断奥军退路；主力则直驱米兰。6 月 2 日，法军主力未受奥军抵抗便进占了米兰。

奥军主将梅拉斯于 5 月底确信拿破仑已率军横越阿尔卑斯山。起初他以为拿破仑的预备军只有六七千人，可当他得知法军的数目要比他想象的多得多，而且还在他意料之外的地点和方向出现时，甚为惊慌。梅拉斯判断主力会南下都灵，便留下奥特部继续围攻热那亚，自己率主力北进都灵。这时拉纳军正好南下，梅拉斯为自己的“正确判断”庆幸不已，决定停留待敌。不久，传来急报，说法军主力已进占米兰，梅拉斯这才大呼上当，立即在亚历山大港集中兵力，准备迎战法军。

6 月 4 日，马塞纳盼援不至，弹尽粮绝，不得不同奥将奥特谈判，以“率全部守兵不解除武装”为条件，退出该城。

奥特留下少部分军队据守热那亚，自己则率余兵向亚历山大港挺进，途中又奉命改向皮亚琴察，以确保波河渡口。

6 月 7 日，拉纳和缪拉的部队分别渡过波河，向亚历山大港前进。6 月 8 日，占领斯特拉德拉西面的伏赫拉。6 月 9 日，在芒泰贝洛附近，法奥两军展开了

最具气势的拿破仑美术作品之一:《拿破仑穿越阿尔卑斯山》。作者雅克－路易·大卫，现存于法国国家博物馆

长达 9 个小时的恶战，拉纳击败了前去占领皮亚琴察渡口的奥军。

6 月 11 日上午，狄舍将军赶到斯特拉德拉，拿破仑以最亲密的态度接见了他。狄舍将军是位能征善战的勇将，1798 年在上尼罗河谷战役中表现极佳。虽然拿破仑对一些战功卓著的将领有猜忌之心，怕他们怀有野心与自己分庭抗礼，但狄舍将军从未使他不安过，他太了解狄舍的才能和性格了。狄舍谦逊没有架子，既坚定又平和，他只喜欢荣耀，心中毫无任何野心和追求政治权力的想法，拿破仑当他是对自己忠心的人，两人的友情达到了十分深厚的程度。狄舍一到，拿破仑就同他密谈了 3 个小时，第二天便发布命令通告全军，任命狄舍为主力师的师长，当秘书布里昂对此大惑不解时，拿破仑说："我同他谈了很久，自有我的理由。他将常任我的副官，我一回到巴黎就要任命他为司法部长。只要我力所能及，我会立他为亲王。"

拿破仑研究了奥军的各种行动后，于 6 月 13 日中午做出决定：将法军的预备军分为两个部分，其中莫尼师和拉波普师继续留在原地，充当主力的预备队；狄舍师向南搜索，切断亚历山大港至热那亚的道路。

13 日下午，法军左翼先头部队加尔达师在亚历山大港东南 5 千米处的马伦戈附近与奥军相遇，经过 8 个小时的激烈战斗，奥军支撑不住，向亚历山大港退却。由于天色已晚，敌情不明，法军停止了前进。

拿破仑于天黑之前赶到马伦戈。这时他还不能断定梅拉斯的真正意图，他担心奥军随时会向兵力分散的法军发动突然进攻。于是，他命令加尔达立即查明马伦戈西面的博尔米达河上的桥梁情况。没过多久，侦察兵回来报告说，博尔米达河上只有一座桥梁，但已被奥军彻底破坏。这一情报使拿破仑坚定了先前的判断，认为梅拉斯已经彻底放弃了北渡波河决战的企图，准备向南撤往热那亚。因此，不待各军集中靠近，他便下令就地宿营，维克托军团就孤立地驻扎在马伦戈村。

芒泰贝洛战役后的亚历山大港一片混乱，6 月 13 日一整天，奥军司令部都在考虑作战计划。经过激烈的讨论，梅拉斯决定趁拿破仑兵力未集中时突破法军的封锁，重开与维也纳的交通。

这天夜里，马伦戈平原上死一般的寂静，这使拿破仑产生了一个错觉，以为梅拉斯已经溜之大吉。于是他在 14 日清晨命拉波普师渡过波河，向瓦伦察方向搜索，以阻止奥军逃窜；同时又派人通知狄舍，令他继续南进，查明奥军去向。然而，就在这时，一场酝酿成熟的大战突然爆发了，拿破仑万万没有想到由于自己的错误判断，差点导致法军彻底失败。

6 月 14 日上午 9 时，驻在亚历山大港的奥军倾巢出动，如潮水般穿过了博尔米达河。河上的桥梁不但没有被破坏，而且又出现了两座新浮桥。三路奥军并驾齐驱，锐不可当，直扑法军阵地，很快把法军前卫逼退到马伦戈。马伦戈的维克托军团 9000 人受到奥军 2.8 万人及 100 门大炮的猛烈攻击，情况万分危急。拿破仑从激烈的炮声中得知奥军发起了总攻，他大吃一惊，一边命令维克托死守马伦戈，一边派克勒曼的重骑兵和拉纳军团从左右两翼驰援马伦戈，他还急令已经南下的狄舍师迅速回援。维克托军团顽强抗击着奥军优势兵力的猛烈进攻，暂时阻挡住了奥军的前进。拉纳的先头部队抵达右翼，受到奥特部的攻击，立即陷入苦战，左翼的克勒曼重骑兵旅经过一番激战，挡住了奥地利骑兵的攻击。上午 10 时，奥军再次倾尽全力展开进攻，法军力不能挡，节节败退。11 时，拿破仑亲赴战场，见情况危急，当即派他的 800 名禁卫军前去支援拉纳，自己则率半个旅亲自参加右翼战斗。同时，他还将唯一的可供使用的预备队投入了战斗。

奥军主将梅拉斯虽已 70 岁高龄，但在战场上毫不示弱。他亲临战场，所乘战马连续被炮弹击毙两匹，仍挥军猛击，终于攻下了马伦戈。法军四次反击，曾一度夺回阵地，但终因寡不敌众，最后忍痛放弃马伦戈。下午 2 时，维克托军团溃散，拉纳军团亦做有秩序的撤退，平原上布满了法军的尸体。

下午 3 时，梅拉斯认为大局已定，欣喜若狂，立即派出一名信使前往维也纳报捷，报告奥军在马伦戈平原上大获全胜，曾经是战无不胜的拿破仑已被彻底击败，缴获的战利品和捉到的俘虏很多，目前尚未详细统计。梅拉斯因自己年老体衰，把指挥追击法军的任务交给参谋长查赫，自己则回亚历山大港休息。然而，查赫没有下令立即追击，而是让奥军整批整批地休息和吃饭，然后才派出五千官兵，排着密集的队形，打着军旗，奏着军乐，不慌不忙地去追击溃逃的法军。

面对败局，拿破仑极为镇定，他坚信战斗远未结束，如果狄舍师能火速返回马伦戈，法军就仍有获胜的希望。他抱着这种信念，一再强调必须坚持下去，任何人不得后退。溃败的法军与奥军的追击部队苦苦地战斗着。下午5时，正当法军接近崩溃的时刻，狄舍将军率领他的部队赶到了。拿破仑大喜，他在马背上与贝尔蒂埃、狄舍匆匆商谈了一番，决定由退却转为攻击。

法军的反攻开始了。狄舍带来的13门大炮和原剩的5门大炮集中在一起，朝敌人猛烈还击。奥军没料到溃败的法军还有这么一手，顿时队形大乱。狄舍趁此时机，率领隐蔽在山后的法军猛扑过去，犹如一股势不可挡的洪流，奥军大惊失色，纷纷逃散。狄舍将军，这位有胆有识的猛将冲在最前面，突然一颗子弹飞来，正中狄舍心房，这位勇将当场阵亡。长官之死，激起了法军的愤怒，法军的冲击更加猛烈，炮火更加密集，克勒曼将军的800名重骑兵也勇敢地冲向敌军的左翼和中央。不到半个小时，奥军便由一支神气十足的胜利之师变成了狼狈逃窜的乌合之众。他们有的被霰弹击中，当场毙命，有的被马刀砍倒，血肉横飞，更多的则是成批地跪倒在地，举手投降。奥军这个突然的失败，马上导致全线溃退，他们被迫放弃了马伦戈，继而拥向博尔米达河，争相逃命。法军抓住战机，一鼓作气，把奥军赶过河去。直到夜幕降临，法军才停止追击。

马伦戈一战，法军反败为胜，可付出的代价是惨重的。拿破仑在这个平生最大的凯旋之一的夜晚，愁眉不展，他为狄舍将军的阵亡感到深切的悲痛，他含泪说道："法国刚刚失去了一位最优秀的卫士，我失去了一位最好的朋友，谁也不能理解狄舍那可贵的心地和天才的思想，如果今天能拥抱狄舍，那该有多好啊！"

6月15日，梅拉斯见大势已去，便派出使节向拿破仑求和。尽管梅拉斯认为拿破仑提出的条件很苛刻，特别是要交出围攻了许多日子、好不容易才得到的热那亚，不免有些心痛，但也毫无办法，只能接受。最后，双方在亚历山大港达成协议：奥军退到明乔河以东地区，河西地区包括堡垒等一切军事设施全部让给法军。双方还同意在明乔河以西地区设立一个非军事地带以隔开法奥两国兵力，双方停止敌对行动直到签订正式和约为止。梅拉斯的残余部队平安地撤到了曼图亚的后方。

梅拉斯的两个信使先后回到了维也纳，一个在刚刚报告了马伦戈的全胜后，另一个又送回了惨败的消息，奥地利王室和维也纳人民先是欢天喜地，继而又垂头丧气，上演了一场引起莫大轰动的闹剧。

6月17日，拿破仑回到米兰。这次他受到的欢迎比第一次进入该城时更为热烈，不论他出现在何处，喝彩声不绝于耳，米兰人民高呼拿破仑为自己的大救星，感谢他把米兰从奥地利人的枷锁下解救出来。在这里，拿破仑见到马塞纳，对他出色的热那亚保卫战予以高度赞誉，并任命他接替自己任意大利方面军司令。

6月24日，拿破仑从米兰出发，经蒙塞尼大陆返回法国。所到之处，万众云集，欢呼声震天。沿途每个城镇的入口处都竖起凯旋门，每个乡镇都派出一批绅士显贵前来拜谒，颂扬第一执政的丰功伟绩。经过里昂时，欢迎的人们达到了狂热的程度，居民们倾城出动迎候，第一执政走进人海中，欢呼声此起彼伏，惊天动地。面对这一切，拿破仑很是得意，一路上谈锋甚健。在行经勃艮第时，他对布里昂说："再来几次这样的胜仗，我也许可以留名后世子孙了……我在不到两年内攻占了开罗、巴黎和米兰。如果我明天死去，千载之后，我也许能在通史上占半页篇幅。"

1800年7月2日凌晨2时，拿破仑一行抵达巴黎。天亮以后，第一执政凯旋的消息传遍京城，全体市民拥上街头，争相要看法兰西的救星和意大利的解放者。夜幕降临时，无论是家财万贯的富豪，还是一贫如洗的穷人，无不在家内外张灯结彩，以示庆贺。谁要是对第一执政稍微表示出一点冷漠，都会被群众认为有保王党的嫌疑。巴黎人民一致认为马伦戈战役的胜利不仅是法兰西共和国对抗欧洲反法同盟的胜利，也是新政权对战保王党人的胜利。人们对以拿破仑为首的新政权充满了美好的期望。

马伦戈战役后，拿破仑希望欧洲能够实现暂时的和平。这不仅符合法国的利益，也符合他个人的利益。经过 8 年的战争，法国人民已经厌恶打仗，现在获得了马伦戈大捷，人们这种渴望和平的情绪更加强烈起来。拿破仑刚刚执政半年，地位还不是很稳固，而且在他远征意大利期间，国内的雅各宾派和保王党人一刻也没有停止推翻执政府的活动。再加上连年战争使得国库空虚，财政恶化，这一切严峻的问题都促使拿破仑下定决心，利用外交手段来寻求与欧洲各国的和平相对。

拿破仑的第一个目标是争取与俄国结盟。俄国皇帝保罗一世虽然曾疯狂地仇视法国大革命，并积极地参加了第二次反法同盟，但是两国地理位置上相距较远，它们之间的矛盾还未发展到那么尖锐的程度。而俄国在中欧与奥地利不和，在地中海和土耳其与英国一直冲突不断，第二次反法同盟中更存在着明显的裂隙，保罗皇帝不止一次抱怨奥军和英军没有给他的军队以支援，致使其军队精锐损失殆尽。俄国与英、奥的不和没有逃过拿破仑的眼睛，他决心要利用这种不和，并使这些不和的种子开花结果。

这时，在意大利、苏黎世以及荷兰，大约有一万名俄军士兵当了俘虏。马伦戈战役以后，拿破仑曾向英国和奥地利提议交换俘虏，但遭到了英奥两国的拒绝。于是，拿破仑通过外交部长塔列朗给俄国政府写了一封信，提出：如果法国驻马耳他岛的守军由于被困粮绝而不得不撤出时，法军将把这个岛交给俄军代管，以解决俄英两国为争夺该岛而产生的严重对立，同时，法国将无条件地将俄国战俘连同他们的军旗送回俄国。

拿破仑的这一许诺很快就付诸了行动，被俘的俄国军官立即领到了他们的佩剑，士兵们都换上了全套新装并配发了法国制造的精良武器，他们集中在亚琛等候回国。拿破仑这一明智的、宽宏大度的举动给本来就不甚和谐的俄英关系以沉重的打击，俄皇保罗一世的满腔热情立刻被法国吸引去了，这位法国的疯狂敌人，忽然间变成了法国的友人。他致函拿破仑说："公民，第一执政，我写信给你，并非讨论人或公民的权利，每个国家愿意如何治理就该如何治理。不论哪国，只要我看到担任国家首脑的人懂得如何统治和如何作战，我的心就会被他吸引去。写此信告诉您，我国和我都对英国很不满……我愿意同您联合以结束英国政府的不公正处置。"

1800 年 12 月初，一位为俄国服务而内心亲法的芬兰人斯普兰波顿将军到达巴黎。他送来保罗皇帝的信函并奉命带领俄军俘虏回国。拿破仑对俄皇的代表斯普兰波顿将军说："您的君主和我，我们有责任改变地球的面貌。"俄军官兵回国之后无不称赞他们在法国受到的善遇和厚待。于是，保罗一世与拿破仑之间的通信就成了常事。

随着俄国皇帝与拿破仑友谊的加深，俄国对英国的仇视越来越强烈。保罗一世于 8 月 29 日宣布了一项针对英国所有船舶的封港令，并出面组织了瑞典、丹麦和普鲁士参加的对付英国的保护中立国联盟，把英国从波罗的海排挤出去。同时，法俄两国开始考虑建立军事同盟，两国准备联合起来共同对付英国在印度的统治。保罗一世提出计划，在俄国的阿斯特拉罕集中 3.5 万俄军，同样数目的法军应集结在多瑙河河口，然后乘坐俄国船只向亚速海出发，在里海与俄军会合，驶往里海南端，登陆后同伊朗人和阿富汗人联合起来，共同把英国人赶出印度。

整个欧洲以不安的心情密切关注着法俄两国统治者的友谊发展。英国首相对法俄两国远征印度的计划感到十分震惊和气愤。正当欧洲所有的外交部门和皇室都惶惶不安地等待着俄法两国采取某种行动时，突然传来了保罗一世于 1801 年 3 月 11 日在米海洛夫宫被人勒死的消息，整个欧洲长吁了一口气，一颗颗悬着的心终于放了下来。

拿破仑愤怒到了极点，几个月来他在争取俄国同盟的政策上所取得的一切成果全部化成了泡影。“英国人雪月 3 日在巴黎对我的暗算落空了，但他们在彼得堡对我的暗算却没有落空。”他这样对自己的外交部长塔列朗喊道，因为他一直坚信雪月 3 日对自己的暗杀与现在的保罗一世之死全是英国人策划组织的。至此，俄法同盟宣告结束，拿破仑不无沮丧地说：“我配合沙皇一定能给英国在印度的霸权以沉重的打击。这次宫廷政变推翻了我的一切计划。”

拿破仑不得不立即大幅度地调整所有外交部署。在这个问题上，他也像调动炮兵部队一样，能够巧妙而迅速地随机应变。拿破仑冷静下来之后，下一步便开始考虑如何跟英国人讲和了。

此前不久，法国同奥地利的和平谈判也取得了重大成果。其实，同奥地利的和平谈判在马伦戈战役之后就开始了。奥地利在意大利战场的失利使它同俄国的关系破裂，并且由于害怕法俄联盟将会使它更加孤立，便同意了这次谈判。1800 年 10 月，在巴黎开始了以拿破仑和塔列朗为一方，以科本茨为另一方的法奥谈判。此时，英国给奥地利提供了 200 万英镑的津贴，在英国的压力和诱惑下，奥地利又有了重起战端的念头。对此，拿破仑极为愤怒，并于 11 月 5 日宣布取消法奥两国的停战状态，命令法军在德意志和意大利两个战场同时转入对奥的进攻。于是，法奥战火又起。

12 月 2 日，英罗将军率领的莱茵军团在德国南部大败卡尔大公率领的奥地利军队，这次胜利打开了通往维也纳的道路。与此同时，麦克唐纳将军率领一支新军团，顺利地前进到阿迪杰河上游，出色地切断了曼图亚要塞与奥地利之间的联系。奥地利的种种希望因军事失败而破灭，只得再回到谈判桌上来争取更好的和约条件。可拿破仑这次却指示约瑟夫不要急于签订和约，他要奥地利答应满足他的一切要求。

1801 年 2 月 9 日，双方终于在吕内维尔签订和约。根据和约，德意志神圣罗马帝国完全被排挤出莱茵河左岸，这块领土全部归属法国；法国还获得奥地利所属的尼德兰（比利时）和卢森堡；奥地利承认法国庇护下的黑尔维谢（瑞士）、巴达维亚（荷兰）、利古里亚（热那亚）、内阿尔卑斯（伦巴第）等共和国；

法国继续占有皮埃蒙特；奥地利继续占有伊斯特里亚、达尔马提亚、威尼斯和阿迪杰河左岸地区，而把阿迪杰河右岸地区让给内阿尔卑斯共和国。

奥地利由于战场上的失败，不得不接受拿破仑提出的相当苛刻的和约条款。但是，正像对于1797年的《坎波福米奥和约》不甘心一样，奥地利对吕内维尔和约也是不甘心的，奥地利终究要等待时机来改变这种形势，并再一次出来同拿破仑较量。

拿破仑在战场上和谈判桌上所取得的胜利使得反法同盟分崩离析，现在只剩下孤零零的英国了。英国此时也只能放弃手段，接受和谈。1801年10月1日，英法两国代表在伦敦签订了预备和约条款。不久后，在法国东北部的亚眠召开了和平会议。1802年3月27日，法国全权代表约瑟夫以及西班牙、巴达维亚的全权代表同英国全权代表康华里勋爵签订了《亚眠和约》。《亚眠和约》共包括22条以及一个单独条款和法荷宣言。和约中规定：英国除特立尼达以及锡兰岛上的荷兰属地之外，必须将法国大革命以来所占领的一切殖民地归还法国及其同盟国；荷兰在好望角的港口仍应作为自由港；法军必须退出那不勒斯、罗马和厄尔巴岛，英军必须退出它在地中海和亚得里亚海占领的所有港口和岛屿；英国必须退出于1800年9月所占领的马耳他岛，将它交给马耳他骑士团，保证马耳他的独立与中立；双方保障土耳其领土完整，英国必须撤出埃及，并邀请土耳其加入此项和约。

《亚眠和约》是持续了二十多年的英法战争中唯一的一次和约。和约的主要条款（英国归还大部分占领的殖民地，撤出马耳他，不干涉荷兰、德意志、意大利等国的内政）对英国是很不利的。英国没有从拿破仑手里夺得它占领的欧洲任何一块地方。然而英国并不是战败国，只是由于孤立，才被迫做出这样重大的让步。英国作为海上统治的霸主,决不能容忍海上霸权的削弱，特别不能容忍削弱它对欧洲大陆的影响。所以，英国并不准备履行和约条款。拿破仑心里也十分清楚，英法和约只是英法长期战争中的一个短暂的休战，他确信英国会随时破坏和约，他已做好再次投入战争的心理准备。

和平给了拿破仑时间，他要利用《亚眠和约》带来的短暂和平来巩固法国对殖民地的统治。并以此来确立法国在西欧的优势，而且这短暂的和平也给法国带来了繁荣与安宁。1802 年的巴黎到处是一派繁花似锦、歌舞升平的新气象。

国泰民安也为拿破仑集中全力、排除异己提供了机会。在这个时期，谁反对他或不尊重他，都会失去宠信。警务部长富歇就是在这个时期被撤掉的。

胜利与和平使拿破仑成为众口称赞的英雄。为了表彰拿破仑的功绩，1801 年 4 月 4 日，法国议会通过了让拿破仑执政任期延长 10 年的决议。然而，拿破仑对此并不满足，他的目标是要成为终身执政。1802 年 5 月 10 日，法国议会顺应了拿破仑的愿望，决定将下述问题提交给人民决定："是否任命第一执政为终身执政？他能否有权指派继承人？"布告张贴在巴黎城内，人们驻足观看。许多人看过以后，发自内心地说道："法兰西现在和将来能够献给执政的一切，永远少于他为法兰西所做的一切。"

1802 年 8 月 2 日，法国议会公布了选举结果，3568885 名法兰西公民赞成拿破仑荣任终身执政，反对者仅 8374 人，人们沉浸在无比兴奋中，似乎法兰西的和平命运会由此永久地确定下来。

第八章 君临法兰西

当教皇正准备将皇冠戴在拿破仑的头上时，谁知拿破仑伸手接过皇冠，自己戴在头上。接着，他又拿起一顶小皇冠戴在约瑟芬的头上。瞬息之间，至高无上的拿破仑皇帝心潮澎湃，思绪万千。他的王朝是法国历史上的“第四王朝”，可是他绝不满足于仅仅成为法国的统治者。

拿破仑从不指望能与英国长久地和平相处，因为他知道英国是不会心甘情愿地执行《亚眠和约》中的条款的。另外，他始终认为征战的胜利是他稳固统治的一个有效手段。他曾对他的秘书说："我的权力有赖于我的荣誉，我的荣誉又有赖于我所赢得的胜利。我的权力如果不以新的荣誉和新的胜利为支撑，就会丧失。征战获胜造就了现在的我，也只有征战的获胜能保持我的地位。"这种想法一直在他的头脑中占上风，成为他行动的主导原则，他不断梦想新的战争。他经常对人说："一个新建立的政府，必须使人眼花缭乱，一鸣惊人，否则就会倒台。"他内心翻腾的是进取不息的愿望，这样一个片刻也不能停息的人是不会长期坐在和平的环境中安逸生活的，他时刻准备着战争。

《亚眠和约》签订后没过多久，英法双方都开始了破坏和约的行为。拿破仑利用战争的间隙重建法兰西殖民帝国。1802 年 6 月 26 日，土耳其与法国签订和约，为法国开放博斯普鲁斯和达达尼尔两处海峡；法国着手在地中海东岸各国重建领事馆；法国于 1802 年 8 月同阿尔及利亚总督订立了和约；同年 8 月底，法国派塞巴斯蒂亚尼将军访问了的黎波里、埃及、叙利亚，并同当地首领建立了联系；1803 年 3 月 6 日，法国军事代表团起程前往印度。

法国这一系列举动严重地威胁到了英国的殖民霸权。与此同时，拿破仑在欧洲大陆的政策也咄咄逼人。他拒绝从荷兰撤军，他要把荷兰牢牢地控制在手中。1802 年秋，他向瑞士宣布，他想在瑞士实行新的国家体制，建立一个"与法国友好"的政府。同时，他派内伊将军率领三万大军前往瑞士国境，瑞士不得不屈服。在此期间，法国还吞并了厄尔巴岛、皮埃蒙特。《吕内维尔和约》签订以后的德意志各邦，已被拿破仑吓得心惊胆颤，拿破仑趁机把它们当成奴仆对待，法国的势力在德意志也得到了迅速扩展。对于这一切，英国无论如何也不能容忍了，也不想再容忍了。

英国对法国的种种行为采取了针锋相对的对策，并且拒绝了从马耳他撤军。显然，英国也在寻找战端，而这一举动也正好激起了拿破仑的好战情绪，他可以对法兰西人民冠冕堂皇地解释：和平破裂是违背他的意愿的，立即宣战是迫不得已的，是合理的。

1803 年 2 月 20 日，拿破仑在给立法院的咨文中谴责了英国。3 月 8 日英王在议会开幕词中驳斥了拿破仑的谴责，议会通过了征召民兵的决议。3 月 15 日，英国首相阿丁顿提出要在马耳他占领十年，作为法国进行新的扩张而给予英国的补偿。4 月 26 日，英国大使惠特沃思奉命向法国提出最后通牒，要求拿破仑同意英国继续占领马耳他，如果七日内不表示同意，英国大使立即回国。5 月初，拿破仑拒绝英国的要求，英国大使离开巴黎，英国舰队开始袭击法国船只，英法之间断绝了外交关系。

34 岁的拿破仑精力异常旺盛，他在强大的敌人面前充满了必胜的信心。他在向参议院、立法院、保民院提交的咨文中指出：“法国千方百计地促使英国恪守和约，可是无效。英方拒绝了每一项提议，其要求越来越蛮横。可是，法国决不屈服于威胁，并将为信守和约的法兰西荣誉而战斗。并且确信，由于法国的事业是正义的，人民是勇敢的，它有权期望得到应有的结果。”

为了赶在欧洲大陆的封建国家联合向法国进攻之前战胜英国，拿破仑开始了执政后的最紧张、规模最大的对英作战准备。他在法国西部海岸布伦港建立了庞大的军营，几万工人集中在那里，夜以继日地建造新军舰、运输船、驳船以及横渡英吉利海峡所需的一切。“只要有三天下雾，我就可以成为伦敦、英国议会和英格兰银行的主人。”拿破仑这样自信地说。不言而喻，其计划是趁“三个雾天”使法国海军借机绕过英国舰队，横渡英吉利海峡，在大不列颠岛上击溃英国，在泰晤士河边迫使英国缔结和约。

英国政府不断收到有关拿破仑大规模扩军备战的消息，英国人有点儿惊慌失措了。既然拿破仑在1798年能够率领一支强大的舰队并使军队绕过整个地中海追赶他的英国海军，然后顺利地在埃及登陆，那么这个人同样可以利用英吉利海峡很常见的浓雾，成功地渡过英吉利海峡，从而在英国海岸登陆。

如何才能制止他呢？英国政府想起了俄皇保罗一世的死，精神为之一振，何不让这出戏在拿破仑身上重演呢？英国政府知道法国保王党首领乔治·卡杜达尔正在伦敦，他们之间可以做这笔交易。

1803年8月的一个晚上，海面上一片漆黑，乔治·卡杜达尔及其同伙乘坐一艘英国船只，悄悄地在诺曼底海岸登陆，然后立即前往巴黎。乔治·卡杜达尔是个十分狂热的保王党分子，他在旺代曾几十次将自己的生命孤注一掷，几次濒于死亡的边缘。这次他毫不犹豫地接受了伦敦跟他做的交易，回国刺杀拿破仑。在他看来，拿破仑是他所憎恨的革命获得胜利的象征，是妨碍合法的国王路易·波旁登上王位的篡位者。

这些保王党人一直与巴黎保持着联系，他们有秘密的聚会地点，有安全的避难所。为了使刺杀阴谋获得成功，他们想找一位在军队中享有威信的将军来协助他们，于是他们选定了莫罗将军。莫罗将军是法国最有才干的将军之一，他对大权独揽的拿破仑十分不满，他认为拿破仑背叛了法国革命的原则，特别是看到拿破仑有意恢复帝制，这种不满更加强烈了。

参加阴谋活动的还有另外一位将军皮什格鲁，他在1797年的果月政变后被流放到圭亚那岛，后来悄悄逃了回来，现在正秘密住在巴黎。皮什格鲁充当了保王党和莫罗将军之间的联系人。莫罗向皮什格鲁表示：同意采取行动反对拿破仑，但不愿为波旁王朝服务。他拒绝同乔治·卡杜达尔会谈。最后，乔治·卡杜达尔等人商定在拿破仑去马尔梅松宫的途中袭击拿破仑车队，并当场杀死拿破仑。

但是，行动还没有来得及实施，他们的计划就被法国当局识破。1804年2月15日，莫罗将军在家中被捕。8天以后，由于内部人告密，皮什格鲁也落网了。虽然经过再三审讯，皮什格鲁始终拒绝交代任何问题。后来，拿破仑派代表会见了莫罗，表示如果他供出实情，就会得到宽恕和自由，但也遭到了他的拒绝。被捕40天后，皮什格鲁在禁闭室中上吊自杀。人们议论纷纷，说这是法国最高当局进行的谋杀。拿破仑鄙夷地说：“我有法庭可以审判皮什格鲁，我可以派兵去枪毙他。我从来都不干这种无益的事情。”可是，这种议论也并非空穴来风，因为就在皮什格鲁自杀的几天前，波旁王朝的当甘公爵被枪毙了，罪名是他参与了谋杀拿破仑，而法国当局并没有发现任何证据。

其实，拿破仑完全清楚当甘公爵并没有参与谋杀阴谋，他之所以枪毙当甘公爵，主要是为了震慑波旁王朝的复辟分子，用波旁王朝的一位著名人物的鲜血为自己的被刺复仇，并明确宣布与旧王朝决裂，为自己建立新的王朝扫清道路。案件牵连到很多人，最终莫罗将军被流放，乔治·卡杜达尔等八人被送上断头台。

就在乔治·卡杜达尔被处决前不久，巴黎乃至整个法国都流传着一种说法，说乔治·卡杜达尔及其同伙在干掉拿破仑以后，要推举当甘公爵登上王位。虽然这并未成为事实，但这种流言却使很多人开始为当甘公爵的被杀拍手叫好，从而帮了拿破仑的大忙。

和平局面和经济繁荣的实现，《法国民法典》的颁布实施，即将到来的同英国和其他欧洲封建国家的大规模战争以及1804年前后掀起的暗杀拿破仑的风波，都给了拿破仑更高的声誉和权力。既然整个法国的安危都系于拿破仑一人，而敌人也把希望寄托在对拿破仑的暗杀之上，那么法国人民只有一种选择了，就是把拿破仑推举为世袭的君主。

1804年4月30日，议员居雷向保民院提出议案，要把执政制共和国转变为帝国，拿破仑晋升皇帝尊号，拥有世袭权力。保民院通过了这项提案。5月3日，参议院议长康巴塞雷斯率全体议员前往杜伊勒里宫，向拿破仑宣读请愿书，恳请拿破仑巩固自己的事业，把终身执政之职变为世袭皇帝。拿破仑考虑了一下回答道：“这件事要交给全国人民公决才好。”

法国人民以压倒性的优势多数拥护拿破仑做他们的皇帝。5月18日，参议院正式批准“法兰西共和国把全权委托给一个皇帝，他的称号是法兰西人的皇帝”。康巴塞雷斯率全体议员在骑兵的护送下来到圣克鲁宫，向拿破仑表示祝贺。拿破仑答谢道：“凡能增进国家福利的一切，都是我的幸福所系。你们认为这个称号对于国家的光荣有作用，我就接受它。关于世袭继承法，我顺应民意。我希望法国永远不会因给予我家族的荣耀而感到后悔。无论如何，如果我的子孙再不值得拥有这个伟大的国家的爱戴和信任的话，我的心灵也就不再护佑他们了。”

第二天，拿破仑在杜伊勒里宫举行了登基后第一次盛大的上朝仪式，所有军政要臣前来谒见君主。拿破仑原来的同僚康巴塞雷斯和勒布伦被封为有职无权的帝国大法官和帝国大司库。拿破仑的哥哥约瑟夫得到了大选帝侯的称号，弟弟路易任大司马，拿破仑的继子欧仁任首席国务大臣，妹夫缪拉任海军元帅。帝国的上述六位显赫人物将不对任何人负责，也不得撤换，他们和皇帝一起组成帝国御前议会。拿破仑的舅舅费什红衣主教当上了司祭官，贝尔蒂埃为狩猎总管，塔列朗为侍从长，迪罗克为宫廷总管，科兰古为御厩总管。

7 月 15 日，拿破仑在盛大的帝王仪仗队的簇拥下首次在巴黎市民前以皇帝身份露面。皇帝和约瑟芬皇后一行穿过宽广的大道，浩浩荡荡地来到荣军院。在这里，皇帝和皇后受到典礼大臣塞居尔先生的接待。拿破仑高踞宝座之上，显赫的帝国高官们如众星捧月般围在他的四周，煞是威风。红衣主教贝洛瓦先生做好弥撒，为拿破仑戴上王冠后开始宣誓。宣誓完毕，“皇帝万岁”的欢呼声响彻荣军院内外，此起彼落，经久不息。

拿破仑的称帝使法国一夜之间从一个共和制国家重新变为世袭的君主制国家。在他称帝后，帝位继承权的问题便激化了波拿巴家族的争执。长子继承似乎是没有什么疑问的，但约瑟芬与拿破仑结婚多年一直未能生育，而且已经没有希望再生孩子。

在拿破仑称帝的繁闹中，约瑟芬就看到了自己日渐暗淡下来的前景，离婚看来是不可避免的了，而拿破仑因为约瑟芬的不贞也已经三次做出了这样

从将军到第一执政，从第一执政到终身执政，从终身执政到皇帝，拿破仑一步步地登上了权力的巅峰

的决定。思考再三，约瑟芬决定对拿破仑和她自己的女儿奥坦丝施加影响，她想把奥坦丝和路易两人的儿子查理指定为直系第一继承人。拿破仑也确实很喜欢查理。可是约瑟芬的这种想法激怒了拿破仑的哥哥约瑟夫和弟弟路易。被封为大选帝侯的约瑟夫一直以指定的皇位继承人自居，他自然无法接受这种选择；而路易长期怀疑拿破仑与奥坦丝有私情，拿破仑对查理一直以来的关爱有加也成了他的证据，约瑟芬的想法当然只能使他更加妒火中烧。在路易和约瑟夫的严厉抗议下，约瑟芬和拿破仑只好收回这种打算。

在拿破仑看来，另一个弟弟吕西安的婚姻也很不妥当，因此至少在目前无法将继承权给予他们，于是他接受了约瑟夫和路易的请求，并按照元老院的建议把他们列入了继承名单。不过，拿破仑仍然保留了把路易之子收为养子的想法，从而使他有可能得到优先继承的权利，以此显示他对妻子的关爱。拿破仑的弟兄们极力劝说他与约瑟芬离婚，但都遭到了拿破仑的拒绝。可是命运似乎注定了他们的婚姻要无果而终，因为皇后曾寄予无限希望的那个小男孩，在 1807 年不幸夭折了。

约瑟夫对拿破仑的态度极为不满。他是帝国的第一亲王，又是大选帝侯，但他很快发现，这种地位只不过意味着有时主持一下元老院的会议罢了，因此常常故意与拿破仑唱反调，这使拿破仑非常恼火。拿破仑为了使哥哥离开巴黎，建议他投身军界，理由是如果他对军队一无所知，是无法使那些著名的元帅接受他的指挥的。迫于无奈，约瑟夫只好接任了一个团长职务，以 36 岁的年纪，到布伦附近去接受军事训练（后来约瑟夫在维多利亚之战中牺牲）。拿破仑此举还因为约瑟夫居然提议在即将举行的加冕典礼上不给约瑟芬加冕。约瑟夫对他的权力和利益干涉到这种程度是拿破仑所不能容忍的：“要使我成为暴君，只需要一件事，那就是我的家族采取反对我的行动。”

不过，他的家族并没有采取行动。同其他兄弟们一样（吕西安除外），约瑟夫在关键时刻做出了让步。约瑟夫在参政院会议上威胁说，如果他的妻子被迫在加冕典礼上为约瑟芬提裙裾，他就辞去大选帝侯之职，并住到德意志去。

拿破仑立刻通知他："你要么作为帝国的第一名臣属，循规蹈矩，要么退隐为民，如果进行反抗就会被粉碎。"面对拿破仑的愤怒回应，约瑟夫让步了，但为了顾全他和他妻子的颜面，典礼程序稍稍做了修改：约瑟夫的妻子将为约瑟芬扶披风，而不是提裙裾。

拿破仑的王朝是法国历史上的"第四王朝"，可是拿破仑决不满足于仅仅成为法国的统治者。拿破仑的这个新王朝没有像过去的王朝那样沿用"国王"的称号，而是决定采用查理大帝于公元800年加冕以后第一次取的"皇帝"称号。在查理大帝称帝一千多年后的1804年，拿破仑公开宣称："我要像查理大帝那样，成为西方的皇帝！"拿破仑想要成为查理大帝的继承人，西方文明列国的统治者。因此，1804年5月19日，当满身金光闪闪的大臣、将军和服饰华丽的宫女第一次在杜伊勒里宫向新皇帝祝贺的时候，只有几个得悉内情的人知道，新统治者并没有认为自己的登基典礼已经结束。拿破仑想要像查理大帝做的那样，让罗马教皇亲自参加他即将举行的加冕典礼。同时，拿破仑还决定做某些相当重要的修改，查理大帝是自己到罗马教皇那里去加冕的，而他却想要罗马教皇到巴黎来为自己加冕。

罗马教皇庇护七世得知拿破仑的这个愿望以后，非常惊恐且气愤。他的亲信尽力用历史上的先例来安慰他，说教皇利奥一世就曾无可奈何地、心情郁闷地去见匈奴的领袖阿提拉，而且罗马正处于驻扎在意大利中部和北部的拿破仑军队的威胁之下，去巴黎是根本不能拒绝的。

经过短暂的考虑，教皇决定满足拿破仑的心愿，但要求拿破仑以退还意大利莱科省北部的教皇领地作为条件。教皇觉得，到了巴黎以后也许会得到点什么，于是带着一丝希望去了法国。

在此事上，拿破仑充分地施展了他的外交手腕。教皇是他所需要的，因为当时世界上有千百万人，特别是大部分法国人，在宗教上是相信教皇的，教皇是加冕的必要点缀，因为拿破仑要效仿查理大帝的那种权力和野心。他向教皇发出邀请以后，答应红衣主教，说自己会亲自去迎接他。

1804年11月2日，教皇一行从罗马出发前往巴黎。11月25日，教皇一行经过奈姆斯城，受到奈姆斯城人的热烈欢迎。第二天清晨，礼炮轰鸣，锣鼓喧天，教皇在热烈的欢呼声中登上了马车，向枫丹白露方向驶去。半个小时后，四下雾气朦胧，夹杂着阴冷的雨水，车子奔进一片树林。经过布龙村时，欢迎的人群列队站在大道两旁，高呼："庇护七世万岁！""拿破仑一世万岁！"

这时，在林中宽阔的圆形广场上，有一群猎人带着50条猎犬等在路口。见教皇的车队过来，其中一位离开人群。他身着猎装，端坐在猎马上。教皇定睛一看，原来他就是拿破仑。拿破仑坐在马上纹丝不动，教皇意识到自己必须下车了。可看到路面泥泞，穿着雪白丝鞋的教皇不免犹豫了片刻，但他最终还是让雪白的丝鞋受了委屈。教皇在适当的距离站好后，拿破仑才起身下马，向这个矮个子、黑头发的年迈老人走去，同他拥抱。

这时停在旁边的御辇突然前进了几步，为了躲避车子，教皇和皇帝下意识地分开，各自向后退了几步，车子正好在两人中间停了下来。瞬间两扇车门敞开，皇帝纵身从右门跳进车，一名军官示意庇护七世从左门上车。教皇并未察觉这是拿破仑预先的安排，上车后就只能坐在第二个位子上，直到枫丹白露。

一时30分左右，车队驶进枫丹白露。教皇立即被人引进皇太后宫。皇太后宫和枫丹白露宫遥遥相对。太后宫内虽有许多宽敞华丽的房间，但由于年久失修已破败不堪。教皇被安排在这里小住，虽心怀不满，但却敢怒而不敢言。

11月27日，拿破仑和教皇准备进入巴黎，尽管这次皇帝不得不把右边的座位留给庇护七世，但他决定夜间进入巴黎，这样任何排场、礼节都被免掉了。28日，教皇和皇帝的马车在清冷的秋夜里飞快地驶进巴黎。官方和报界未做任何透露。唯一采取的措施是命令全体卫队在兵营里持枪待命，不得擅自离开。

教皇的住处安排在杜伊勒里宫花神楼的二层。29日早上7时整，巴黎所有的钟一齐响起，阵阵钟声宣告了教皇的到来。居民闻声而动，立即跑出屋子，从远近市郊的大街小巷向杜伊勒里宫会集，各个路口会集的人越来越多。教皇出现在花神楼的阳台上，沸腾的人群突然安静下来，数以万计的人跪在地上，有些人哭了起来，有些人捶打胸脯，原有的好奇心顷刻间化为无限崇拜。庇护七世抬起右手，慢慢地画着十字。面对巴黎人民如此的热情，教皇不得不一天之内在阳台上出现 20 多次。

巴黎人民对教皇的狂热感情引起了拿破仑的极度不满。拿破仑要给这些狂热的信徒泼点儿冷水。于是,有关加冕筹备工作的报道充斥了各家报纸的版面，而有关教皇的报道突然精简下来。久经世故的教皇见此状况，倍加谨慎起来。

12 月 2 日清晨，天刚蒙蒙亮，杜伊勒里宫的人们就开始忙活起来了。这一天是拿破仑的正式加冕日，整个宫中充满了节日的气氛。

9 时整,教皇的仪仗离开了杜伊勒里宫。仪仗前列是一头系着饰带的驴子，手持十字架的画师骑在驴背上。教皇的马车由 8 匹灰色大马拉着，车上放着皇帝赐的镀金青铜三重冠。道路两旁跪着成千上万的民众。10 时，教皇一行进入巴黎圣母院，大批观礼者把圣母院挤得水泄不通。庇护七世下车后，进入主教宫，坐在早已为他安排好的座椅上，开始祈祷，等候皇帝的驾到。

两个小时以后，礼炮齐鸣，一辆由黄金装饰的华丽马车在 8 匹浅栗色高头大马的牵引下，朝圣母院飞奔而来。车队在教堂前的空地上停了下来，围观的群众高呼“皇帝万岁！”皇帝的扈从队列开始进入教堂。走在前面的是衣着华丽的朝臣，其次是佩戴勋章的帝国元帅，随后是皇帝的重臣和高官，最后才是盛装的拿破仑。拿破仑身穿深红色天鹅绒大袍和金搭扣短外套，脚着高帮皮鞋，异常激动地出现在群众面前，刹那间欢呼声直冲云霄。

教皇登上祭台，弥撒开始。隆重的仪式持续了很长时间，拿破仑不知是因为不耐烦，还是太疲劳，一个劲儿地打着哈欠。最后，皇帝和皇后走到祭台前面，跪在跪凳上，教皇过来为他们履行仪式。教皇正准备将皇冠戴在拿破仑的头上，谁知拿破仑伸手接过皇冠，自己戴在了头上。接着，他又拿起另一顶小皇冠戴在约瑟芬的头上。瞬息之间加冕仪式的一切都办妥了。至高无上的拿破仑心潮澎湃，思绪万千。

拿破仑返回杜伊勒里宫时已是晚上 10 时。大街上灯火通明，如同白昼。

拿破仑为加冕典礼举行了一个盛大晚宴，这次教皇仅坐在第三席位上。

加冕典礼的第二天，在巴黎的部队全部集合在马斯广场上，等待着拿破仑发给它们鹰旗以替代共和国旗帜。在雄伟壮丽的检阅台上，皇帝一身戎装，坐在宝座上。随着一声令下，各路纵队都向宝座靠拢。拿破仑起立，下令分发鹰旗，并向各军团发表了如下演说："士兵们，看看你们的旗帜吧！鹰旗出现的地方永远是你们的集合地点。鹰旗永远树立在你们的皇帝保卫他的宝座和他的子民所需要的地方。誓为保卫鹰旗而牺牲生命吧！誓为能够永远把鹰旗保留在胜利的道路上而鼓起勇气作战吧！"这番演说之后，军队中欢声雷动，士兵们举着枪，欢呼着、雀跃着。在场的每个人无不为军队所爆发出的巨大热情所动容，拿破仑更是激动万分。

皇宫、首都和外省的庆祝活动持续了好几天，到处张灯结彩，鸣炮敲鼓，乐声不绝于耳。

第九章

皇帝的艳史

拿破仑与美艳的贵妇们眉目传情，暗中幽会，这让约瑟芬像纯情少女一样醋意十足，坐卧不安。虽然拿破仑难改风流，但他明确表示："我真正的情妇是权力。我历经千辛万苦才征服了她，别说让人将她夺走，就是有谁不怀好意地瞟她一眼，我也会觉得无比地心疼。"

此时的约瑟芬比任何时候都光彩照人，她已成为至尊的法兰西皇后。巴黎的贵妇们都羡慕她那令人难以置信的好运气。然而，有一个人却让她焚心、忧虑，让她感到了皇后宝座的不稳。那就是皇帝——拿破仑一世。

此时皇帝与美艳的贵妇们眉目传情，暗中幽会，这让她像纯情少女一样醋意十足，她难以摆脱使她坐卧不安的嫉妒。做了皇帝的拿破仑，在生活中拥有了许多女性。她们像花簇一般，点缀着皇帝本已十分耀眼夺目的生活。但在拿破仑的心目中，只有德茜蕾的位置是没有人能够取代的。在他的加冕典礼上，他也没有忘记给他的这位初恋情人一个比其他贵妇人更尊贵的位置。

一天，众人正在排练加冕典礼仪式，拿破仑一边踱步观看，一边对妹妹卡罗利娜说："对了，加冕那天，还可以让德茜蕾来，让她在约瑟芬身后托手帕。啊，记得让她穿蓝色晚礼服。"

当卡罗利娜把这个消息告诉德茜蕾时，德茜蕾却陷入了痛苦的回忆中。她依稀记得，在巴黎的那个雨夜，她就是身着一件蓝色外衣，闯进塔里昂夫人家里，把酒杯摔在了约瑟芬的脚下，并冲出屋门的。她不知道拿破仑这个提议是想再次回味她的纯情执着呢，还是为了更加深深地刺伤她那从来不曾愈合的心创。

晚上，德茜蕾把这个消息告诉了丈夫。贝尔纳多特气愤地喊道："他分明是想全天下的人都知道你依然深深地爱着他！"

德茜蕾的眼中充满了泪水。一个女人是很难忘记自己的初恋的，所以这个局面很难不让丈夫嫉妒。

她搂住了丈夫发抖的身躯，缓缓地说："你真傻，他的婚姻不幸福，该嫉

1805 年，黄袍加身的拿破仑皇帝。登上皇位之后的拿破仑几乎成为了欧洲最有权势的男人，而一旦男人拥有了权势，更多的女人也将随之而来

妒的是他，他就是不想让我们忘记他，你居然耿耿于怀。你看不到院外那些不三不四的人吗？富歇时刻在惦记着我们能做出点儿违抗皇帝的事来，你果真想吗？只要我们美满幸福地生活，做点儿让步又怕什么，我永远都是你的妻子。你难道不知道我多爱儿子吗？你和儿子对我来说，比我的生命还珍贵。你要记住——我永远是你纯洁的小妻子。”

后来，贝尔纳多特在妻子柔软的臂弯中睡去了，而德茜蕾却一夜未眠。她知道拿破仑可以对一万个人残忍暴虐，除了不能娶她外，却不会伤害她。她知道自己忘不了拿破仑，而拿破仑同样在心底给她留了一个位置。所以在拿破仑加冕后，她又背着丈夫，帮了拿破仑一次。

因为莱蒂齐亚不能原谅拿破仑对吕西安的刻薄，没有出席拿破仑的加冕仪式，拿破仑对此很是恼火。德茜蕾得知这一切后，便在朱莉的一个宴会上，巧妙地把莱蒂齐亚请到了一个密室。就在这间密室里，拿破仑拥抱了自己的母亲莱蒂齐亚。拿破仑非常敬爱自己的母亲，能在一个很合适的环境与母亲重新和好，是他非常希望的。

德茜蕾所做的一切，令拿破仑对她万分感激。德茜蕾不计前嫌，一如既往地善待他、帮助他，这令拿破仑十分敬重她，同时也给了德茜蕾极大的恩惠。除了金钱外，对于她丈夫诸多违反旨意的行为，拿破仑也采取了宽容的态度，并且亲封贝尔纳多特为汉诺威总督，圆了贝尔纳多特想拥有一片属于自己的国土的梦。

赢得至高无上权力的拿破仑，也赢得了无数美艳绝伦的女人的仰慕。她们像敬仰上帝一样崇拜他，挚爱他，同时也爱着他的金钱。称帝之后，拿破仑在宫中也开始了放纵的生活。

7 月 14 日，拿破仑在巴黎荣军院颁发荣誉勋位十字勋章。那一天，皇后穿着布满银星的玫瑰色罗纱长裙，同皇帝一起到来，她优雅超群，楚楚动人，随行人员在她的光彩之下，一个个黯然失色。随后，皇后即取水路去艾克斯。拿破仑则返回布伦，在整整一个月内，他马不停蹄，忙于视察各港口和海岸炮台。而后拿破仑到艾克斯与约瑟芬会合。德国的亲王们一个个都来参拜皇帝和皇后，为他们在莱茵区的辛苦旅行洗尘。这时候，拿破仑节外生枝，上演了一出昙花一现的风流韵事。

德·沃代夫人，由马尔梅松前房东勒库特·德·康特勒的推荐，被任命为宫廷贵妇，后来成了约瑟芬的朋友，此次她奉命陪皇后到艾克斯。她满脑子都是点子，而且好惹是生非。旅途中宴请频繁，天天都如同盛大节日，德·沃代夫人每天打扮得花枝招展，令人心醉神迷，成了吸引皇帝目光的头号美人，她在拿破仑面前施展魅力居然不费吹灰之力。拿破仑平日与女人在一起颇感拘谨，对她的主动进攻十分敏感。他同她开玩笑，对她稍加亲热，她便趁机大肆撩拨。

回到巴黎后，她竟敢当着皇后的面放肆。更有甚者，她越发贪婪、苛求。这正是使拿破仑厌恶她的原因。从杜伊勒里宫到奥特伊文人区，德·沃代夫人以宠妃自居，大摆阔气，大敛钱财，应邀来访的人大摇大摆地求见她。

她很快就债台高筑，拿破仑两次支付了她递给他的账单。当德·沃代夫人再次求见时，拿破仑已识破了她的用意，便命人回绝了她。

德·沃代夫人何许人也？对拿破仑来说不过是一个过客，一道飘忽而至的阴云。拿破仑早已另觅新欢，日益倾心于另一位佳人，这可能是自第一次意大利战役以来最使拿破仑倾倒的美女——迪夏泰尔。

迪夏泰尔夫人正当二十芳龄，极尽风流艳丽，可谓天香国色。她身段苗条，一头金发，稀有的蓝眼睛，肩、腕、踝、身材，无一不显现着娇柔婉转，媚态动人。她头脑灵敏，文采绮丽。她能歌善舞，不亚于专业的演员，并弹得一手好竖琴。她善于逢场作戏，引人注目，也善于倾听对方讲话，善于耐心等待，还善于隐藏自己的真实想法。她外表开放而内心却很保守，表面温柔而实质却很坚强。她能看风使舵，参与阴谋诡计，也能厚颜无耻地进行造谣中伤。作为女人，她同宫廷中的所有女人一样，为了保全自己的地位，捍卫自己的利益，不择手段。

她出身平民家庭，幸而学会了上流社会的礼仪。而且，她懂得人情世故，她的这种本能比良好的教养更能感召人，让人就范。

她的丈夫迪夏泰尔先生，身兼国家参事和造册总管之职，颇得拿破仑器重。虽然他的职责平淡无奇，工作默默无闻，但他都干得异常出色，服务极其周到。他就是帝国行政机构框架的建立者之一。但由于年事已高，加之工作劳累，他对情欲已渐渐淡漠了。同一个如此年轻的妻子在一起，他简直就是一个小老头。

拿破仑从执政后期就开始同迪夏泰尔夫人亲近了。拿破仑曾在圣克鲁宫邀请过迪夏泰尔一家。为了骗过约瑟芬，拿破仑等全宫廷的人都入睡之后，才与他的情人相会。他从小心翼翼到了偷偷摸摸的程度，为了安静地穿过两间套房的通道，他是穿着睡裤，光着脚走过去的。

帝国成立之后，宫中需要增添执事，拿破仑借机把迪夏泰尔夫人选入宫中，册封她为八位宫廷贵妇之一。这样，他们见面就方便多了。虽然迪夏泰尔夫人没有陪同他去莱茵区旅行，但皇帝一回巴黎就对她亲密如故，而且愈发如胶似漆，难舍难分。

在他们第一次于毗邻皇帝办公室的小密室里幽会以后，拿破仑和迪夏泰尔夫人就立刻感到，他们天生就是能在床上默契行事的一对。于是，他们尽情享受着那其中的甘美……

有段时间，拿破仑和他的妻子、情妇及宫女曾在马尔梅松逗留了几天。他在那里更是目中无人，毫不遮掩，放肆到了极点。皇帝虽然怕冷，但此时似乎并无寒意，他不顾旁人议论，竟公开与迪夏泰尔夫人在花园里散步，甚至为此丢下了手头的公务。约瑟芬从自己的房间里看着他们在小径上走过，她不敢多加抱怨，只能暗自伤心流泪，她默默地承受着心中的苦痛。她宁愿相信皇帝对她说的“这只是一时的心血来潮”，并牢记“你越找麻烦就越激起我的思念，你要是不予理睬，持续的时间反而更短”。

事实上没过多久，皇帝对迪夏泰尔的兴趣就渐渐减弱了。一方面是被约瑟芬的痛苦所打动，正像他所说的，他不能长期忍受“拉长的面孔和充满泪水的眼睛”。更重要的是，他发现了迪夏泰尔夫人的野心，他不喜欢由别人来指使他行动。

迪夏泰尔夫人很精明，她摸透了他的性格，从不开口索求任何东西。她煞费苦心，甚至不惜拒绝皇帝的礼物。

一天，拿破仑派人给她送去了他的肖像和光彩夺目的钻石。她把肖像留下，却将钻石退了回去，并说：“这样似乎太见外了。”这种无私的表现使皇帝大为感动，因而差一点儿被她蒙蔽。

首先，他任命迪夏泰尔夫人为宫中女官，尽管她的实际身份与此极不相符，她的家庭也和拿破仑家族无任何沾亲带故的关系。然后，拿破仑还时常专心致志地聆听她的一些意见。正是靠着迪夏泰尔夫人在拿破仑耳边吹风，缪拉——她的保护人，才得以晋升为亲王、大元帅，成为尊贵的异国国王。

然而，拿破仑最终看清了她的心机。当拿破仑证实了他的情妇想成为“宠妃”和他共享皇权时，他便决定同她分道扬镳了。

“我真正的情妇，”他曾说过，“是权力。我历经千辛万苦才征服了她，别说让人将她夺走，就是有谁不怀好意地瞟她一眼，我也会觉得无比心疼。”

但拿破仑的风流性格并未因此而改变，他很快又盯上了约瑟芬的朗读宫女。这位年轻妩媚的姑娘名叫拉科斯特，她体态柔弱，满头金发，身段苗条，娇滴滴的容貌讨人喜欢。

这位拉科斯特小姐对拿破仑百依百顺，而且极会撒娇，使得拿破仑仿佛又回到了青少年时期。他时常蒙住眼睛，跟这位拉科斯特小姐玩捉迷藏的游戏，这位乖巧的小姐先是故作惊讶地被拿破仑捉住，而后则顺从地被拿破仑抛到床上……

有一段时间，拿破仑怕引起约瑟芬的注意，常常等到晚上约瑟芬睡下后，赤脚从走廊进入拉科斯特小姐的卧房，并且询问在门外站岗的卫士：“你看到了什么？”

卫士每次都会答道：“陛下，我什么也没有看到。”

拿破仑从迪夏泰尔夫人那里领略到了成熟女人的妩媚与丰腴，在拉科斯特小姐这里则享受到了青春少女的娇羞与乖巧。

这场闹剧愈演愈烈，直到有一天，拿破仑忍不住在晚饭后，当着许多人的面赠送给了拉科斯特小姐一枚钻石戒指。

约瑟芬当时便哭得似个泪人，起身冲进自己的卧室。接连两个星期，约瑟芬时而大吵大闹，时而嚎啕大哭，时而掩面泣诉，弄得拿破仑心烦意乱，终于答应同拉科斯特小姐分手。

“你想让她离开？好,就让她远远地离开这儿！不过我有两个条件。首先，要等她的婶婶从巴黎来接她回去。其次，你要以你的名义举行一次宴会，为她饯行。”

面对拿破仑的无理要求，约瑟芬大惊失色。然而，她深知只有这样才能把拉科斯特打发走，于是只好同意了。

拉科斯特离开之后，拿破仑一心忙于各项工务，暂时无暇再去物色新的情妇了。

第十章

横扫欧洲战场

拿破仑已不满足在意大利的总统头衔。几天之后，他离开巴黎，前往米兰加冕，然后又急忙跑回巴黎。原来，奥地利已经秘密地同俄国和英国结盟，成立了第三次反法同盟。意气正盛的拿破仑立刻准备骑上战马，驰骋在欧洲广阔的战场上，同欧洲的封建君主决一死战。

成为法国皇帝的拿破仑已不满足于在意大利的总统头衔。于是，内阿尔卑斯共和国的新议员们再次越过阿尔卑斯山，聚集在巴黎召开会议。意大利国王的称号很快就授予了拿破仑。几天后，拿破仑离开巴黎，前往米兰接受加冕。

5月26日，在米兰的蒙萨宫，古老的伦巴第诸王的铁王冠被取出。这次加冕典礼在米兰大教堂举行，拿破仑从米兰大主教的手中接过王冠，戴在自己的头上，高声说道："由上帝赐我此冠，慎勿触犯。"14天后，他任命其23岁的继子欧仁·博阿尔内为副王，代他主持意大利的政务。

米兰的庆祝活动没有留住拿破仑。7月12日，拿破仑急急忙忙地跑回巴黎，路上累死了好几匹战马。原来，此时奥地利已经秘密地同俄国和英国结盟，第三次反法同盟正式成立了。意气正盛的拿破仑立刻准备骑上战马，驰骋在欧洲广阔的战场上，决心同欧洲的封建君主决一死战。

其实在1805年初，英俄两国就开始结成同盟，但由于奥地利尚未做好战斗准备，故而第三次反法同盟的组织进展缓慢。拿破仑意识到了这一点，于是他一面继续准备在英国登陆，一面在欧洲大陆制造声势。这时，拿破仑的脑海中已酝酿了两个作战计划，一是海上作战计划，即横渡英吉利海峡，冲向伦敦；二是陆地作战计划，一旦出征英国推迟或失败，如何避免陆地敌人的突然袭击。熟知拿破仑的人都知道，他的弓上总有两根弦，当发生某种情况阻碍一项计划时，他还有另一项计划可以实行。

7月26日，拿破仑向法国舰队司令维尔诺夫发出了下述命令："在卡地兹和福罗尔集中西班牙军舰之后应回到布勒斯特港外，并从那里开往布伦。只要你能控制海峡三天，凭借上帝的帮助，我将断绝英国的生存。15万人已经

意大利米兰的蒙萨宫。1805 年 5 月 26 日，拿破仑在这里加冕为意大利国王

准备就绪，仅凭你的行动即能使我们成为英格兰的主人。”维尔诺夫立即开始执行拿破仑的命令，可就在这个过程中，维尔诺夫的舰队在芬尼斯特角附近遇上了考尔德海军司令指挥的只有9艘战舰的英国舰队。双方展开了一场激烈的战斗。维尔诺夫丧失了两艘西班牙战舰后，逃回了福罗尔港。

8月2日，拿破仑离开巴黎前往布伦。在这里，拿破仑再一次向维尔诺夫发出命令：“开航，不要浪费一分钟，率领我集结的兵力进入海峡，英国就是我们的了。我们的一切都已准备就绪。你只要出现24小时,则一切都可完结。”可就在第二天，拿破仑接到两个至关重要的情报，一是维尔诺夫舰队并未抵达布勒斯特，而是仍停留在福罗尔。二是俄军已经出发，正准备与奥军会师。

拿破仑立即意识到情况的危险性——法国将面临强大的大陆敌人的进攻。他决定抓紧时间，在对付大陆敌人之前先给英国以致命的打击，因为他实在不忍心这个经过长期酝酿、周密运筹出征英国的伟大计划就此被束之高阁。他又一次催促维尔诺夫率舰队起航北上。

8月14日,维尔诺夫率领法、西联合舰队开向布勒斯特港。途中,他接到情报：英国舰队正在前方拦截他们的舰队，优柔寡断的维尔诺夫惊慌失措，急令舰队退往西班牙加的斯港躲避。等他知道这一情报不属实时，却为时已晚，这时英国舰队真的赶到了，把加的斯港严密地封锁起来，联合舰队再也无法出海了。

拿破仑对征英还抱有一丝希望，但同时又作了另一手准备。8月13日，他写信给贝尔蒂埃说：“告诉马尔蒙将军，我的福罗尔舰队将于8月14日开航。假使风向不利或海军将领畏缩不前，我则将此项作战计划再延缓一年。我的意思是在他接到新命令之后，24小时内应下船并返回营地。然后，尽可能迅速而秘密地向梅因兹行军。我要在没有任何人知道之前，把3万人送到日耳曼的中心。”

欧洲大陆上的情况愈来愈紧急，拿破仑终于等不下去了，他在盛怒之下向英国海岸最后凝望了一番，立即挥戈东进，迎战奥军。

为了确保军事上的胜利，拿破仑首先在外交上采取了一系列措施。8月

24 日，他派宫廷大总管杜洛克将军前往柏林，同普鲁士国王签订了一项密约，普鲁士保证在未来的战役中保持中立态度，作为交换条件，法国愿意割让汉诺威给普鲁士。拿破仑又写私函给巴伐利亚、巴登、符登堡三个选侯，要求他们同法国结盟。这些小诸侯在战战兢兢中勉强接受了拿破仑的要求。于是，拿破仑获得了利用他们的领土作为战场的权力，并且也为自己的军队获得了 4 万人的增援。

打好了外交基础后，拿破仑立即命令布伦的全部军队从英吉利海峡岸边出发，穿过整个法国，开往巴伐利亚。法军从各个方面，以最快的速度奔向多瑙河。不到 3 个星期，这支庞大的军队神奇地从英吉利海峡开到了多瑙河，整个大军情绪高涨。胸怀壮志的年轻人想到战斗临近，无不跃跃欲试，谁都梦想通过战役获得荣华富贵和迅速提升的机会，都希望在一个万众景仰的首领面前大显身手。

拿破仑于 9 月 3 日离开布伦军营，返回马尔梅松堡。次日，他在圣克鲁宫召见了全体大臣。9 月 26 日，他抵达斯特拉斯堡。在这里，他获悉了奥军部队的情况。当时，奥地利在意大利部署了卡尔大公率领的 9.7 万人的大军，防守着阿迪杰河一带；在莱茵河一线则有费迪南大公率领的 6 万人的兵力，这些兵力实际上由费迪南大公的参谋长麦克指挥。十万俄军正在通过波兰和摩拉维亚来增援奥军。奥地利的计划是由卡尔大公的军队来对付拿破仑的军团，由麦克指挥的奥军沿着多瑙河前进，阻止法军，并会同十万俄军侵入法国本土。此时，麦克的奥军正在逼近多瑙河畔的乌尔姆。拿破仑得知这些情况后非常高兴，因为他的军队正好处于奥军与俄军之间，既能切断奥军的主要交通线，又能隔绝奥军与正在前进中的俄军之间的联系。

战斗于 10 月 2 日打响。6 日和 7 日，法军渡过多瑙河包抄了敌军侧翼。8 日，缪拉在多瑙河上的韦尔廷根战斗中俘获奥军 2000 名，败北的奥军退向京次堡，法军乘胜追击，在京次堡再次打败奥军。10 日，法军进入奥格斯堡。12 日，法军进入慕尼黑。13 日，苏尔特率军攻打梅明根，大败奥军。至此，整个法军已稳固地横跨在奥军的交通线上，取得了这次战役的主动权。

现在奥军麦克率领的5万人被困在乌尔姆附近，法国大军就像大章鱼的触须一样不断地向他包围。这时，由于缪拉未能严格执行拿破仑的命令，致使法军在乌尔姆东北部留下了一块空隙。被困的麦克准备从此处突围，一位参谋出来规劝道，应当固守阵地，拿破仑很快就会撤回，因为巴黎发生了反对拿破仑的起义。麦克不相信，这位参谋向他出示了一张报导巴黎发生革命的报纸。麦克这才下定决心坚守乌尔姆。可他万万没有想到，这位参谋正是拿破仑派进奥军内部的间谍，那张报纸也是法军军营中的印刷机临时赶印出来的假新闻。

10月14日，内伊和拉纳元帅夺占了乌尔姆周围的高地，麦克大军陷入绝境。10月16日，拿破仑炮轰乌尔姆，同时又派去一名军使，要求麦克弃械投降，并威胁说，如果不投降，一旦他攻下乌尔姆，任何人都不会得到宽恕。麦克恐惧了，他派莫里斯亲王前去谈判。莫里斯提出的投降条件里要求拿破仑准许乌尔姆的守军撤回奥地利。对此，拿破仑严词回绝，并以坚决的态度让麦克认清：他除了按照拿破仑的条款投降外，别无选择。

拿破仑那坚决的态度让人感觉到毫无商量的余地，莫里斯亲王无奈之下，只好回去向麦克如实转述拿破仑的话。就在当天，麦克致书拿破仑，表示愿意接受他的条款。第二天，贝尔蒂埃前去乌尔姆带回降书。守军被送往法国当战俘。

拿破仑对面前任何障碍都狂怒异常，对待任何胆敢抗拒他意志的人都严厉无情，可当他获胜时，他的态度就全然变了。他对败军极为仁慈，他真诚地怜悯他们。他经常对手下人说：“一个将领在打了败仗那天是多么可怜！”他自己曾体会过这种情感，他表面上虽然装作满不在乎，可内心却是痛苦不堪的。

麦克带领着出降的队伍恭恭敬敬地朝拿破仑鞠躬，他们面色忧郁，默不作声，拿破仑见状，立刻好言安慰，但他的眼中却难以掩饰地流露出了内心的兴奋和激动。

就在麦克投降之时，一个被派出担任侦察任务的青年军官伯纳回到了法军大本营。他是个上尉工程师，曾在综合技术学校受过教育。他只身一人，几乎深入到维也纳。拿破仑亲自询问他所侦察到的情况，对他的回答非常满意。但是伯纳上尉汇报后并不满足，他把观察到的情况以及可以采取的路线草拟了一份报告，并指出指挥军队经过各要塞地点直扑维也纳是极为有利的，占领首都后，皇帝便可向整个奥地利君主国发布法律了。拿破仑听完这份报告，大发雷霆，怒气冲冲地向伯纳吼道："什么？你太大胆放肆了，一个年轻军官居然妄想替我制订一个战役计划！出去，等候我的命令！"这位年轻军官刚出去，拿破仑顿时改变了腔调："那是个有为的年轻人，他的观察是正确的。我不能让他去冒战死的危险，以后我还用得着他。告诉贝尔蒂埃，下令叫他离开这里去伊利里亚。"

命令发出去了，伯纳上尉未能参加即将来临的战争，大家都认为这是对他轻狂行为的惩罚，谁也没想到这是拿破仑为保留一个有为青年的性命而采取的措施。战役结束后，拿破仑要晋升功劳最大的军官，伯纳上尉没有被列入晋升名单，人们认为他已失去了拿破仑的宠幸，所以并未将他的名字列在上面。可当拿破仑得知后，亲自将伯纳的名字添在了晋升人员名单的最前面。

乌尔姆一战，奥军损失5万多人，丢弃大炮200门，军旗90面，多瑙河地区的奥军几乎全被法军歼灭，将军都成了俘虏，通向维也纳的大门被打开了。就在这时，拿破仑接到了一个悲惨的消息：维尔诺夫指挥的法国、西班牙联合舰队在特拉法加海口，与英国维尔逊海军上将率领的舰队遭遇后，进行了一场19世纪最大规模的海战。结果，法、西联合舰队全军覆没，维尔诺夫本人被俘，而英国舰队却完好无损。但此时的拿破仑已顾不上海上的失败了，他要向维也纳进军，赶在俄奥两军会合前占领维也纳。

在拿破仑向普鲁士许诺将汉诺威赠送给普鲁士的同时，俄皇亚历山大一世也在极力拉拢普鲁士国王弗里德里希·威廉三世，怂恿他加入第三次反法同盟，并对他软硬兼施，但却遭到了他的拒绝。可就在这时，从普鲁士南部传来消息，法军第一军为了争取时间到达预定战场，竟不经普鲁士允许，强行通过普鲁士的领土安斯巴赫。威廉三世怒火冲天，尽管第一军军长贝尔纳多特遵照拿破仑的命令对普鲁士提出许多有利的保证，并做出种种友好的表示，但仍不能使普鲁士国王平息怒气。作为报复，威廉三世又回过头来向沙俄靠拢，并与俄、奥签订了《波茨坦条约》。根据此条约，普鲁士愿以武力为后盾进行调停，如果调停失败，普军再从西部发动对法军的进攻。

普鲁士使臣于 11 月 14 日出发，向拿破仑发出限法军一个月撤出奥地利国境的最后通牒。与此同时，十几万普鲁士军队开始向南部边境集中。拿破仑立刻意识到形势的严峻性，一旦十几万普军在法军背后投入战斗，法军将受到俄、奥、普三军的围攻。他当机立断，力求赶在普军参战前尽快占领维也纳，在卡尔大公率领奥军回到奥地利之前，把俄军包围并消灭在多瑙河以南地区。

正当拿破仑部署军队准备围攻俄军时，俄军统帅似乎已经察觉到了拿破仑的意图，他采取了应急措施，在法国还来不及展开行动之前，指挥俄军迅速向北撤离。俄军撤退时，几乎炸毁了多瑙河上的所有桥梁，以阻止法军的追击。

俄军北撤以后，多瑙河南岸地区的奥军兵力更加单薄。法军因而得以长驱直入，几乎没有遇到什么抵抗。11 月 13 日，缪拉的骑兵军前卫到达维也纳近郊。维也纳宫廷一片惊慌，奥皇立即派使者前去与拿破仑讲和，却遭到了拿破仑的拒绝，因为战争远未结束，还有一场更大的战役在等着拿破仑去打响。

拿破仑命缪拉迅速追击北撤的俄军，以便将其紧紧拖住，并予以歼灭。可缪拉却被眼前的维也纳城吸引住了，为了获得首先进入维也纳的荣誉，他不顾拿破仑的命令，放弃追击俄军，率部强占维也纳城。拿破仑得知这一消息后，怒不可遏，立即给这位妹夫写了一封措辞严厉的信，大骂缪拉鲁莽得像个疯子，他说："俄国人没有固守维也纳，而在克雷姆斯渡过了多瑙河。你既不知道敌军的计划，又不考虑我的意图，你将使我的军队困在维也纳……只有在充满危险的地方才能获得荣誉，进入一座没有设防的空城，没有什么荣誉可言。"缪拉的擅自行动，使得法军在追击俄军的过程中损失了两天极为宝贵的时间。

11 月 14 日，拿破仑到达维也纳，住在富丽堂皇的肖恩布鲁恩宫。奥皇弗朗西斯二世带着他的皇室成员，仓皇地逃往摩拉维亚首府布尔诺并会见了俄国沙皇。拿破仑的军队在维也纳获得了极为丰富的补给，并重新调整了部署。他命令骑兵和第四、第五军一刻也不停留，立即从维也纳出发，北渡多瑙河追击俄军。

要想北渡多瑙河追击俄军，其首要任务是尽快强占维也纳城北的那座大桥。缪拉在前次作战中的行为曾使拿破仑大为不满，他决定这次要凭借自己的聪明才智完成强占维也纳大桥的任务，以挽回拿破仑对自己的印象。

缪拉事先巧妙地让一个掷弹兵营隐藏在大桥南端的一片灌木丛中，然后同拉纳、苏尔特军长一起走上桥头，假装与奥军达成休战协议，负责守桥的奥斯贝尔公爵被这突如其来的举动弄得丈二和尚摸不着头脑。正在诧异之际，预先埋伏的法军掷弹兵突然从灌木中跃出，迅速冲过大桥，以迅雷不及掩耳之势闯入奥军阵地。一分钟后，法军占领了桥梁，将奥军为炸桥准备的炸药推入河中，守桥的奥军全部成了俘虏。

维也纳大桥的失守完全出乎俄军统帅库图佐夫的意料，法军很快开到了多瑙河北岸。俄军简直难以理解维也纳大桥被占的经过，他们气愤地指责奥军私下与拿破仑订立了密约。现在俄军随时都可能被追上来的法军包围，库图佐夫决定留下几支决死的后卫部队作掩护，主力部队加速撤退。

然而在追击俄军的过程中，骑兵军长缪拉又一次违背了拿破仑的意图，犯了一个严重错误。骑兵军在追到摩拉维亚西南 20 千米处时，遇到了俄军后卫的顽强阻击。缪拉忽然想到自己一军单独冒进，恐周围态势对己不利，于是，他自作聪明地向俄军后卫指挥官提出暂时休战的建议，并自作主张地允许俄军自由地向北撤退。俄军非常痛快地同意了缪拉的建议,并安全地自动撤走了。对于缪拉的愚蠢行为，拿破仑大为恼怒，他写信责骂道：“我简直找不出语言来表达我对你的不满。你只是我的一个前卫指挥官，没有我的命令根本无权作休战安排，你葬送了我的胜利。立即破坏休战，向敌军前进。告诉那位在这一协定上签字的俄军将军，说他也无权这样做，只有沙皇才有这样做的权力。”

俄军终于摆脱了拿破仑的追兵，退到了奥洛穆茨。与此同时，从俄国派来了另一支俄军，在沙皇亚历山大一世的亲自监督下，也赶到了此地。从维也纳逃跑出来的奥皇弗朗西斯也随撤退的奥军到达了该城。这样，到11月下旬，俄奥联军停止了撤退，在奥洛穆茨附近占领了有利于防守的阵地。

这时，俄奥联军司令部出现了意见分歧的情况。以联军总司令库图佐夫为首的大部分将领认为，联军远不是拿破仑的对手，俄军必须继续撤退，等待时机，拖延战局，待普军投入战争后，再以压倒性优势，向法军发动猛烈进攻。可库图佐夫的建议遭到了亚历山大皇帝的坚决反对，亚历山大一世对军事问题一窍不通，对拿破仑的军事才能更是一无所知，同时虚荣心极强。他认为法军长途跋涉，接连作战，已是强弩之末，再加上普军参战已确定无疑，联军没有必要等待，必须趁这一机会与拿破仑进行大会战。

亚历山大的主张传到了拿破仑的耳中，令他欣喜若狂，他就是害怕俄军撤走和拖延战局，他必须在普军参战之前了结这场战争。为了促使亚历山大这个主战派得到支持，拿破仑故意把自己装成惊慌失措、胆怯无能的样子，俄皇果然中计。

拿破仑日夜盼望的战机终于到来了。晚上9时，拿破仑骑着马沿着全线视察野营中的部队。他遥望敌方的阵营，发现敌军全部集中在普拉岑高地和利塔瓦河谷中，这更加坚定了他判断敌人将尝试迂回其后翼的预测。当他经过自己部队的行列时，周围的士兵将他团团围住，士兵们用地上的草捆成把子，点起火来，在空中摇摆。他们高呼：“拿破仑万岁！大军万岁！帝国万岁！”

这时，一个老兵走到皇帝面前，请求他不要站在火线上，不必亲临前线，并向他保证：“我们要夺取敌人的军旗和火炮来庆祝陛下加冕纪念日。”拿破仑没有掩饰内心的喜悦之情，激动地说这是他有生以来最荣耀、最有意义的一夜。士兵们从拿破仑与这位老兵的对话中，得知第二天是拿破仑加冕一周年的纪念日。

12月2日，拿破仑战争史上最著名的、最辉煌的一次战役打响了。这一天，在奥斯特利茨村以西，维也纳以北120千米的普拉岑高地周围的丘陵地带上，三国皇帝展开了一场血腥大会战。

上午7时30分，掩盖着各地的浓雾刚刚散去，一轮红日喷薄而出，7.3万名决心以死效忠法国的官兵在奥斯特利茨的太阳的照耀下，早已准备就绪，严阵以待。拿破仑从指挥所里看到普拉岑高地几乎已无俄军防守，他立刻意识到敌人犯了放弃中央高地的严重错误。他命令两个师前去占领高地，这两个师不费吹灰之力便完成了任务，从而将敌人切成两段。在北段，拉纳成功地击退了巴格拉季昂的攻击。当苏尔特完全控制了高地后，拿破仑令其左翼向俄军发起全面攻击。

在南段，俄奥联军受到苏尔特和达武两支兵力的夹击。面对法军大炮的猛烈轰击，联军很快就被逼到了半结冰的湖面上，湖泊的冰块被法军的炮火击碎，敌军整团整团地掉进湖里淹死了，活下来的敌军有的被法军的霰弹击毙，其余的则当了俘虏。

奥皇和俄皇眼见全军覆没，慌忙逃窜。他们的侍从人员只顾自己逃命，把两位皇帝丢在了路上。两位皇帝只好骑着马各奔一方了。

短暂的冬日已近黄昏，明亮的太阳已经下山，俄皇亚历山大和奥皇弗朗西斯在昏暗中逃脱了法军的追捕。俄军统帅库图佐夫在激战中负了伤，差点成了法军的俘虏。

战斗结束了。拿破仑在一大群元帅、禁卫将军和副官的伴随下，在士兵们的欢呼中，不断地踩着难以计数的人和马的尸体，穿过广阔的平原，视察着血腥的战场。这一仗，俄奥联军死伤2.7万人，损失火炮155门，炮兵几乎被全部消灭，余众四散逃命，俄奥联军事实上已不存在。第三天，法军所有部队都受到了拿破仑的赞扬，他说：

“士兵们！我对你们表示满意，在奥斯特利茨的这一天中，你们完成了我要求你们以勇敢的精神去完成的一切。不朽的光荣归于你们，我的雄鹰

奥斯特利茨战役，参战双方为法兰西第一帝国皇帝指挥的法军对抗俄罗斯帝国沙皇亚历山大一世和奥地利帝国皇帝弗朗西斯二世，因此又被称为“三皇会战”。1805 年 12 月 2 日，在今天捷克境内的奥斯特利茨村，拿破仑指挥 7.2 万名法军官兵击溃了 8.5 万人的俄奥联军，彻底粉碎了第三次反法同盟。恩格斯将奥斯特利茨战役称为是拿破仑最伟大的胜利之一，“只要战争还存在，它就不会被忘记。”

们……士兵们！当保证我国的繁荣昌盛所需的一切都完成时，我将带领你们回到法国，在那里我将尽我所能保护你们的利益。我的人民一定会兴高采烈地再与你们相见。你们只要说‘我参加了奥斯特利茨战役’，他们就会回答说‘好一个勇士啊！’”

12 月 3 日，奥皇弗朗西斯二世派使节前来请求与拿破仑议和。12 月 4 日，拿破仑在骑兵卫队的簇拥下来到会晤地点——距奥斯特利茨 3 千米的一座磨坊里。拿破仑一见奥皇，立刻下马前去迎接，并同他拥抱，奥皇提出休战，拿破仑当即同意，条件是所有的俄军撤出奥地利，退回波兰。12 月 5 日，俄军开始撤退，12 月 6 日，法奥签订停战协定。

12 月 26 日，法奥在普雷斯堡签订和约。根据和约，奥地利承认法国对皮埃蒙特、热那亚、巴马等意大利地区的占领，承认拿破仑为意大利国王，并把威尼斯、伊斯特利亚、达尔马提交给意大利王国，承认巴伐利亚和符登堡为王国，巴登为公国。《普雷斯堡和约》结束了第三次反法同盟。

随后拿破仑便起程赴肖恩布鲁恩宫。抵达肖恩布鲁恩宫的第二天，他接见了普鲁士使节豪格维茨。这位使节本是代普鲁士政府前来向法国下达最后通牒的，可如今法军大获全胜，他不得不隐瞒这次前来的目的，向拿破仑深深地鞠着躬，对他的胜利表示热烈祝贺。并且为了保全普鲁士不被拿破仑的怒火袭击，在未经本国君主授权的情况下，就自作主张同拿破仑签署了一项条约。根据条约，普鲁士必须与法国结盟，并向英国关闭一切港口。同时，普鲁士须用巴洛特和安斯巴赫两侯国交换汉诺威。普鲁士国王威廉三世早已吓得心惊肉跳，他正以惶恐的心情等待着拿破仑的惩罚，如今豪格维茨代他签订了这项条约，比他预想中的惩罚要轻得多。他哪还敢讨价还价，立即对条约的一切表示同意。

拿破仑在离开奥地利之前，还有一件事要做，那就是惩罚那不勒斯王国。那不勒斯王国的波旁王朝与革命后的法国有着不共戴天之仇，尤其仇恨拿破仑，所以当他们获悉法西联合舰队在特拉法加海战中惨败后，便立刻与英国、俄国拉上关系，向英、俄开放了港口，并在其各邦接纳了 1.2 万名俄军和 8000 名英军。拿破仑使得波旁王朝不能再统治那不勒斯了。法军立即占领了整个王国，波旁王室在英国舰队的保护下逃到了西西里岛，拿破仑的哥哥约瑟夫被任命为那不勒斯国王。

1806 年 1 月 26 日，拿破仑离开维也纳回到巴黎，受到无数狂热民众的欢迎。几天后，一个令人兴奋的消息传来：拿破仑的死敌，英国首相威廉 · 皮特去世了，英国要求与法国签订和约。威廉 · 皮特是第三次反法同盟的创立者和鼓吹者，他希望这个耗费了几百万黄金建立起来的同盟能够阻止法国向英国进攻。然而，奥斯特利茨战役使得这一同盟彻底土崩瓦解。议员们开始指责威廉·皮特，反对党要他下野，皮特经受不住精神的打击，就此一病不起，几个星期后更是一命呜呼了。格兰维尔继任英国首相，他任命了同情法国大革命的福克斯为外交大臣。福克斯一贯反对皮特的外交政策，他真诚地希望法国和英国能和平相处。于是，福克斯派亚尔默思勋爵到巴黎进行和谈。

拿破仑向亚尔默思勋爵表示，如果英国在他的条件下签订和约，他愿意把汉诺威还给英国。这个消息传到了普鲁士，整个宫廷大为震怒。普鲁士曾用两个侯国交换了汉诺威，只是由于英国因此要对其宣战，才让拿破仑的军队继续驻扎该地。如今拿破仑又将汉诺威作为与英国和谈的筹码，普鲁士政府感到自己受到了极大的欺骗和侮辱。特别是那些在1805年曾极力主张加入反法同盟的人对此更是愤慨，他们断言，如果当时毅然地加入反法同盟，便不会发生奥斯特利茨的失败，也不会致使普鲁士今天在同拿破仑面对面的斗争中陷入孤立无援的境地。

这时，拿破仑为了巩固自己对德意志西部和中部地区的统治，决定建立莱茵联盟。1806年7月12日，德意志各地君主根据拿破仑的命令签订了相应的条约，莱茵联盟正式形成。参加联盟的有巴伐利亚、符登堡、巴登等16个西部和南部的德意志国家。这个联盟选举拿破仑为自己的保护人。为了对皇帝的“保护”表示感谢，联盟有义务在发生战争的情况下为拿破仑提供6.3万名士兵。许多以前服从奥地利哈布斯堡王朝皇帝的小王国，现在都要受到莱茵联盟各国君主的管辖，他们的领土也都划入莱茵联盟各国。整整存在了1000年的“神圣罗马帝国”名存实亡。1806年8月，奥地利皇帝根据拿破仑的建议，取消了“神圣罗马帝国”，废除了“德意志皇帝”的称号。

与此同时，拿破仑开始在被占领地区给身边的高官重臣、兄弟亲戚封王封爵。缪拉元帅为克累弗和贝格大公爵，贝尔蒂埃为夏泰尔大公，路易·波拿巴为荷兰国王，塔列朗为贝涅维特大公，贝尔纳多特为本特·科尔诺大公，康巴塞雷斯为巴马公爵，勒布伦为皮亚琴察公爵，这些人都成了拿破仑在这些地区的全权代理人。

莱茵联盟的成立及占领地区各重要官员的任命使得普鲁士极为不安。普鲁士看到拿破仑的权力已深入到德意志的心脏，直接威胁着普鲁士的领土完整，反法情绪日益高涨。1806年4月8日，普鲁士向法国发出最后通牒，要求法军立刻从德意志土地撤出。拿破仑根本不予理睬。6月，拿破仑公开向立法院宣布，他有45万人的军队，而且有足够的经费维持，不需借贷，也不会出现赤字。同时他将20万人的军队集中到莱茵河两岸的阿尔萨斯、洛林和莱茵联盟各国。拿破仑的所作所为激起了普鲁士主战派的不满情绪，他们咒骂国王是胆小鬼，不敢去碰一碰科西嘉的小矮子，同时谴责主和派首领豪格维茨是祖国的叛徒。软弱无能的国王正逐渐受到主战派的控制。

7月6日，俄国外交官乌布里来到巴黎，名义上是来谈判，实际上是来探听英法之间的和平究竟有多大可能。两个星期后，塔列朗与乌布里签订了《法俄和约》的初约。不过俄皇亚历山大并不急于批准这项和约，他要看法国与亚尔默思勋爵谈判的结果如何。

英法两国在谈判桌上讨价还价，互不相让。这时传来了一个意外的消息：英国外交大臣福克斯去世了。福克斯是英国唯一竭力主张与法国议和的人，随着他的去世，英法谈判也宣告结束，俄皇也就顺理成章地拒绝签订《法俄和约》了。

7月24日，普、俄就与法国作战的问题达成秘密协定，根据协定，一旦普法战争爆发，俄国则出兵增援普鲁士。在这个时期普鲁士和英国的关系十分微妙，尽管两国表面上因汉诺威问题处于剑拔弩张的紧张状态，但实际上，英国正极力怂恿普鲁士对法作战，并保证为其提供大量英镑支援。这样，以俄普为中心，由英国提供经费的第四次反法同盟形成了。

普鲁士的军官们热血沸腾，磨刀霍霍，决意要为祖国所遭受的侮辱和欺骗讨个公道，要对拿破仑的飞扬跋扈进行报复。路易莎王后和费迪南亲王成为这次行动的首领。普鲁士的军队开始行动起来，队伍中的军人高唱着爱国歌曲经过柏林和马格德堡，向西方挺进。国王和王后骑在马上检阅了集中在马格德堡及其西部地区的军队。

对于普鲁士的积极备战，拿破仑早已得到了情报。8月，拿破仑在德意志南部集中了19.2万人的大军。8月9日，普鲁士国王宣布总动员。8月25日，普鲁士召开了第一次军事会议，会上决定成立两个军团，由布伦瑞克公爵和霍恩洛厄亲王指挥。另建立一支独立军，由吕歇尔将军指挥，71 岁的布伦瑞克任总司令。此后，普军及其盟国萨克森军开始向南推进。9 月底，他们集合在一条宽 70 英里的战线上，中路是布伦瑞克指挥的第一军团 7 万人；左路是霍恩洛厄指挥的第二军团 5.5 万人，包括萨克森士兵在内；右路是吕歇尔将军指挥的独立军 5 万人，其中包括两个萨克森师。

普鲁士军队曾在腓特烈大帝时威震一时，一些宫廷长官、军事将领以及路易莎王后至今仍对其军队的威力深信不疑。他们认为，只要普鲁士军队给拿破仑以勇敢的一击，拿破仑的大军就会一败涂地，届时保王党就可以在后方举行暴动，拿破仑的政权就会因此被推翻，波旁王朝就可以轻而易举地复辟。然而，这些自信的人却忽略了一个事实，那就是如今不是腓特烈大帝时代，普军的后勤、武器装备大多停留在 50 年前腓特烈大帝时代的水平，其战术思想固守传统的“线式战术”，僵硬的队形、迟缓的动作和有顺序的排枪仍被认为是战无不胜的，而对法军宽松的队形和比较放任的射击纪律不屑一顾。此外，普鲁士对于法国大革命后法军所发展的机动性和战术弹性一无所知。普军的将军亦多为年老保守者，年轻有为的人很难有机会破格提升。这些年老保守者一味以腓特烈时的老将自居，妄自骄矜，对新的情况、新的战术漠不关心，且又重视排场、形式而不重视实效。更为严重的是普将之间互不服气，指挥难以统一，这必将导致行动迟缓，各行其是。所有这些，已预先决定了这场大战的胜负。

9 月 25 日，拿破仑离开巴黎。3 天后，抵达梅因兹。至此，他对敌人的行动、实力及作战计划还不甚了解，他所知道的仅为萨克森和普鲁士缔结了同盟，他必须对付他们的联合兵力。法国陆军对这个新战场很不熟悉，因此，拿破仑坚持在尚未发动战争之前尽量搜集一切有关地形的情报，他派士兵军官前去侦察从图林根森林通往普鲁士和萨克森的道路。

实际上，此时的普鲁士仍未有明确的作战计划。9 月 24 日和 25 日，普军诸将会于瑙姆堡，商议作战计划。霍恩洛厄和布伦瑞克分别提出了两种不同的作战方案，这两种方案的不统一引起了激烈的争论，两位将军各执己见，互不相让。普王见此情景，只好将两种方案来个折衷，以主力越过图林根山，霍恩洛厄越过法兰肯山，同时进入南德。然而，双方仍不满意。这时，又有人提出了第三种、第四种方案。会议连续开了10天，仍然没有得出结果，只好暂时休会。

10月3日，拿破仑来到符兹堡，会见了侦察地形的工兵军官，布莱门上校就是其中之一。布莱门上校曾冒充萨克森军官,大摇大摆地通过普鲁士防线，他经过柯堡、耶拿、萨尔费德，最后抵达瑙姆堡，为拿破仑带回了大量重要的情报和资料。拿破仑听取完汇报后，估计敌军主要会在耶拿—埃森纳赫一线展开，而且左翼是暴露的，只有一支2000人的小部队进行掩护。根据这个判断，拿破仑决定：集中法军主力于右翼，以缪拉指挥的6个骑兵师为前卫，向拜律寺和霍夫方向实施主要进攻，大胆迂回普军左翼；同时，路易·波拿巴指挥的兵力在法兰克福方向牵制普军的行动，并充当法军的总预备队。为了实施上述计划，拿破仑将法军划分为左、中、右三路纵队，分别向前开进。

负责指挥右路法军的第四军军长苏尔特，在这个迂回普军左翼的计划中处于举足轻重的位置。为了使他对自己的战略计划有个精确的掌握，拿破仑不厌其烦地向他详细解释了自己的作战计划。拿破仑之所以对自己的战略计划做如此详细的解释，是因为他把这种“营方阵”，即20万人的3支平行纵队以30英里宽的正面前进看作是战胜普军的关键所在。一旦在正面碰到敌人，他可以用一个纵队迎敌而其他两个纵队来迂回，如果敌人在侧面出现，两军可以立即左右展开迎敌，而其余兵力则为支援。

10月7日，拿破仑接到普鲁士国王的最后通牒，要求所有法军撤出日耳曼领土,否则“西西里岛晚钟事件”将重演。这是拿破仑开始战争的最好借口。法军开始通过人口稀少的图林根地区向北进发,每人携带4天口粮。在符兹堡、班堡加弗赫汉还准备了10天的补给粮。

普军一方直到10月5日才统一作战方案,其计划是,主力集结于埃森纳赫、戈塔、爱尔福特一线，并向西南前进；左侧由霍恩洛厄军团掩护，费迪南亲王指挥的前卫从耶拿向南进到萨尔费尔德，陶恩齐恩的萨克森师则向霍夫挺进；吕歇尔军于右翼牵制法军。

普军的调动十分缓慢，因为当时普鲁士军的编制十分烦琐，总司令的命令必须分传给14个师。与此相反，拿破仑的命令只须传给6个军长，每个军团接到命令后，立刻起程，一路上马不停蹄，昼夜行军。6个军所组成的营方阵如同压路机一样迅速地向前滚动。

10月8日，缪拉的前卫在霍夫遇上陶恩齐恩的萨克森师。法国骑兵如旋风一般向敌人卷去,萨克森士兵哪见过如此庞大的阵势,没战多久便仓皇北退。刚退到希莱兹，又碰上贝尔纳多特的前卫，萨克森师腹背受敌，损失惨重。

10月10日，拉纳元帅逼近萨尔费尔德城，霍恩洛厄军团前卫费迪南亲王率领的9000人正驻扎在此地。费迪南亲王年轻有为，精力充沛，但缺少实战经验，又刚愎自用。他不顾一切地向法军发起进攻，双方展开一场激战。由于费迪南亲王兵力有限，很快就被法军打垮了。但费迪南亲王仍不服输，亲自参加肉搏战，一位法军下级军官大声喝道:“上校，投降吧，否则就叫你去见上帝！”费迪南亲王一声不吭，举刀便向这位军官砍去，然而这位军官正举刀迎战，他的刀尖刺进亲王的心脏，费迪南亲王当场毙命。

普军的初期失败，使得布伦瑞克大为惊慌。尤其是费迪南亲王的阵亡，更是给整个大军笼罩上了一片愁云。这时布伦瑞克猛然发现自己犯了一个严重错误：向符兹堡前进恰好使自己的左面和后方暴露在法军优势兵力之下。于是,他决定立即退到马格德堡和易北河谷,以便掩护其与柏林之间的交通线。右边的吕歇尔军团也奉命退回魏玛，霍恩洛厄军则奉命将兵力集中在耶拿以西的高原上以保护左翼。

10月11日，苏尔特的右翼纵队已经到达皮劳恩，贝尔纳多特的中央纵队也到达了奥马之北，左翼的拉纳也已进入萨尔费尔德。12日凌晨4时，拿破仑向拉纳发出指示：“所有截获的文件都显示敌人已经丧失其首脑。他们昼夜高谈，但不知如何决定。你应能明了我军正在集中，我要切断他们到柏林的道路。现在遇到敌人就是要猛攻，以求将其各个击破，而不让他们集中。”

同时，他又给缪拉下命令说：“午前我将赶到吉拉。你知道我还在包围敌人，但我必须要看到有关其意图的情报。在前进时，你要勇敢地攻击一切敌人，达武元帅正在把他所有的骑兵直接送往瑙姆堡。凭着你的骑兵你应该能横扫整个莱比锡平原。”

拿破仑此时对这场战役的胜利充满信心，他写信给塔列朗说：“情况发展完全和我两个月前在巴黎所预想的一样，我从来没有错过，一切都使我确信普鲁士人绝无幸免的机会。因为他们的将领在军事上完全是个白痴。”

13日上午9时，苏尔特、奥热罗、内伊、拉纳四军奉命集结兵力于耶拿，准备渡过萨勒河，前去攻击正集中在魏玛和爱尔福特之间的普军主力。同时，拿破仑命贝尔纳多特军团和达武军团在听到耶拿的炮声后，立即攻击普军左翼。

13日夜间，大雾笼罩着萨勒河谷及其四周的高地，法军借助浓雾，整夜沿着狭窄弯曲的小路调动兵力。

大战即将来临，普军的战守之策仍存分歧。一种意见认为普军应转进北方，另一种意见则认为应趁法军渡河之际发起进攻。军事会议在大本营开了9个小时，仍久议不决。在军情紧急之际开如此冗长的会议，不但丧失了宝贵的战机和时间，还使法军得以有更多的时间集结兵力，形成对耶拿的包围之势。而当普军得知要地瑙姆堡被法军达武军团占领后，顿时惊呆。布伦瑞克早无决战之意，便同意主力转向北方。普军临阵退却，无疑是怯敌逃跑，这使普军本来就不甚明确统一的作战计划更加混乱，士气极为低落。

10月14日拂晓，天气异常寒冷，晨雾越来越浓，拿破仑由一群侍卫簇拥着，骑着马来到部队中间，检查战斗前的准备情况。6时许，拿破仑下令攻击，法军趁着浓雾前进，拿破仑万万没想到此时他们面对的只是担任后卫的霍恩洛厄军团，普军主力早已悄悄北退了。战斗一开始，法军就占了上风，霍恩

1806年10月14日，拿破仑（中）骑马检阅即将出击的法军禁卫步兵

洛厄的几个师被打得落花流水。拉纳军团继续攻击前进，霍恩洛厄军团两万人排成密集的横队，向拉纳军团发起猛烈攻击，拉纳迅速命令部队分散掩护。于是，军事史上最惨烈的战役出现了：一个极为壮观的步兵阵线，在整整两个钟头内，站立在开阔地带上，任法军无情地进行火力扫射，而毫无还手之力，因为他们根本找不到还击的目标。在这场战役中普军死伤殆尽。

霍恩洛厄见情势危急，急派人向在魏玛的吕歇尔军求援。吕歇尔军距此地仅10千米，但迟迟不至，萨克森师也未能及时投入战斗。与此同时，法国却是援兵迭至。10时左右，浓雾消散了，和煦的阳光照耀着威武雄壮的法国部队，普军在法军的打击下，已奄奄一息。霍恩洛厄见形势不妙，决定不顾一切，把所有的预备队都投入到了这场战斗中，企图坚持到吕歇尔援军的到来。

中午12时左右，拿破仑认为发起最后攻击的时刻到了，立即投入全部兵力，向已动摇的普军猛扑过去。普军抵挡不住，沿着山坡溃逃，法军乘胜追击，普军死伤无数，扼守魏玛公路的三个萨克森师全被围歼。

这时，霍恩洛厄还抱着最后一丝希望，就是盼望吕歇尔的援军马上到来。可是直到下午 2 时，吕歇尔的先头部队才与法军相遇。普军排着整齐的队形，迈着稳健的方步，刚刚靠近法军，还没来得及摆开战斗架势，便被蜂拥而至的法军打得无法招架。15 分钟内，普军损失了一半以上的兵力，幸存的普军纷纷掉头朝魏玛方向猛逃。在法军骑兵的追击之下，吕歇尔身负重伤，险些丧命。

下午 4 时，法军排成纵队追击普军的残兵败将。他们如秋风扫落叶般横扫着一切，不抓俘虏，不听求饶，见普军就杀，逃跑的普军大都成了法军的刀下之鬼。夜幕降临时，追至魏玛的法军伴随着一片胜利的欢呼声返回了耶拿城。到此时为止，拿破仑仍然认为他所击败的是普军主力。

拿破仑回到耶拿城时，第三军一个名叫托布里安的上尉已在那里等候多时。这位上尉向拿破仑报告说：第三军在奥尔斯塔特击败了由布伦瑞克指挥的普军主力 5 万人，普鲁士国王和他的大本营也包括在内。拿破仑简直不敢相信自己的耳朵，他大声地对托布里安说："你们元帅把一个人当成两个人了吧！"可事实的确如此，托布里安的报告千真万确。

原来，已占领了瑙姆堡的达武军团接到拿破仑的命令，迅速向耶拿进发，在抵达奥尔斯塔特东北的汉森豪森村时，在浓雾之中正好遇上普军主力。虽然普军兵力占压倒性优势，但由于普军拘泥于横队密集型的"线式战术"，呆板的方阵很快就受到了法军灵活机动的火力杀伤。普军总司令布伦瑞克见法军火力凶猛，便亲率一团榴弹兵冲锋，不想被弹丸击中双眼，造成致命重伤，被抬下战场。普军面临群龙无首的战局，各师各自为战，很快就使部队处于不利地位，普王只得下令向魏玛方向撤退，准备与霍恩洛厄和吕歇尔两军会合，明日再战。

普王撤退途中，正好与耶拿战场的残兵败将迎头相遇，他不禁仰天长叹道："一切都完了！"两股败军合在一起，形成一群混乱的人群，拼命地向魏玛方向逃跑。法军骑兵在后面紧紧追赶，战刀在败兵耳边呼呼作响，普军个个惊恐万状。路易莎王后，这位不久前还在疆场上鼓舞士气的巾帼英雄，这时也骑着马落荒而逃。两名法军骑兵举着马刀紧跟其后，王后吓得魂不附体。好不容易来到魏玛城门前，一支强大的法国龙骑兵又向她疾驰而来。王后见势不妙，不顾一切地冲进城去，城门关上后，王后才捡了一条命。

原想狠狠教训一下科西嘉穷小子的普鲁士国王，在战斗打响后一周就遭到彻底失败。特别是 10 月 14 日这一天，法军一下子取得了耶拿和奥尔斯塔特两大战役的胜利，普军几乎全军覆没。拿破仑对部下的英勇表现非常满意，对达武以两万人的劣势兵力打败 5 万人的普军主力更是称赞不已。

普军在继续溃退，拿破仑分析普军的自然退却方向为马格德堡。于是，10 月 15 日，法军兵分三路，开始了战史上著名的大追击。普军在溃退过程中，人数一天比一天减少，军队中绝望和惊恐的心情一天比一天加重。16 日清晨，普军败退部队指挥官美伦多夫在爱尔福特率军万人向缪拉投降。普王害怕法军右路追击部队的攻击，不敢回柏林，而是东向俄国求援。10 月 20 日，霍恩洛厄避开法军，将各军团近 4 万名残兵聚集起来，困守马格德堡。这些残兵个个赤手空拳，垂头丧气，霍恩洛厄认为这支队伍难以守住马格德堡，于是自率 2.4 万人分三路退往斯德丁堡。10 月 28 日，霍恩洛厄在普伦茨劳被缪拉军团围住，不得不率军万人、马 1800 匹、炮 64 门投降法军。

就在霍恩洛厄投降的前一天，拿破仑率领 4 位元帅、骑兵、掷弹兵、禁卫轻骑兵得意扬扬地进入了柏林。柏林市民怀着恐惧和尊敬的心情迎接了拿破仑，表现出绝对的服从。拿破仑下令让所有商店继续营业，人民生活照常进行。拿破仑来到柏林市中心广场，在这里竖立着腓特烈大帝的半身塑像。拿破仑压低剑头，率先脱帽向腓特烈大帝致敬，随从的军官纷纷效仿。

拿破仑进驻柏林后，命令部队继续追击普军的残余部队。这时，吕歇尔和魏玛公爵又从四散逃命的败兵中集合了两万多人，向北逃去。逃亡路上又受到贝尔纳多特、苏尔特和缪拉三位元帅的猛烈追击。在法军严厉的追击下，普鲁士到处笼罩着绝望和沮丧的气息，许多强大的城堡不加任何抵抗就乖乖

1806 年 10 月 27 日，拿破仑率军进入柏林，背景即为著名的勃兰登堡门

地投降了。11 月 8 日，在普鲁士的战役全部结束，几乎所有普鲁士城市都在法军当局的控制之下。

拿破仑从来没有像现在这样得意过。以腓特烈大帝的尚武精神培养起来的普鲁士军队，自诩为欧洲最强大的军队，眼下被他打得落花流水。在短短的一个月内，作为欧洲四大国之一的普鲁士消失了，整个欧洲为之震惊，德意志各小国更是惊恐万状，他们赶忙派人到波茨坦宫向拿破仑表示归顺。他们跪倒在拿破仑的面前，祈求宽恕和庇护，他们对他阿谀奉承，保证自己对他的忠诚之心。拿破仑陶醉在胜利之中，仿佛整个世界已踩在他的脚下。

普王没有料到他的各邦在这么短的时间里都落入了拿破仑之手，他很后悔发动这场战争。他致书拿破仑请求休战，拿破仑回复他说："太晚了！但是不要紧，我希望停止继续流血，准备听取不至于损害这个国家的荣誉和利益的任何条件。"他召来杜洛克将军，告诉他："代表我看望每个伤兵，发给他们需要的一切慰问品。然后去找普鲁士国王，如果他提出的建议合理就报告我。”

于是，普法双方开始谈判。拿破仑提出：将易北河以西的地区全部割让给法国；普鲁士赔偿法国军费一亿法郎；承认萨克森及易北河以西的德意志诸邦加入“莱茵联盟”；普鲁士将华沙、波森交还给法国等。后来又提出将但泽等 9 个要塞让给法国。尽管拿破仑提出的条件很苛刻，但因普军已溃散，普王只好在 11 月 6 日暂时接受了这些条件。

拿破仑被战争的胜利捧到了不可一世的位置，自我意志无限膨胀。谋求新的胜利、新的荣誉、新的权力、新的空间已成为他生命中不可缺少的一部分。接下来他决定要给英国以致命的打击。

1806 年 11 月 22 日，拿破仑已在柏林颁布了著名的“大陆封锁令”，强迫整个大陆屈从于自己的统治，外交大臣塔列朗被召到波茨坦宫谒见皇帝，皇帝命令他立即向一切附庸国发出“大陆封锁令”。这一法令一经宣布，英国各岛便处于被封锁状态，它禁止欧洲大陆各国同它们有任何通商往来；法国及其盟国军队不论在何处发现英国货物或臣民，将分别予以没收和监禁；任何违反此令的船只都将作为战利品加以扣留。总之，凡是法国势力所及之处，都不得同英国有任何交往，否则都将被认为是犯罪，是对拿破仑的背叛。显然，拿破仑要在经济上同英国进行一场殊死战。

欧洲以沉默的、恐惧的顺从态度接受了封锁法令。这一法令暂时斩断了英国和欧洲的联系，这对一直用别人的手组织一次又一次反法同盟的英国来说是一次极为沉重的打击。英国还从来没有同如此强大的对手较量过，它的英镑暂时失去了作用，它唆使别人为自己火中取栗的手段暂时失去了活动场所，英国第一次面临着欧洲大陆的挑战。这是一次殊死的搏斗，英国为了对抗法国，又一次去找他的盟友俄国，告诉亚历山大，如果他再恢复同拿破仑的斗争以拯救普鲁士，英国将给予他财政上的支持。英国也去找了奥地利，但奥地利仍对奥斯特利茨的惨败心有余悸，而且奥地利也极愿意看到普鲁士的毁灭，因为普鲁士没有参加 1805 年的第三次反法同盟。尽管奥地利还在犹豫不决，但在俄国，英国如愿以偿了。

11 月 21 日，普王在奥斯泰罗德召开御前会议，讨论和约之事。会上意见分歧极大，斯坦因、福克斯和贝米等重臣坚决反对这些丧权辱国的条约，而主和派豪格维茨等主张忍让。正在争论不休之时，传来消息说英国已说服俄国帮助普鲁士对抗法国，俄国部队已经在西进之中。普王精神为之一振，决定拿起武器再战，以雪亡国之耻。

法国派往各国的间谍很快将英俄谈判的情况报告给了拿破仑。拿破仑一面实施大陆封锁的各项措施，一面征召军队，准备将俄国军队消灭在西进途中。

俄国急于报奥斯特利茨失败之仇，15 万人的军队迅速开进波兰，气势汹汹地朝法军奔去。拿破仑也不示弱，立即发出向东挺进的命令，他要在即将到来的冬季给俄军以打击。他认为不能等到春天再行动，到时俄国人将会集中一支强大的兵力，而且奥地利也可能会加入他们的阵营。

与此同时，拿破仑还积极地开展外交活动。首先，他利用波兰人民的独立情绪建立了一支波兰军队。波兰在 1795 年第三次被奥地利、普鲁士和俄国瓜分后，人民一直渴望摆脱被压迫的困境，想结束国家被瓜分的局面。拿破仑为了取得波兰人的支持，保障未来作战中后方交通线的安全，同时也想在与沙俄的冲突中争取一个中间缓冲国，敏锐地抓住了有利的时机和条件，积极支持波兰人实现独立的愿望。他号召波兰人拿起武器，与法军并肩战斗，把瓜分者彻底打垮。波兰人积极响应了拿破仑的号召，迅速组织起一支 3 万人的部队，支持法军的行动。

拿破仑还煽动了俄国边境的土耳其和波斯两国的反俄情绪，煽动这两个国家在俄国南部边界制造了不少麻烦。他们出兵侵入了多瑙河下游，在高加索占领了沙俄的领土，迫使俄国抽出一部分军队越过普鲁特河，去回击土耳其和波斯。这样，拿破仑可以扎扎实实地进行战争准备工作，沙皇却要分散精力，陷入了拿破仑为他准备的两面作战的圈套。

拿破仑以其惊人的旺盛精力和广泛的活动才能完成了这一系列准备工作，

立即开始了他的军事行动。1806 年 11 月，法军开进波兰，受到波兰人民的热烈欢迎。11 月末，拿破仑得到消息说，俄军的先头部队已经进了华沙，他命令缪拉和达武立即前往迎敌。

拿破仑的大本营设在波茨坦，波兰贵族纷纷派代表团来到这里，恳求拿破仑重建独立的波兰王国。拿破仑出于多方考虑，虽表示支持波兰人的独立，但没有做出任何重建波兰为独立国家的实质性行动。他知道一旦他立即采取行动重建波兰为独立国家，奥地利会因为失去波兰这样一个富庶而重要的省区而重上战场，俄国人也会因为失去波兰领土而做殊死的战斗，这与俄国仅仅为履行作为普国盟国的义务而出兵对战法国是不同的。那时，法国军队面临的敌人力量将是强大的。

缪拉奉命率 6.6 万名士兵前去占领华沙和普罗次克之间的维斯瓦河一线。面对法军的推进，俄军的前卫指挥本尼格森决定放弃华沙，向北撤退到纳雷夫河上，以待后续部队的到来。12 月 19 日，拿破仑把他的大本营由波茨坦迁至华沙。23 日，他将法军分成左、中、右三路，准备渡过维斯瓦河，向俄军发起全面进攻。

12 月 26 日，法军右翼拉纳军团对普乌土斯克的本尼格森阵地发起猛烈攻击，没想到俄军炮火十分强劲，拉纳几次冲锋均被击退，损失惨重。拿破仑又集中苏尔特、达武、奥热罗三个军团向坚守戈维明阵地的霍夫顿发起进攻，霍夫顿军同样进行了顽强抵抗。经过一天的激战，俄军被迫放弃阵地，向东北方向撤退。这天天气十分恶劣，时而下雨，时而飘雪，纳雷夫河谷变成了沼泽地，泥泞不堪，有些地方的淤泥甚至达到人陷过膝、马陷过腹、车陷过轴的程度，俄军在放弃了所有火炮的情况下才得以撤离。法军因损失较大以及道路难行，故而放弃追击。

面对恶劣的天气及各种必需品奇缺的状况，法军已不像往常那样热情高涨，而是口出怨言，士气颓丧。当拿破仑骑马经过部队时，再也听不到“皇帝万岁”的欢呼声，听到的只有长途行军后的痛苦呻吟。北方的严冬、路面的泥泞以及士气低落使得拿破仑认为继续作战已不可能，他决定让军队就地宿营过冬，以待来年春季采取行动。

俄军退到了纳雷夫河上游的沃姆日阿及其以北地区。由于卡门斯基年老体弱，指挥作战上力不从心，在前次作战中远远落在战场后面，沙皇只好免去了他的职务，命令本尼格森接任俄军总司令一职。本尼格森见法军停止军事行动，也让俄军宿营过冬。

这时，一个意外事件打破了拿破仑的冬营计划。内伊的第六军宿营在沃斯特鲁达地区，由于此地人烟稀少，难以满足部队就地补给的需要，内伊擅自决定，派出一支部队向北面较为富饶的地区进行一次突袭，以取得更多的给养。内伊的鲁莽行动给本尼格森造成一种错觉，以为法军又开始了作战行动。于是，本尼格森立即率领6.3万人反攻到莫龙格地区。这一突如其来的反击，严重地威胁到了法军左翼和托伦这个前进补给基地的安全。1月25日，贝尔纳多特的第一军向莫龙格开进，挡住了俄军的进攻。

拿破仑对内伊的鲁莽行动极为恼怒。因为此时开战，对法军非常不利。可事实既已如此，拿破仑只得迅速做出作战对策。1月29日，他命贝尔纳多特军实施机动防御，采取诱敌深入的手法，且战且退，把俄军引诱到维斯瓦河一线，其余兵力则向敌方后侧实施大迂回，切断敌军退路，然后加以合围歼灭。贝尔蒂埃立即派人将皇帝的命令传达给各军。法军开始顶着鹅毛大雪飞速行军，拿破仑的大本营也以惊人的速度迁移着。2月3日，各军都到达了预定的集结位置，准备对俄军发起攻击。

就在这时，贝尔蒂埃派出去的信使被哥萨克骑兵抓获，拿破仑的作战计划暴露无遗，本尼格森立即意识到自己的处境十分危险，于是当机立断，迅速率领部队朝东北方向的哥尼萨堡撤退。拿破仑见敌军想溜，立即对部队下令向北追击，贝尔纳多特因未接到拿破仑的命令，留在原地没有行动。

2月7日，由缪拉的骑兵和苏尔特的第四军组成的前卫在艾劳城追上了俄军后卫，苏尔特军迅速迂回到俄军后卫的左翼，俄军后卫见势不妙，趁黑夜放弃艾劳，退回到主力所据守的阵地——艾劳东面的山脊上。这时，拿破仑的大军都已赶到此地。

2月8日清晨，炮声隆隆，战斗打响了。奥热罗率军勇猛地向敌人的阵地冲去，突然间风雪大作，法军几乎睁不开眼睛，根本找不到射击的目标。而此时的俄军正处于顺风位置，他们把火炮架在山冈上，居高临下地对风雪中迷失方向的法军实施猛烈轰击，法军士兵一批批地倒下，奥热罗也受了轻伤，这支部队不得不败下阵来，俄军的哥萨克骑兵团乘势收复了艾劳城。拿破仑见此情景，亲自率领军队向敌人展开进攻。

这是一场名副其实的血战。由于天气恶劣，双方打的是一场硬拼仗，往来厮杀，激烈搏斗，尸横遍野。这时，拿破仑意识到要让士兵在俄军猛烈的炮火下奋勇作战，毫不退却，他本人的行动将是关键。于是，在洛迪桥和阿尔科拉桥战斗中出现的那一幕重现了：拿破仑在连续好几个小时的激烈战斗中，始终站在战斗的最前沿，俄军炮弹打断的树枝不断地落在他的头上，有次他竟差点儿被附近的炮弹炸死，但他毫不畏惧。贝尔蒂埃下令备马，让他尽快撤离这个死神地带，却被他拒绝了。他站在那里一动不动，冷静地发出一道又一道新的命令，还不时发出“好勇敢啊！”的叫喊声。他身边的禁卫军换了一批又一批，脚下躺满了军官和士兵的尸体，但他始终站在那里没有移动过。拿破仑的勇气鼓舞着他的大军，英勇的奥普尔将军率领一个团队冒着敌军的炮火，勇猛地插入敌军阵地，哥萨克士兵开枪扫射，把他们打得血肉横飞，死里逃生的只有18人，奥普尔将军身中数弹，当场阵亡。法军一批批地倒下，新的军队又不断地补充上去，拿破仑依然站在他们中间巍然不动，与敌人展开殊死搏斗。

战斗进行了一整天，双方损失极其惨重，拿破仑与本尼格森都有些吃不住劲儿了，士兵们也已达到了精疲力竭的地步。正在这关键时刻，达武军克服风雪阻挠，成功地迂回到敌军左翼。俄军受到夹击，防线开始动摇。夜幕低垂时，本尼格森终于坚持不住了，率领全军向哥尼萨堡撤退。

由于损失惨重和天气恶劣，法军已无力实施有效的追击，只是在第二天由缪拉率领少数骑兵象征性地追赶一段。艾劳一战是拿破仑自指挥作战以来士兵流血牺牲人数最多的一次战役。8 万人的法军参战，损失了 1.5 万人。俄军损失更为严重，7.3 万人中损失了 1.8 万人。虽然法军最终成为战场的主人，但拿破仑心里很清楚，本尼格森并没有真正被打败，他还保持着威力强大的、十分善战的军队。

艾劳之战后，医院里住满了伤员。战场四周好几公里以内的空气里都充满着尸体腐烂的臭味，病菌也迅速传播开来。拿破仑决定离开这个地方，他将法军向西南撤了几十千米，准备在帕萨格河西岸休整、补充，宿营过冬。

大批法军远离本国几千里，既缺乏粮食，也没有过冬的装备，伤病员充满医院，还需要大量补充新兵。拿破仑骑着马，踏着泥泞的道路，到医院里慰问伤病员，到部队中与士兵谈话，他总是尽最大努力解决一切困难。为了激励艰苦环境中的士兵，拿破仑没有到奢华的华沙宫去舒服地过冬，而是留在前线与士兵同甘共苦。

为了准备来年春天的战争，拿破仑撤销了艾劳战役中损失严重的第普军，提前征召了 1808 年度的 8 万名新兵，把其中 2.5 万人补充到前线各军。同时，积极采取外交手腕，诱使土耳其对俄国采取更有力的进攻行动，迫使沙皇亚历山大一世把更多的部队调到同土耳其军队作战的前线。拿破仑还向波斯派去了一个使团，希望波斯军队能在俄国东部各省区给俄军以打击。西班牙也接到了拿破仑的一份文件，文件要求西班牙支援法军 1.5 万人，西班牙国王不敢稍作迟疑，立即将 1.5 万人送到了拿破仑军中。拿破仑还签订了不少条约，根据这些条约，法军中又补充了不少德国人、意大利人和荷兰人。

这几个月强制性的军事沉寂，是拿破仑活动最紧张的时期，他以其旺盛的精力和坚强的意志解决了各式各样的问题。几乎每隔三四天，就有来自巴黎、阿姆斯特丹、米兰、那不勒斯和柏林的信使求见。他们带来大臣们的奏折及元帅和地方长官的战斗报告，请求拿破仑审阅，然后再带走拿破仑做出的最后批示。拿破仑有时住在谷仓里，有时住在农舍中，不知疲倦地阅读文件、口述命令和批复。在一天当中，他草拟了关于加强关税检查的命令，签署并修改了为军官儿女设立学校的章程；申斥了自己的弟弟、荷兰国王路易；命令巴伐利亚国王加强在提罗尔的监督。他还注意到了文学方面，他对《法兰西水星》杂志上的文学观点十分气愤，命人立即改变这个杂志的全部文学见解，顺便挑选新的编辑，让新的编辑放聪明些。他也熟悉里昂丝业的生产情况，也知道巴黎国家剧院的演员们为什么彼此钩心斗角。他命令把斯塔埃尔夫人赶出巴黎，因为她具有自由主义的思想方式。他审查财政部的报表，发现了其中的错误和不准确的地方。他任免了意大利的官吏，发出关于密切注意奥地利及其军事准备活动的指令，还规定了要在普鲁士城市和乡村进行人口调查。

如此纷繁复杂的事情，都被拿破仑迅速而明确地解决了。人们对他的工作狂热态度感到惊讶。他可以几天不睡觉，毫不倦怠地拟订着各种政策和计划，有人曾这样评价他：他的毅力远比他的智力更可怕。

5月初，随着天气转暖，拿破仑命令前线各军开始集中，充分做好战斗准备。6月5日，俄军巴格拉季昂部首先发起进攻，直逼内伊的第六军，因为此军离俄军驻地最近。由于兵力悬殊，内伊且战且退。拿破仑本打算6月10日向俄军展开进攻。现在，敌人突然进攻，拿破仑也不慌张，他立即草拟了一个新的计划，命第一、三、四、八军和第五军迅速发动反攻，俄军在法军来势凶猛的打击下，被迫退进海尔斯堡要塞。

海尔斯堡深沟高垒，是普鲁士多年经营的重点要塞之一。6月10日，双方在海尔斯堡展开了一场激烈的战斗。法军连续攻打一天，未能取胜，而且伤亡惨重。俄军经过一天的顽强抵抗，也已筋疲力尽。正在这关键时刻，法第三、四两军从俄军右翼向其侧后迂回，准备切断要塞守军与哥尼萨堡的联系。要塞中的俄军惊慌失措，主动放弃海尔斯堡，朝哥尼萨堡退却。

6月12日法军转入追击。拿破仑决心在敌人进入哥尼萨堡要塞之前，拿下普鲁士这个最后的据点。双方军队都在冒着大雨行军，为抢先到达目的地进行了一场意志和耐力的竞争。

6月14日凌晨3时,法军第五军赶到弗里德兰。这时,俄军也已到达城里,正准备利用阿勒河上的唯一一座桥梁渡河。拉纳立即命令已到达的部队就地展开,抢占有利地形,架好火炮,进行射击,以阻止敌军的渡河行动。拉纳以一万人的兵力顽强地抗击着俄军5万人,俄军欲进无路,欲罢不能。战斗从凌晨一直打到下午5时,每个法军都在咬紧牙关,坚持到生命的最后一分钟。就在这时,拿破仑率领着第六、第八、第一军和禁卫军赶到了,疲惫不堪的拉纳军欢呼雀跃起来。这一天正好是马伦戈会战七周年的纪念日,拿破仑向欢呼的士兵高声说:“今天是大吉大利的日子,是马伦戈大捷的纪念日,俄军将在这一天重蹈奥军的覆辙。”法军士气立即激昂起来。

拿破仑随后对战场进行了一番勘察,他发现俄军犯了一个致命的错误:俄军急于渡河,5万人全部集中在狭窄的阿勒河湾,而背后只有一座桥梁。于是,拿破仑一面将法军分成三路前去包围弗里德兰阵地,一面集中炮火向俄军猛射。拿破仑亲赴战场指挥战斗。俄军非常勇敢地进行自卫,俄军炮弹不断落入法军阵地。有一次,炮弹从拿破仑头上飞过,与他站在一起的一个士兵慌忙地趴在地上,拿破仑对这位惊慌失措的士兵说:“如果这颗炮弹是命定要击中你的,你就是躲到地底下100英尺,它也会找到你的。”

尽管俄军十分顽强,但指挥官的错误却把他们彻底毁了。面对猛烈的炮火和不断包围上来的法军,俄军无路可逃,被挤压在三面环水的口袋里。数千门大炮隆隆吼叫,惊天动地,俄军唯一的生路——大桥被轰断了,俄军精疲力竭,无法继续抵抗,只得跳入阿勒河中,溺死者无数,幸存者向北仓皇逃去。

与此同时,苏尔特元帅率军朝哥尼萨堡加速前进,很快就成了哥尼萨堡的主人。溃败的俄军再也不能进入哥尼萨堡,只得继续逃跑,犹如决堤的河水,一泻不可阻遏。他们渡过普雷格河,还是一步不停地向北败逃,直到跨过涅曼河为止。

弗里德兰一战,俄军损失1.5人,其惨状丝毫不亚于奥斯特利茨的情景。

俄军已经丧失了再战的信心，6月19日傍晚，在涅曼河南岸的法军前哨阵地上，俄军巴格拉季昂部的一位军官举着白旗，送来了总司令本尼格森请求休战的公函，拿破仑立即表示同意。

法军已经打到了俄国的大门口，亚历山大的心情比奥斯特利茨战斗之后的心情还要糟。此时的亚历山大与以前那个疯狂的亚历山大判若两人，战争使他乖巧起来。为了本国利益，他可以抛弃普鲁士，甚至可以和自己的敌人站在一起。所以，当本尼格森请求亚历山大同意签订和约时，亚历山大便立即应允了。

6月22日，亚历山大派洛巴诺夫公爵去见拿破仑，拿破仑在提尔西特的行宫里接见了这位公爵。在同洛巴诺夫谈话时，拿破仑走到一张地图前，指着维斯瓦河说："这就是两个帝国的边界，在边界的一边应该由你的君主统治，另一边则由我统治。"洛巴诺夫立刻心领神会：拿破仑已打算把普鲁士消灭掉，而且还要瓜分波兰。

亚历山大待在沙弗里，忐忑不安地等待着洛巴诺夫公爵的消息。在沙皇周围，聚集着许多宫廷人员，他们个个都像秋天里的树叶似的瑟瑟发抖，生怕拿破仑的先头部队会攻来。不久，洛巴诺夫公爵带回了消息：拿破仑同意停战和签订和约。整个宫廷欣喜若狂。亚历山大马上命人告诉法国皇帝，他热切地希望同拿破仑订立亲密的联盟，并且只有法俄联盟才能给全世界带来幸福与和平。最后，他还通知说，他想亲自会见法国皇帝。

1807年6月25日下午2时，两国皇帝举行了第一次会见。在礼炮的轰鸣声中，两国皇帝同时出现在岸边。霎时，热情的欢呼声和叫喊声震耳欲聋。两国皇帝本该同时上船，但拿破仑抢先一步进入房间，他打开房间的另一扇门，站在木筏边，迎接亚历山大皇帝。两国皇帝进行了热情的拥抱。随后，屏退左右，进入房间，两人开始了长谈。双方都表现出亲善和信任的表情，人们已看不出这两个人曾是多年针锋相对的敌人和对手，人们觉得他们倒像是游乐会上相逢的老朋友。

拿破仑与亚历山大长达两个小时的会晤急坏了等在涅曼河岸边的一个人，那就是普鲁士国王弗里德里希·威廉。战斗已停，国土被占，威廉显得万分伤感，他唯一的希望寄托在了战胜者的宽宏大量上。他等在岸边，希望拿破仑也召他去，可是一直没有。直到第二天，拿破仑才接见了他，并且是以十分鄙视的态度对待他的。此后，拿破仑与亚历山大几乎天天见面，他们轮番举行豪华宴会，一起骑马巡游和狩猎，根本不去理睬普鲁士国王。

经过两个星期的会谈，拿破仑于 1807 年 7 月 7 日和 7 月 9 日分别同俄国和普鲁士签订了《提尔西特和约》。和约内容对普鲁士极其苛刻。根据和约，普鲁士仅仅留下了“旧普鲁士”、波美拉尼亚、勃兰登堡和西里西亚四个省，其余领土均被割去。普鲁士的领土支离破碎，面积仅相当于萨克森王国。拿破仑在《提尔西特和约》第四条中还特别指出，他之所以归还上述四个省，是出于对俄国皇帝陛下的尊敬。普鲁士已失去了强国的地位，沦为德意志的一个小邦。和约还责成普鲁士将军队裁减到 4 万人，并偿付法国一亿法郎的赔款。在赔款未偿付前，法军驻扎在普鲁士境内。另外，普鲁士必须参加大陆封锁体系。

而和约对沙俄却是极其宽容的。俄国不仅没有失去领土，还得到前盟国普鲁士的波兰领土比亚威斯托克地区，并获得在瑞典和土耳其行动的权利。

法俄两国还签订了攻守同盟条约。两国保证在各个地方，在一切战争中，对一切国家都采取一致行动；保证为此而动用自己的全部兵力；保证不单独进行停战和谈。条约规定：如果英国不接受俄国的调停，或者在 1807 年 11 月 1 日前不同意在承认海上自由和退还它在 1805 年后所夺取的土地的基础上签订和约，则俄国应断绝同英国的外交关系，并参与大陆封锁体系。此外，俄国有义务建议奥地利、瑞典、葡萄牙、丹麦四国加入对英战争。如果其中一国拒绝，则俄国将对该国宣战。拿破仑也向俄国保证：一旦土耳其拒绝停战或满三个月后俄土谈判没有取得满意的结果，法国将和俄国一起对土耳其采取行动。

《提尔西特和约》的签订，宣告了第四次反法同盟的彻底失败。

1807年7月27日，拿破仑回到巴黎。8月15日，拿破仑为庆祝凯旋和欢迎大军而举行了盛大的庆祝活动。法国人民以为大陆和平从此有了保障，个个欣喜若狂。人们发自内心地欢迎着这位带来和平的领袖，兴奋地称他为"大帝"，而拿破仑则像每次凯旋一样，神态平静地接受了民众狂热的欢呼。当然，此时的拿破仑是不会就此满足的，他那崇尚荣誉、崇尚权力的心理促使他去进行更大的"赌博"。

第十一章

异国的爱情

在波兰作战期间，拿破仑获得了一次全新的爱情生活。这次恋情不像从前那样充满激情，但却深深地影响了他的灵魂，影响了他的政治，影响了他的命运。约瑟芬的爱情曾经折磨他，使他暴躁、狂怒、嫉妒，而玛丽给他的爱情更成熟、更温柔，给他的肉体和精神以双重快慰。

在波兰作战期间，拿破仑获得了第二次爱情，这次恋情在思想上和感情上都发生了本质的变化。这一次不像年轻时代那样充满激情，相比之下显得更稳重、更隐秘，但却深深地影响了他的灵魂，影响了他的政治，影响了他的命运。

1807年1月1日，在去华沙的途中经过布洛尼驿站，拿破仑与迪罗克同乘一辆马车。当拿破仑作为一名打败奥地利、普鲁士、俄国的伟人来到华沙时，波兰人感到，这位年轻的法兰西皇帝给他们民族的独立带来了曙光，激动的民众拼命拥向马车，其中有两位妇人冒着被轧的危险，气喘吁吁地挥动手臂。迪罗克下了车，听到其中一位哀求道：

“啊！先生，助我一把，让我亲眼看一看他吧！”

她朝迪罗克抬起头，用她那双孩童般的大眼睛恳切地望着迪罗克，她头戴一顶黑色的皮帽，那金色的头发和苗条的身段，显得那样优美、纤弱，迪罗克从人群中挤过去，伸出胳膊，将她带到了马车旁。

“陛下，”他向倚在车门口的皇帝禀报说，“请看看这位不顾一切要见您一面的太太。”

拿破仑摘下帽子，刚说了几个字就被这位陌生的妇人打断了。只见她双眼射出欣喜的目光，合着双手，上气不接下气地高喊道：

“欢迎您，陛下！热烈欢迎您到这片英雄的土地，它正盼望着您，以便得到振兴！”

尽管急着要走，但拿破仑还是惊奇地凝视着她，他生来喜欢金发女郎，但从未见过这般迷人的女人，她那轻微的斯拉夫声调使他感到快乐。他顺手抓起一束途中送上车的鲜花，献给了这位女郎。

玛丽·瓦莱夫斯卡夫人，波兰女贵族。由于家族的安排，她不得不在 18 岁时嫁给了 70 多岁的安瑟尼斯·瓦莱斯基伯爵。在所有拿破仑的情人中，或许玛丽·瓦莱夫斯卡夫人是真正爱拿破仑的女人。她从未向拿破仑要过任何财产，在所有人都背叛拿破仑时，只有她仍然站在拿破仑身边。当拿破仑被流放厄尔巴岛时，她甚至亲自去陪伴他。1817 年，瓦莱夫斯卡夫人在嫁给了远房表亲德奥尔那诺伯爵后病死，临死前仍然不断念叨着拿破仑的名字

“收下吧，”他微笑着说，“收下吧，把它作为我的一片真心，但愿华沙再次相见。”车子很快启动了，皇帝在车门口挥动着帽子，向她告别。

这就是拿破仑和玛丽·瓦莱夫斯卡初次相遇的情景。玛丽生于拉辛斯卡一个古老而贫穷的家族，18 岁时听从父命，嫁给了阿纳斯塔兹·卡罗纳·瓦莱夫斯卡。此人是当地的一个城堡主，十分富有，家族显赫，但已上了年纪，因为两次丧妻而性情沉郁。在搬到华沙之前的整整三年中，他让玛丽守在死气沉沉的瓦勒维斯城堡中，为他做些文书之类的事。她后来得有一子，这个幼子成了她唯一的欢乐。她希望孩子长大后能在一个获得振兴的民族里当个自由人，因为不管怎么说，玛丽的爱国之心是高于一切的。当她对生活的种种幻想都一一破灭，并经历了一次又一次的失望之后，便把满腔的热情倾注在了不幸的、惨遭肢解的波兰身上。拿破仑取得的重大胜利激起了她心底的波澜，她想，只有像拿破仑这样的人才能把受了 11 年奴役的波兰人民解救出来，摆脱灭亡的境地。

当拿破仑冒着零下 20 度的严寒进入华沙时，在通往宫殿的街道两旁，家家户户的窗口挤满了不知从哪儿冒出来的女人，她们纷纷向他投去飞吻和鲜花。玛丽·瓦莱夫斯卡也站在她家的阳台上。拿破仑看见了她并一眼就认出了她，微笑着向她挥手致意。

迪罗克奉皇帝的圣旨，立刻去了解她的情况，并要求波兰临时政府首脑约瑟夫·波尼亚托夫斯基亲王邀她参加舞会。瓦莱夫斯卡夫人谢绝了邀请，亲王只好登门拜访，并用相当沉重的声调坚决地要求道：“请您立即更衣，说不定上天需要您来复兴祖国呢！”

玛丽还是不肯应邀，连她的丈夫也开始催促她赴约。瓦莱夫斯卡伯爵并不知道妻子和拿破仑在布洛尼见过面，因此对拿破仑的特殊关心没有生疑。玛丽在丈夫和亲王的再三劝说下只好让步，答应在为皇帝举行的晚会上露面。

在布拉查宫里，聚集了波兰的所有贵族。玛丽踏入宫殿后，无论走到哪里，哪里都会响起一片啧啧的赞美恭维声。她的服饰再简单不过了，白色的缎子裙，外着一件绣花罗纱衣。她没有佩戴任何首饰，只在那闪闪发亮的金发上插了一片爱神木叶，她刚一就座，波尼亚托夫斯基亲王便匆匆地来到她的座椅后，对她说："皇帝不止一次让人告诉他你丈夫的姓名。他见了瓦莱夫斯卡伯爵后，曾低声为你叹息：'不幸的牺牲品！'"

乐队很快停止了演奏，皇帝步入沙龙，他显得有些不安，甚至带有几分忧郁。他心不在焉地随便与别人介绍给他的男男女女说了几句，最后，他走到玛丽·瓦莱夫斯卡身边，她笔直地站在他面前，脸色苍白，眼帘低垂。他用低沉的声音说道："太太，白衣服配白脸不太合适。"

见她不肯答话，他便压低了声音说道："这可不是我期待的欢迎……"

她仍不作声。他久久地凝视着她，直到不得不离开。

皇帝一走，玛丽四周马上簇拥过来许多人，有打听内情的，有表示亲热的，她急忙避开这些大献殷勤的贵族，令车夫马上送她回府。刚一回到府第，她便发现了一封书信，上面放着一束鲜花。信中写道：

"我眼里只有您，我只赞赏您，我只喜爱您。期待急速回话，以安慰我这颗难以平静的心。"

这些过分强烈的话语刺伤了她。拿破仑把她当成什么女人了？

然而，亲自送来书信的波尼亚托夫斯基亲王在门前等待着回音，瓦莱夫斯卡夫人只得遣侍女回话："决无回音。"

可第二天，年轻的妇人刚睡，便收到了第二封信。她没有打开，原封不动地让送信人把信拿回去。整整一个上午，门铃声响个不停。来访者络绎不绝，所有最具声望的贵族都来了，但都被玛丽拒绝了。她丈夫出面求情，要求她至少见见波兰的客人。他们请求她参加皇帝将光临的一个晚宴，她推托说犯了偏头疼。他们只得以威胁的口吻说道："鉴于民族目前正处于异常关键的时刻，一切都得让步，太太，我们希望您的病痛能在晚宴前消失，要是您不光临，那您只能被世人认为是一个不忠的波兰人。"

面对着一束束咄咄逼人的目光，可怜的玛丽只得从命。蒙在鼓里的丈夫把她送到了波尼亚托夫斯基亲王的情妇沃邦太太家，沃邦太太是法国人，负责给她介绍礼仪细节。这位旧贵族太太为担任这一角色而感到十分高兴，对玛丽极尽吹捧、赞美之能事。玛丽听着她念那封她曾拒绝启封的信：

“太太，难道我令您生厌？然而，我倒是一直希望能使您喜欢。莫非我想错了？您开始时的仰慕之情逐渐减弱，而我的爱怜之心却日益加深。您使我彻夜难眠！啊！请给这时刻准备献给您的可怜的心几分欢乐、几分幸福吧！为什么得到回话如此艰难？您该答复我的两次请求啊！”

她还看到了所有临时政府成员签名的一封请求书，恳求她不要辜负拿破仑的心愿：

“夫人，小事往往能辅大业。自古以来，女人都对世界政治有着巨大影响……倘若您是男子汉，您早就为了祖国崇高、正义的事业贡献出自己了。然而，您是妇人，您完全能够，也会不惜做出其他的牺牲，哪怕这种牺牲是艰难的。您难道认为爱丝苔尔是出于爱情才与国王阿苏埃鲁斯结合？他使她恐惧，他的目光曾使她昏倒在地，这一切不就证明了他们的结合毫无爱情可言？她是为了拯救她的民族而贡献了自己，她得到了拯救民族的光荣。但愿您能为了您的光荣和我们的幸福贡献自己！”

面对政要们这封非凡的请求书，这位无比爱国而又束手无策的年仅 20 岁的孤独女人脑海中会激起什么样的情感？他们把她看作英雄，向她断言，一个民族的不幸或幸福完全取决于她。她心慌意乱，不由自主地更衣打扮起来，准备去参加晚宴。因为他们对她说，只有她光临，皇帝才会光临。

拿破仑的心弦被玛丽的美貌所拨动，更为她的郁郁寡欢所牵引。波兰女郎在布洛尼表现出的激情早已不见，变得十分矜持，这使得拿破仑的欲望更加强烈，更加迫切。他习惯于别人轻易委身，因此，玛丽的不从反使他更加狂热，初遇时的想入非非由此而变成强烈的欲望，使他激动不已，难以自制。他的侍从曾这样写道：“舞会的第二天，他起床后坐立不安，走了又坐，坐了又走，我简直不知该怎么帮他整理衣冠。”

当玛丽步入沙龙，皇帝立刻走上前去，问道：“我听说夫人的身体不适，完全康复了吗？”

审慎的问话使玛丽放下心来，她连忙表示感谢。宾客一一入座。玛丽坐在迪罗克身旁，正面正好对着皇帝，她心里怦怦直跳，不安地倾听着拿破仑同别人谈论波兰，并询问波兰的历史，他的目光不时地落在她身上。突然，他向迪罗克打了个手势，大元帅马上询问玛丽是否还留着皇帝在布洛尼送给她的那束花，她回答说为儿子留下了那束花。

“啊，夫人，”迪罗克朝她倾去他那长着鬈发的脑袋，低声说，“请允许我们把更配得上您的鲜花献给您。”

“我只爱桂花。”她话中有话，生硬地答道。

一阵沉默过去，尴尬的迪罗克好不容易找到这样一句话：“那好，那我们就去您的家乡采摘桂花献给您。”

皇帝起身去沙龙饮咖啡。他再次走到玛丽身旁，朝她一笑，碰了碰她的手，低声道：

“啊，如此温柔，如此含情脉脉的目光，还有这善良的神色，决不会存心折磨人，其心扉定会敞开，不然，准是个世间最卖俏、最残酷的女人。”

她没有回答。她又能回答什么呢？拿破仑走后，大部分宾客也都跟着走了。玛丽回到沃邦太太家，波兰贵族又设法让她违心地与迪罗克单独见了一面。迪罗克恭敬、殷勤地向她诉说皇帝的忧愁和他那紧张的生活，企图打动她的心：“您难道忍心拒绝一个从未遭受过拒绝的人的要求？啊！他的荣耀笼罩着悲伤，只有您才能为他带去幸福，消除忧伤。”

她心烦意乱，禁不住哭泣起来。迪罗克只得告辞，行前把一封信放在她的膝盖上。她不愿打开，别人替她拆了信，念给她听：

“有时，我感到占据我心头的是过分高贵的情感。如何才能满足这颗心的需要呢？有时，它恨不得马上拜倒在您的脚下，然而，崇高的敬意以其无比的力量阻挡了这颗心，控制了最为强烈的欲望。啊！倘若您愿意……唯有您才能排除把我们隔离的障碍。我的挚友迪罗克将会给您提供有关方便。啊！来吧！来吧！您的任何愿望都会得到满足。只要您怜悯我这颗可怜的心，我对您的祖国一定加倍热爱。”

玛丽·瓦莱夫斯卡还想继续反抗。可是，她耳边充满了各种声音，不厌其烦地对她说，祖国的命运取决于她。最后，她不得不让步说：“你们要我怎么办就怎么办吧。”

人们让她独自一人待在房中，关门闭户。她感到心寒，觉得悲痛。有时，她走到窗前，贴在玻璃窗后，置身这间昏暗的房间，望着欢庆的沙龙，望着映着火把的光辉而载歌载舞的波兰人民。

有人敲门。一个男人进了房间，也许是个女人，她不知道。她的头晕得几乎旋转起来。有人给她穿上大衣，拉着她的手领她下楼并上了一辆马车。不知走了多久，她被人领着走进一个饰满油画的长廊，继而进入了一个房间。她不由自主地坐在一把椅子上，有人跪倒在她面前，吻着她的手，这个人就是拿破仑。

皇帝用悦耳的声音跟她说话，可她一句也没听进去。突然，他紧紧抱住她，冷不防吻了她的唇，她马上跳了起来，向门口跑去。拿破仑抢先一步到了门口，几乎抱着她回到了座椅。

这一反抗意味着什么？他确实没料到她会这样。他不知道是别人逼她来幽会的。这位波兰女子莫非是个狡猾的人，故意横下一条心，装作拒绝自己？然而，在她那苍白的脸上流淌的泪花，那抽抽搭搭的孩童般的哭泣声是那么纯洁，他不禁起了怜悯之心。拿破仑愈来愈温柔，俨然一位慈父。他问她出生于什么样的家庭，在什么地方长大，为何嫁给一个老头子。她开始闭口不答，后来慢慢静了下来，含糊不清地答几句，她那生活的空虚可想而知了。

“地上结成的姻缘只有在天上才能了结。”她叹息道。

他笑了起来，但她仍在哭泣。接着，他谈起了自己，她静静倾听着。时间在一点点地流逝，这时有人来敲门，迪罗克走了进来。

“怎么，时间已经到了？”拿破仑道，“那么，我的温柔又悲哀的鸽子，请擦干泪水，去休息吧。以后别怕雄鹰，它对你只有充满力量的狂热的爱。它的爱情首先是为了得到你的心。你总有一天会爱上它的，因为它将是你的一切，你听见了吗？”

他给她穿上大衣，披上头巾，待她答应次日再来才让她走。

这时，她的心已然平静下来。她是否相信皇帝只满足于一种温情？他的关怀触动了她那仅剩一点儿的女人的虚荣心。她感觉疲累至极，很快就昏昏入睡了。

玛丽一觉醒来，有人送来一束桂花，里面还有几朵珍奇罕见的鲜花，此外还有两盒首饰，一封信：

“玛丽，温柔的玛丽，我首先想到的是你，我第一个愿望是见到你，你会来的，是吗？你已经答应过我。不然，雄鹰会飞到你身边的！我的挚友说，我将在晚餐时与你相见，请接受这束鲜花吧，但愿它成为一条神秘的纽带，在我们周围的人中间，连接起来我们隐秘的关系。我们完全可以在众目睽睽之下沟通我们的心。当你把手放在我的心上时，你会感觉到这颗心只想到你，你也会用手抚摸一下那束鲜花，以报答我的这颗心！可爱的玛丽，请爱我吧，但愿你的手永远不要离开那束鲜花！”

首饰盒里摆着一串宝石和一串钻石，怒火不禁又袭上了玛丽·瓦莱夫斯卡的心头，皇帝难道是要用这些东西来收买她？

众人忙围着她，尽量平息她的怒火。她差人把首饰退还给迪罗克元帅，在当天的一次招待会上，大元帅与她相遇，轻轻责备了她几句。她回答说，她决不接受拿破仑的任何馈赠，她期待从他身上得到的，不是钻石而是复兴祖国的希望。

玛丽·瓦莱夫斯卡曾一度想离家出走。她把几件衣服装进手提箱，接着坐在写字台前，给丈夫写了一封告别信。突然，她的思想又出现了矛盾，她能当逃兵吗？她有权背叛一直梦想实现的事业吗？与波兰人的义务相比，夫人的义务算得了什么？她的内心进行了长久而痛苦的斗争，最后终于改变了主意……晚上，她又让人领到了大宫殿，皇帝显得有些不满，有些忧郁。

“您终于来了！”拿破仑表示欢迎道，“我还以为再也见不到您了呢。”

他让玛丽坐下，自己却站着，对她大加责备。她当初为何要在布洛尼主动见他？她为何显得接受了他的敬意？她又为何拒收他的馈赠？她是否在玩弄他？他越说越难以自制，大声叹息道：“真是一位优秀的波兰女人！是您坚定了我对您的民族的看法。”

玛丽浑身颤抖，但凡一涉及自己的祖国，她马上变得勇敢起来，斗胆说道：“啊，陛下，您的这一看法，请说给我听听吧！”

他直抒己见，说波兰人生性骄傲、多变。他们可以充满激情，但却不能保持长久。激动、生硬的怒吼在空气中震荡，可怜的妇人一动不动、一声不吭，直到再也撑不住，昏了过去。

此后的日子里，玛丽除了拿破仑之外再也见不到其他人。她哭泣、哀求、冥思苦想。每天晚上，她单独与皇帝共进晚餐，每次都提醒皇帝别忘了他对自己立下的诺言，每次都为自己祖国的独立事业而辩护。她虽身受重辱，但她的心得到的唯一的慰藉是：拿破仑将复兴波兰，以偿还欠给她的债。

随着时间的推移，她和拿破仑之间渐渐产生了一种温情和友谊。她常与他争辩，一次又一次地向他指出，他对波兰的历史、生活和社会一无所知。他们两人的观点经常对立，但她毫不让步，最后让步的总是拿破仑。他抚摸着她的脸颊或捏着她的耳朵，对她重复道：“我亲爱的玛丽，你不愧是斯巴达人，你应该有个祖国……”

他对她爱得发狂，他请求她出席各种宴会。当时，战争正在准备阶段，但华沙却宴会不断。玛丽若不在场，皇帝就毫无兴致。

他们的周围，他的参谋部，那些波兰上流社会的人，无不暗暗支持他们的爱情生活。尽管她自己极力反对，但别人都把她当成了皇后。她谦让的态度和内心隐约可见的痛苦赢得了众人对她的赞誉。

皇帝与她几乎形影不离，除了在上午和贝尔蒂埃、马雷和萨瓦里共商大事，或在城堡的大院里检阅部队。此时玛丽透过房间的百叶窗可以看到接受检阅的将士。到了中午，皇帝和她共进午餐。

时光就这样缓慢、平静地流逝。她读书、绣花，拿破仑批阅内阁的报告、随手把案宗和文件扔在身边的地上。他越来越爱她，一刻也不能离开她。这不像在约瑟芬身边的爱情生活那么折磨他，使他暴躁、狂怒、嫉妒。玛丽给他的爱情更成熟、更温柔，给他的肉体和精神以双重快慰。玛丽现在也许还不爱他，但他往往能猜透她的心，他有时故意显得更加绝望，以打动这位女子的心，引来她那含情脉脉的目光。

就这样，几个星期过去了。其间，拿破仑几次离开城堡去前线阵地。他收到了路易和奥坦丝的儿子因急性喉炎不幸死亡的消息，他悲恸欲绝。他对这个孩子确实非常喜爱。可是，他知道命运是不可抗拒的。他痛苦地看到勇敢的战士和亲密的军官在他身边死去。生活就是这样，总是有着这样或那样的不如意。

当《提尔西特和约》签订后，玛丽·瓦莱夫斯卡大为失望。波兰只解放了一部分，还有一半的省份仍属于俄国和奥地利。玛丽深感痛心，在她赶到哥尼斯堡与拿破仑共度的三天里，拿破仑想方设法地安慰她，他请求她等待时机，相信他，不要遗弃他。她对他直言相告，她决不能去巴黎，她将到乡村的母亲家里隐居,等待更幸福的日子的到来。拿破仑苦苦哀求她说:“我知道，没有我，你完全能生活下去……我清楚，你的心不属于我……可你善良、温柔，你的心是那么高尚，那么体贴！你忍心让我失去每天在你身边度过的幸福时刻吗？只有你在我身边，我才可能感到幸福，然而别人还以为我是世界上最幸福的人。”

如此富有柔情蜜意的话语终于打动了玛丽的心，她答应他，只要他一回法国，就去他身边。

远在巴黎的约瑟芬，在凄切与无奈中度过了一天又一天。她虽然不能明确地知道拿破仑在波兰的一举一动，但她无一日不是在狐疑和猜忌中度过的。她身边的人也一直在告诫她:“波兰女人非常危险,你怎么能独自在这儿苦守呢?”

风韵犹存，但日见憔悴的约瑟芬明白自己对拿破仑已经丧失了吸引力，而她早年的放荡风骚更伤透了拿破仑的心，尤其是大权在握的法兰西皇帝现在王位已经稳固，已不需要她的社会地位来帮助他了，更何况拿破仑身边云集的附庸者常献给他一个又一个美女。因此约瑟芬对拿破仑的屡屡出轨已无可奈何，她所能做的也已经由痛哭打闹转为独自垂泪了。约瑟芬是个聪明的女人，她知道现在能拴住拿破仑的只剩下她屈辱温顺的忍让了。

女人灵敏的第六感使她对远在波兰的拿破仑放心不下，她想争取主动，给拿破仑写信要求去波兰相见，并告知她的相思之苦，但拿破仑却回信婉拒了她的要求。她不甘心地又写信给拿破仑要求相见，拿破仑又一次拒绝了她。

拿破仑在波兰，一心系在美丽、温柔的波兰美女玛丽身上，怎么能答应让约瑟芬来煞风景呢?

约瑟芬自然不敢违抗夫命，当她得知拿破仑与瓦莱夫斯卡的恋情后，在写给拿破仑的信中也不敢多加干涉，只是含沙射影地点了点，结果只得到拿破仑的莞尔一笑。

第十二章

新称霸计划

巴黎宫廷沉溺在奢华的生活中，人们天天在舞会和宴会上攀比着阔气。可就在这欢乐声达不到的内宫深处，他们的君主经常站在桌边，俯身查看伊比利亚半岛的地图。为了将英国完全封困住，这里是他必须征服的地方。他要成为全欧洲的主宰，现在剩下的唯一敌人就是英国。

《提尔西特和约》的签订，使拿破仑达到了欧洲历史上任何一位帝王从未达到的权力顶峰。1807 年 8 月 19 日，他取消了保民院，罪名是保民院中有一种扰乱法国安定的民主精神。拿破仑有权任命人数不超过 80 名的新元老，元老院已完全掌握在他的手中。他还撤消了外交大臣塔列朗的职务，表面是责备塔列朗贪财纳贿，而实际上是不能原谅他对自己表示过异议。于是，外交大臣便换成了唯命是从的康佩尼。当然，拿破仑在许多重大问题上还得请教前任外交大臣。

与此同时，拿破仑还规定了帝国的贵族制度，他的各级文武官员都享有贵族权利。拿破仑还慷慨地把宫殿、巨额年金和奖赏赐给他的元帅和高级官员，贵族长子继承制也在这一时期恢复了，这些新显贵逐渐腐化堕落，无止境地追求起奢侈浮华的宫廷生活来。

沉醉在巨大成功之中的拿破仑，把一切都不放在眼里，他深信自己在战略和谋略方面都是无懈可击的，他是欧洲最伟大的军人，他的大军团也是所向无敌的，任何高明的外交家都不够资格同他斗智。他觉得世界就像一副钢琴的键盘，他可以在上面随心所欲地弹奏狂想曲。他虽已成为欧洲大陆的独裁者，但这还远远不能满足他的狂妄野心，他要成为全欧洲的主宰。现在剩下的唯一敌人就是英国。

自从法国舰队在特拉法加海战中全军覆没后，拿破仑制伏英国的唯一希望就是依靠大陆封锁，从经济上困住英国。然而，有个地方让他放心不下，那就是伊比利亚半岛。伊比利亚半岛有漫长的海岸线，英国舰队完全控制了比斯开湾，控制了大西洋和地中海，而岛上的西班牙虽然是法国的同盟国，

随着《提尔西特和约》的签订，拿破仑登上了欧洲权力的巅峰，他个人的野心也急剧膨胀

但貌合神离，尤其在特拉法加海战后更是如此。岛上的葡萄牙人除了少数亲法外，大多数都站在英国一边。因此，在没有完全占领伊比利亚半岛前，要想让岛上的国家严格执行这个使本国经济遭受严重损害的大陆封锁政策简直是不可能的。他们虽然不容抗辩地接受了拿破仑的“大陆封锁法令”，但暗地里却对走私采取了默许和宽容的态度，有时甚至明目张胆地违抗拿破仑的命令。为了将英国完全封锁死，拿破仑决心征服伊比利亚半岛。作为征服的第一步，他命令普军军政部长在西班牙边界巴荣纳组成一个包括两万人和40门野炮的军团。

1807年秋天，巴黎宫廷沉溺在奢华的生活中，人们挥金如土，天天在舞会和宴会上攀比着阔气。可就在这欢乐声达不到的幽静的内宫深处，他们的君主经常站在桌边，俯身查看伊比利亚半岛的地图。

拿破仑心里很清楚，如果把战争扩展到伊比利亚半岛，就是犯了兵家大忌——两面作战，因为有迹象表明奥地利正梦想报复两年前的战败之耻。为了避免这种凶险，1807年8月12日，拿破仑新任的外交大臣康佩尼给奥地利驻巴黎大使梅特涅写了一封措辞慎重的信函，对奥地利准备战争的行动发出警告。他相信自己强大的实力足以震慑住奥地利。拿破仑的自信使他犯了一生中第一个重大政治战略错误。

拿破仑的宫廷对此事出现了强烈的意见分歧，他们认为在奥斯特利茨战役之后就应该停止战斗了，那时的法国就已达到了空前强大的程度。然而，身处荣誉之巅的拿破仑已听不进去这些意见，依然我行我素。

拿破仑决定先解决葡萄牙，再征服西班牙。为了使征服计划得以顺利进行，拿破仑不惜采用政治欺诈手段。拿破仑开始同西班牙首相戈多伊谈判，谈判是以法国取得通过西班牙领土的权力结束的，其条件是与西班牙共同瓜分葡萄牙，其中一部分作为对戈多伊个人的酬劳。9月8日，拿破仑写信给西班牙国王说：“我们必须使葡萄牙脱离英国的势力范围，并迫使该国求和。”同一天，他又写信给葡萄牙的摄政王，警告他要明了同英国结盟的后果。

10 月 22 日，拿破仑正式向葡萄牙宣战。27 日，他与西班牙国王签订和约，瓜分葡萄牙的领土和殖民地。其实，这只是一个不可实现的诺言，西班牙在拿破仑的心目中早已是判了死刑的。

朱诺将军的军队经过西班牙的领土直驱葡萄牙，葡萄牙的摄政王惊慌失措，急忙请求英国保护。

在葡萄牙看来，拿破仑固然可怕，但英国人更可怕，英国能够轻而易举地从海上毁灭里斯本，就像灭掉哥本哈根一样。法军经过 6 个多星期的长途行军，于 11 月 29 日进入里斯本，葡萄牙王室则于两天前坐上英国军舰逃出了首都。

拿破仑轻而易举地占领了葡萄牙，下一个该轮到西班牙了。拿破仑毫不犹豫地撕毁了与西班牙国王签订的和约，他要把西班牙并入自己的帝国，并立自己家族中的一人为国王。

11 月的第一个星期中，拿破仑命令在巴荣纳再成立一支新军，兵力为 3 万人，由杜邦将军指挥。这支军队以支援朱诺部队为借口进入西班牙。接着，蒙塞元帅的第二军也进入西班牙。1808 年 2 月，迪埃梅斯指挥的一支军队进入西班牙，并占领了卡塔卢尼亚。不久，缪拉元帅以皇帝副帅的身份指挥西班牙境内的全部法军。3 月 9 日，拿破仑命令外交大臣康佩尼转告西班牙政府说，法军 5 万人将进入马德里，其目的不过是借道去围攻直布罗陀。3 月 24 日，缪拉率领蒙塞、杜邦两军进入马德里，拿破仑则在巴荣纳亲自指挥这次军事行动。这时，拿破仑在西班牙的军队已达 11 万人。

查理四世、王后和戈多伊早已被拿破仑来势汹汹的部队吓坏了，他们决定逃出首都，可是逃跑的路上却被愤怒的人民拦住了，戈多伊挨了一顿痛打，被关进了监狱。国王为了保全性命，被迫宣布让位给费迪南。6 天后，缪拉率军进入了西班牙的首都。

这时，查理四世又后悔让位给费迪南，他宣布退位是违背自己意志的。于是，拿破仑以调停父子矛盾为名邀请西班牙波旁王朝全体家族到巴荣纳。1808 年 4 月 30 日，查理四世、王后、费迪南、戈多伊以及王室所有亲王都到了巴荣纳。

父子俩一见面就展开了激烈的争吵，甚至大打出手。正当波旁家族全体成员准备听候拿破仑的裁决时，拿破仑突然宣布：查理四世和费迪南二人都必须放弃王位。众人还没缓过神儿来，他又宣布，为了他们个人的幸福和安宁，他决定不放他们回西班牙了。结果，西班牙国王和王后被送到了枫丹白露，费迪南和其他亲王被送到瓦朗斯塔列朗公爵的城堡。5 月 10 日，拿破仑任命自己的哥哥约瑟夫为西班牙国王，缪拉接替约瑟夫担任那不勒斯国王。

拿破仑现在非常得意。西班牙波旁王族如此天真，自投罗网，以至他不费一枪一弹便得到了伊比利亚半岛，一切进行得太顺利了。正当拿破仑为自己的胜利自鸣得意时，一场风起云涌的反抗法国侵略者的人民武装斗争迅猛掀起。5 月 2 日，马德里人民举行起义。尽管起义被镇压下去，但起义的火种已遍撒西班牙。

拿破仑第一次遇到了与以往完全不同的敌人。他们都是用砍刀、铁棍、长剑和生锈的猎枪来武装自己的农夫、牧民和手工业工人。拿破仑不禁冷笑，称他们为“流氓”、“西班牙的败类”，自己曾经转战南北，战无不胜，难道还会怕这些乌合之众吗？但是，拿破仑包括世界上的任何人都没有想到，正是这些“乌合之众”最先开始挖掘了终将要埋葬拿破仑帝国大厦的深渊。

西班牙人强烈的爱国情绪受到了海岸上英军将领的鼓励，他们不待本国的命令，就公然支持西班牙群众的壮举。7 月 4 日，英王就此事向国会致辞说：“西班牙民族如此崇高地同法国的篡夺和暴政搏斗，再不能将他们看作是大不列颠的敌人，我承认西班牙是一位天然的朋友和盟国。”于是，英王下令将在英国的西班牙战俘释放出来，并发给他们衣服和装备，送他们回国。英国还与伊比利亚半岛的两个王国正式签订了攻守同盟条约，武器和金钱源源不断地运往西班牙和葡萄牙。

面对如火如荼的西班牙抵抗运动，法军陷入了困境。迪埃梅斯军被卡塔卢尼亚山民围困在巴塞罗那无法动弹；蒙塞军被巴仑西亚的居民打得直往后退；杜邦军损失更惨重，他们在拜兰受到卡斯塔尼奥斯将军领导的一支西班牙军的猛袭，几经激战，法军伤亡惨重，杜邦只好率军投降。西班牙最富庶的部分从法军手里解放出来了，卡斯塔尼奥斯的轻装部队继续推进，势如破竹，所向披靡。不到十天，新国王约瑟夫就在马德里坐不住了，他收拾起行装，向北逃到了维多利亚。

法军战无不胜的神话被打破了，拿破仑大为震怒，他要把杜邦交付军事法庭受审。

1808 年 8 月 8 日，英国的阿瑟·韦尔斯利爵士率领一支一万人的部队在蒙德戈湾成功登陆，接着立即向里斯本进军。17 日，在罗里萨附近与法军相遇，经过一阵刺刀肉搏之后，法军被迫退却。不久，朱诺率领 4.4 万名士兵向英军发起攻势，双方展开了一场血战。结果，朱诺损失了 13 门炮和 2000 多人，被迫撤往里斯本。正当阿瑟·韦尔斯利准备乘胜猛追法军时，英国政府突然派休·达尔林普斯爵士代替他的司令职位，休·达尔林普斯没有对法军进行追击。几天后，朱诺派克勒曼前去请求休战，他提出只要英军把他的士兵及随身武器运到罗什福尔和洛里昂之间的任何法国口岸，并允许他们带走个人财物，法军则愿意交出弹药、粮秣和战舰。尽管这时约翰·穆尔爵士又率领一万名英军前来海岸附近增援，但休·达尔林普斯还是同意了朱诺的要求。8 月 30 日，双方签订协定，法军按规定全部撤出葡萄牙。这样，葡萄牙就从法军的统治下解放出来了，英军在伊比利亚半岛获得了永久的立足点。

对于拿破仑来说，这是一次代价惨重的失败。正如后来拿破仑自己所说："正是这个西班牙脓疮把我毁了。"

就在拿破仑的军队在西班牙开始遭受重大挫折的 1808 年夏天，欧洲的封建君主们都在密切关注着这边的局势，逐渐萌生了从拿破仑的统治中挣脱出来的愿望。特别是奥地利，已逐渐从奥斯特利茨战败的阴影中摆脱出来，恢复了元气，维也纳的宫廷开始蠢蠢欲动了。

拿破仑觉得有必要利用一下新结交的盟友俄皇亚历山大一世了，他邀请俄皇前往爱尔福特会晤。

西班牙画家戈雅的美术作品《5月2日》：1808年5月2日，马德里人民展开了起义，反抗拿破仑的统治和镇压。画中，西班牙起义民众与拿破仑从埃及带回来的马穆鲁克骑兵扭打在一起

两国皇帝的会晤在德意志引起了极大的反响，各王公纷纷前往爱尔福特参加盛会，车驾为之阻塞。9月27日，拿破仑到达会晤地点，亚历山大却还没到，拿破仑立即亲自前去迎接。两人一见面就热情拥抱，当众亲吻。此后两周之内，这种动作不断重复。两人天天一起去阅兵、出席宴会和舞会、打猎、骑马，相互表达着最诚挚的“友谊”和最深切的“信任”。

巴黎喜剧院的演员为两国皇帝和王公贵族上演了高乃依、拉辛和伏尔泰的名剧。在伏尔泰的《哀狄普斯》一剧演出中，当出现这样一句台词“和大人物结交，真是上帝恩赐的幸福”时，亚历山大握住拿破仑的手说：“我在此每天都深深感到这一点。”拿破仑则以同样的语言向亚历山大皇帝大献殷勤。两国皇帝都在极力表现出他们的亲密无间，其目的就是演给第三国看。对拿破仑来说，观众就是奥地利，对亚历山大来说，观众则是土耳其。如果奥地

西班牙画家戈雅的美术作品《5月3日》：1808年5月3日，法军正在枪毙抓获的西班牙起义者。西班牙人的游击战使法军陷入泥潭，拿破仑由此进入了两线作战的不利局面。入侵西班牙甚至是拿破仑被拖垮的重要原因之一

利和土耳其没有看到他们的亲吻和拥抱，这些亲吻和拥抱就会失去其愉快的感觉和特别的意义。

然而，两国君主心里都十分清楚，自己需要对方，但不能相信对方。最后，还是拿破仑做了些让步，法俄两国才签订了一份秘密协定。根据协定，芬兰和多瑙河沿岸各省归俄国所有，俄国承诺一旦奥地利进攻法国，他们将即刻给予援助。沙皇同时承认约瑟夫为西班牙国王，并与拿破仑联合照会英王乔治三世，敦促议和。可是实际上，他们都清楚，俄国是无意与法国共同对奥地利采取行动的。

10月14日，爱尔福特会晤结束，拿破仑闷闷不乐地回国了，因为尽管从表面上看，他与沙皇之间充满了真诚的友爱，可是实际上他们之间的这个同盟是不稳固的，其他国家自然也不会相信。

1809年春天，当英勇无畏的西班牙人民继续拖住拿破仑的三十万精锐部队时，欧洲的注意力都已转到了莱茵地区，默不作声地等待着即将到来的奥地利战争。拿破仑不断获得奥军向莱茵河右岸集结的消息。1809年3月24日，拿破仑不得不离开西班牙战场回到法国，因为他预料奥地利将在4月15日前后发动进攻。

1809年4月6日，奥地利卡尔大公发表公告，声言要高举义旗捍卫欧洲的自由。4月9日，未经宣战，卡尔大公便率领四个军共14万人在帕骚和布劳瑙之间越过国界线进入巴伐利亚，另有五个军组成其右翼从多瑙河之北向雷根斯堡前进。奥军的入侵使法军感到措手不及。拿破仑本人还在巴黎，他的副手贝尔蒂埃还在斯特拉斯堡，达武的军队正从纽伦堡向南移往雷根斯堡，乌迪诺的部队还在奥格斯堡，其他各军则分散得更远。好在奥军行军速度并不快，从而多少减轻了法军的压力。

拿破仑在4月15日率兵越过了莱茵河。17日，他在多瑙河旁的沃尔特设立大本营，开始研究作战方案。

拿破仑从未经历过如此危险的军事情况：他的三十万精锐部队被牵制在西班牙战场上，他不得不提前在法国征召新兵，同时又从德意志各国强迫征兵十万，来补充他的军队，其军队质量因此而下降。而奥地利则集结了自己的全部力量，他们同心同德，立志要把拿破仑打垮。不过，拿破仑仍对胜利充满信心，他在出征前这样说："两个月以后我要让奥地利放下武器，那时如果需要的话，我将重新完成在西班牙的旅行。"这又是一次拿破仑发挥其军事才能的好机会，他所喜爱的诗人奥西安喜欢向暴风雨的呼啸声拨弄竖琴，拿破仑也同样需要政治风暴和敌对因素来表现他的非凡才能。

法奥的第一场大会战是在巴伐利亚的阿本斯贝格进行的，奥军被击退，损失1.3万多人。第二次战斗是在艾克缪尔发生的，卡尔大公损失惨重，被迫北退至雷根斯堡。法军因受大拉比尔河的限制，未能及时追击。次日，拉纳元帅在完成迂回之后，开始强攻雷根斯堡，拿破仑亲临现场指挥。这场战斗进行得异常激烈，拿破仑的脚部被敌军炮弹打伤，他脱下靴子，命人将伤口迅速包扎好，然后又端坐在马上，若无其事地指挥战斗。身边的将领劝他下阵休息，他回答说："朋友们，难道我不该战斗到底吗？"他严禁任何人谈论他受伤的事情，以免扰乱军心。雷根斯堡终于被攻下了，奥军主力撤至多瑙河左岸。拿破仑进入雷根斯堡时，忍着剧烈的疼痛，微笑着向那些对他欢呼的士兵还礼。与此同时，法军在泰根、兰次胡特也取得了胜利。五天当中，拿破仑赢得五次血战的胜利。5 月 13 日，维也纳的大门向拿破仑敞开了，市长将维也纳的钥匙恭恭敬敬地呈给法国皇帝。

奥军虽在几次血战中连续败北，却未受到致命的打击。他们在卡尔大公的指挥下，有秩序地撤到多瑙河左岸，炸掉了河上的所有桥梁，准备与拿破仑做旷日持久的周旋。而拿破仑则想再打一次奥斯特利茨战役。所以，他决心渡过河去，寻求与奥军决战的机会。

5 月 20 日 16 时，法军用 68 条大船和 9 个大木筏搭建的浮桥架设完毕，法军立即开始渡河。拉纳和马塞纳两军团最先渡河，并占领了附近的两个村庄阿斯佩恩和埃斯林。夜间，河水渐涨，再加上浮桥并不牢固，所以法军渡河出现了困难。21 日拂晓，拿破仑与贝尔蒂埃、马塞纳、拉纳等军官一同去阿斯佩恩察看地形，全力组织渡河。但多瑙河仍在涨水，渡河行动只得中止，这时渡过河的部队仅有 3 万人。

鉴于法军目前的情况，卡尔大公决定：先不忙于发动攻击，待一半法军渡河以后，再迅速毁掉舟桥，歼灭已经渡河的法军。他下令上游部队准备好装有载重物和引火物的船只，以便在适当的时候破坏桥梁。同时，命令主力注意隐蔽，避免暴露，只以部分骑兵佯作抵抗，并逐渐后退以引诱法军。

21 日中午 12 时，卡尔大公觉得进攻的时机已到，他亲自率领 9 万人，分五路向阿斯佩恩和埃斯林进发，企图围歼已渡河的三万法军。一场激战开始了。此时法军正是背水而战，退却已不可能，拿破仑断然下令以寡敌众。身处险境的法军毫不畏惧，依然顽强地战斗着。激战持续了一个下午，阿斯佩恩先

阿本斯贝格战役中，拿破仑麾下的巴伐利亚军队官兵正在向拿破仑欢呼

后易手达七次之多。直到夜幕降临，双方仍未分胜负。

这天夜里，法军利用夜色的掩护，迅速地修复了舟桥。滞留在罗堡岛上的法军很快地过了河，拿破仑重新部署军队，准备对奥军发起猛攻，双方短兵相接，用刺刀冲杀，两地处于反复易主的情况当中。

22 日 7 时，拿破仑亲临战场观察，发现中央的奥军并未发动攻击，这时又听说达武军团已开始渡河，于是，他决定依靠强大的援军摆脱守势，实行中央攻击方案，对敌中央进行歼灭性的打击。在法军强大而猛烈的攻势下，卡尔大公并未退却，他沉着冷静地来到前线，有力地稳住了士气，并迅速调来掷弹兵和骑兵。在奥军强大的炮击下，法军只得仓皇后退。奥军乘胜追击，并集中炮火猛击通往罗堡岛的桥头，成批成批的法军毙于桥头。

当奥军步步紧逼、法军逐渐后撤时，一名副官心急如焚地前来报告说，多瑙河洪水咆哮，奥军放下的树木和装有重物的船只冲毁了罗堡岛与多瑙河右岸的浮桥，后备军的车辆、一部分重骑兵和达武军团都被阻隔在河对岸无法投入战斗。元帅们听到这一消息后都大惊失色，唯有拿破仑不以为意，他毫不气馁，沉着镇定，用自己钢铁般的意志稳定了部队，继续指挥战斗。但由于浮桥被毁，法军失去后援，拿破仑不得不下令全军退往罗堡岛。

奥军乘胜追击，法军且战且退，伤亡惨重。拉纳元帅也在退却中受了伤，他的双腿被炮弹打飞，被人用担架抬出战场。担任后卫的马塞纳顽强地阻击着奥军的追击，这位英勇的元帅看见士兵和军官成批地倒在自己的身旁，毫不畏惧，一直率领部队战斗到夜幕四垂，终于成功地掩护了最后一批法军撤上罗堡岛。

法军被困罗堡岛，十分危险。如果卡尔大公乘胜猛攻，定能将法军全部赶下河，但是，卡尔大公虽是奥地利最杰出的军事指挥官，可他擅长的不是进攻而是防御，他过分拘泥于传统战略，且为人优柔寡断，缺乏指挥官所应具备的那种钢铁般的意志，同时缺乏热情和主动精神。卡尔大公这些性格上的弱点，使他在具有火焰般性格的拿破仑面前相形见绌。他没有继续攻击困在岛上的法军，而是按兵不动，与法军隔河对峙。他甚至想象着拿破仑在此败局之下会与奥地利谈判，他期待着在谈判桌上取得更大的胜利。可他万万没有想到，这正好给了具有钢铁般意志的拿破仑时间，拿破仑趁机整军再战，败局得以改变。

此次战役是拿破仑自统兵以来第一次惨败，法军死亡 7000 人，29753 人负伤和被俘。从维也纳逃出来的奥地利皇室和政府欣喜若狂，准备返回首都。德意志各地的反法运动也趁势发展起来，整个德意志因拿破仑的失败而骚动起来，构成了对拿破仑帝国的重大威胁。

失败中的拿破仑没有失去冷静的态度和勇敢的精神。在罗堡岛的军事会议上，拿破仑坚决反对撤出罗堡岛的主张。他认为如果退出要地，则可能前功尽弃。他决定坚守罗堡岛，征调援兵，伺机渡河再战。

这时，发生了一件令人痛心疾首的事情，即拉纳元帅的去世。拉纳元帅是拿破仑唯一能与之无话不谈的人。在拉纳临死前的八天里，拿破仑每天都来看他，每次离开时都是心如刀绞。拉纳知道自己伤势严重，已无生还的希望，他强撑起精神，与拿破仑进行了一次长谈。他首先回顾了自己跟随皇帝所完成的业绩，然后用坚定的语气高声说："无须由我来把妻子儿女托付给您，因为我为您捐躯，您的荣誉会命令您保护他们的。我最后要向您说些充满友情的逆耳话，我并不害怕您会因此而改变对我家人的态度……我看不到哪一个朋友能向您直言相谏，人们将背叛您，遗弃您。尽快结束这场战争吧，这是民意和众望。您的力量永远也不会超过现在，但您可以更孚众望，受人爱戴。原谅一位濒死者的这番直言……这位濒死者爱戴您……"

在结束这番话时，元帅向皇帝伸出手，皇帝忙紧紧地把他搂在怀里，默默地流着眼泪。1809 年 5 月 31 日清晨 5 时，拉纳终于与世长辞，年仅 40 岁。

拉纳之死虽让拿破仑痛苦不已，可并没有动摇他要把战争打下去的决心，此时萦绕于他脑际的只有战争，他要用战争为自己增添荣誉和权力，也要为拉纳报仇。他命令法军加紧在罗堡岛环筑工事，为了防止奥军进攻，岛上配备了攻城炮 100 多门，接着大力修复和加固了罗堡岛和右岸的桥梁。在修复桥梁的三天时间里，拿破仑每天晚上都会冒着风雨亲临现场视察、督修，以鼓舞低落的士气。鉴于上次的教训，法军在浮桥上设立了木栅，并以轻舟为哨艇进行巡逻，防止奥军借水势流放重物冲毁桥梁。岛上还筹集了舟桥、浮桥等渡河器材，以备不时之需。为了表明坚守罗堡岛的决心，法军将此岛改名为"拿破仑岛"。与此同时，拿破仑下急令调动驻意大利的法军赴奥增援。

拿破仑在维也纳和罗堡岛两地间来回地奔波着，他一面重新部署军队和制订以后的作战计划，一面仔细阅读着从他庞大帝国的各个地方送来的报告。他获悉教皇庇护七世和红衣主教都在宣传着反对和打击他的宣言时，他怒火中烧，并牢牢地记住了教皇的一切行为。6 月中旬，法军得到了休息和增援，在罗堡岛、维也纳附近已集结 17 万人的兵力和 584 门大炮，拿破仑决定开始反攻了。但在决战前，拿破仑觉得有必要解决一下教皇的问题。他宣布罗马城和教皇领地全部并入法兰西帝国。于是，罗马被法军占领，教皇掌握了将近 1500 年的所有的一切就全失去了，教皇本人也被押往法国南部的萨沃纳监禁起来。

制伏了教皇后，拿破仑立即着手进行了最后的军事准备工作。此时的卡尔大公也在整顿部队，调集兵力，准备等法军再次渡河时进行攻击。卡尔大公精心选择了防御阵地，他依托高地和河流，构成了一个形同聚能罩的弧形防线，等待法军主动来攻，一旦法军落入他的弧形防线，他就可以挥动大军，从两翼向法军侧后出击，将法军歼灭。可是，如此部署又产生了一个致命的弱点，那就是平分了兵力，留不出可供急用的预备队。为了弥补这一缺陷，卡尔大公急令其弟约翰大公尽快赶来,当时约翰大公的兵力离战场约有三天的行程。这时，卡尔大公还产生了一个判断性的错误，即认为法军仍像上次那样，从罗堡岛上北渡多瑙河。因此，他把奥军的主要防御方向仍定在阿斯佩恩。

然而，久经战场的拿破仑是不会按卡尔大公的设想去采取行动的，这位欧洲杰出的统帅在作战中早已形成了一条坚定不移的原则，即决不做敌人可能料到的事情。为了使十万大军秘密而迅速地渡河，并且在敌人预料不到的地点打击敌人，拿破仑与马塞纳元帅换上士兵的服装，沿着罗堡岛进行了仔细的勘察，他们亲自查看了多瑙河床、流速、沿岸地形，以及敌人的部署等情况，为选择渡河地点费尽了心机。最后，拿破仑决定将渡河地点选在下游，即离上次渡河点约 4 千米的地方。

拿破仑提出了新的作战计划：以一部分兵力在阿斯佩恩和埃斯林正面进行佯攻，把奥军主力吸引到这个方向，而以己方主力在新选的渡口渡河。6 月 30 日黄昏，拿破仑下令马塞纳的一个师在阿斯佩恩正面的浮桥旧址开始了佯攻，佯攻进展得非常顺利，因为奥军遵照卡尔大公的计划，要把法军引诱到奥军的弧形防线内。所以，法奥双方一个佯攻，一个佯守，从表面上看来一切顺利。

7 月 4 日夜,法军决定渡河。21 时,罗堡岛枪炮齐发。这天夜里,电闪雷鸣,风雨交加，法军顶着风雨架桥，甚为困难。然而，也正是这恶劣的天气帮了法军的大忙，奥军怎么也没料到法军会选择在如此恶劣的天气渡河，因而没有严加防范。法军偷渡成功。

翌日拂晓，达武的第三军团和第二、第四军团的大部分骑兵均已顺利渡河，奥将罗尔多的前卫军团虽在此地有所防范，但兵力分散，工事也不如阿斯佩恩一带坚固。面对从天而降的法军，奥军惊慌失措，打了几个回合便仓皇退却。两个小时后，即5日8时，法军已有9万人渡了河。

卡尔大公得知法军渡河和罗尔多战败的消息后，非常震惊。这时他的左翼军队已面临渡河法军的严重威胁，他本想率主力驰援左翼，可考虑到若倾主力离阵地边前进边攻击，恐无胜算，而且也不易压退法军，即使将法军压退到桥头，奥军也将受到罗堡岛的炮火轰击。卡尔大公考虑再三，决定主力仍在原阵地做守势防御，按原计划诱使法军继续接近，以便将其拖入陷阱。

法军顺利渡河，渐次前进，分左中右三路呈扇状展开。傍晚6时左右，法军右翼部队终于推进到奥军防御阵地的前沿。有人向拿破仑建议，由于天色渐黑，应待第二天再发起攻击。可拿破仑认为约翰大公的1.5万名奥军随时都可能前来增援，应不失时机马上发起攻击。于是，法军仓促发起攻击，可进展不大，且伤亡惨重。最后，贝尔纳多特军中的萨克森首先坚持不住，开始向后溃退，他们一溃退，立即使侧翼的达武军团和乌迪诺军团暴露无遗，拿破仑见暂时难以取胜，再加上天色已完全昏暗，不得不下令停止攻击。

经过近30个小时的战斗，奥军仍顽强地坚守着阵地，并使法军蒙受了极大的损失，卡尔大公心中窃喜，以为拿破仑又要重蹈阿斯佩恩和埃斯林的覆辙。

7月6日拂晓，双方激战重新开始。拿破仑命法军再次向奥军左翼发起猛攻，结果又败下阵来。拿破仑亲临现场观察，发现奥军两翼力量较强，且造成了有利之势，但正面过广，中央稍显薄弱。于是，他立即改变作战计划，不以主力攻击奥军左翼，而将所有兵力调向敌中央部位，实施中央突破，为使进攻瓦格拉姆的部队没有后顾之忧，拿破仑命达武军团继续进攻奥军左翼防线，以牵制奥军。若有进展，则从右侧向瓦格拉姆发起进攻，配合主力行动，对敌军成钳形攻击态势。

1809年7月6日上午，法军进攻瓦格拉姆的号角吹响了。数百门大炮一

1809 年 7 月 5 日夜间，在结束了白天的战斗之后，拿破仑（坐在椅子上）正召集将领们前来开会

起开火，猛轰奥军中央阵地，各军团在炮火的掩护下奋勇前进。这时，达武军团已突入敌军左翼阵地，并开始向瓦格拉姆方向进攻。左翼奥军顽强抵抗，终因伤亡过重，放弃阵地溃逃。奥军左翼的溃败使得中央阵地的奥军处于不利状态，法军主力和右翼部队乘势猛攻。主攻奥军中央阵地的麦克唐纳军团的 26 个营组成每边长达一公里的方阵，率先向敌军中央阵地席卷而去，尽管损失很大，最终还是突破了奥军中心，后面的部队也随之而来，奥军被迫全线后退。

下午 4 时，卡尔大公得知他望眼欲穿的援军即弟弟约翰大公的部队还在十多公里之外，不觉大失所望。至此，他那用弧形防线围歼法军的计划已基本失败，他虽把法军引入了他的网里，但已经没有力量拉起网来，反倒让法军打穿了网底。傍晚时分，卡尔大公见取胜无望，便下令全线撤退。奥军有秩序地撤出战场，留给法军的战利品不过是 9 门火炮和一面军旗。

瓦格拉姆一战，奥军死伤 3.2 万多人，被俘 7500 多人，其损失不亚于奥斯特利茨战役。然而，法军付出的代价也是极其惨重的，法军损失了 2.7 万人。麦克唐纳将军因在这次战斗中表现突出，拿破仑在战场上授予了他元帅节杖。

瓦格拉姆战役之后整整一个星期内，法军都在追击退却中的奥军。7 月 11 日，奥皇弗朗西斯派出使者，请求休战，拿破仑欣然同意，但提出了苛刻的条件：凡是法军在休战时刻已经到达的地方，哪怕只有法军到达，奥军都要撤走，而且在最后和约签订之前，这些奥军应留在法军手里作为人质。奥皇不得不同意这些条件。

谈判开始了，泄了气的奥皇准备忍受一切。他现在开始咒骂那些促使他进行这场战争的人。他清楚地记得在瓦格拉姆战斗之前拿破仑是怎样惩罚教皇的，那么瓦格拉姆战斗之后的奥地利又将是什么样的命运呢？他实在不敢想下去。

法奥双方在肖恩布鲁恩宫开始了谈判。拿破仑开出的条件是：奥地利必须割让一部分土地给法兰西帝国，割让另一部分土地给华沙大公国和俄国，同时付给法国 1.34 亿法郎的战争赔款，奥地利必须将军队的人数限制在 15 万人以内，并继续执行抵制英国商品的大陆封锁政策。

奥地利人不甘心做出如此巨大的让步，他们与拿破仑讨价还价，反复恳求放宽一点条件，但拿破仑毫不让步。谈判只好一直拖延下去，奥地利人认为一旦拿破仑在西班牙有新的失败，他们就会有个谈判的好机会，所以他们在等待这个契机。而拿破仑呢？尽管他希望尽快缔结和约，以便把全部力量指向西班牙和英国，但他不打算轻易放过奥地利，他要给他的帝国树立威信，要让整个德意志对他俯首帖耳。因此，不管奥地利怎样恳求或施展诡计，都无济于事。谈判似乎很难达成。然而，一件意想不到的事件的发生却促使了这个和约的尽快签订。

拿破仑每天清晨 6 时都在肖恩布鲁恩宫前检阅军队。每逢这种场合，总有许多人来一睹拿破仑的风采。1809 年 10 月 13 日这一天，阅兵仪式刚要结束，一位穿着整齐的年轻人穿过随从人员乘坐的马匹，朝骑在马上的拿破仑走去。贝尔蒂埃发现这位年轻人形迹可疑，便拦住了他，这位年轻人说要亲自向拿破仑呈交一份请愿书。贝尔蒂埃从他的眼神里看到了一种特别的表情，一种似乎是下了某种决心的表情，当即警觉起来。当这位年轻人不顾劝阻，再次向拿破仑走去时，贝尔蒂埃示意一名禁卫军官上去逮捕他，年轻人未加抵抗便束手就擒了，从他的身上搜出了一把大餐刀。由于这一切都是在瞬间发生的，大家又都专心致志地注视着阅兵式，所以谁也不曾注意到这一幕。

检阅完毕后，拿破仑命人将这个年轻的刺客带到他面前。这位年轻人大约只有 19 岁，脸色白皙，看上去有些弱不禁风。他供认自己是从瑙姆堡来的一位大学生。拿破仑迫不及待地想知道这个受过良好教育的青年为什么要这么干，他急切地问道："你为什么要杀我？"

"因为你毁灭了我的国家……"

"你是第一次见到我吗？"

"我在爱尔福特见过你，你同俄国皇帝会晤的时候。"

"那时你想杀我吗？"

"不，我以为你不会再对我们的国家进行战争，我曾对你万分崇拜。一星期前我来到肖恩布鲁恩，目的是杀死你……"

"在我的士兵中间杀死我，你打算怎样逃跑？"

"我知道面临的是怎样的危险，我甚至吃惊自己还活着。"

拿破仑被年轻人这种镇定的态度触动了，他沉默了片刻后，又把目光落到年轻人身上，继续问道："如果我现在马上把你释放了，你将去做什么呢？"

"我还会伺机干掉你的。"

拿破仑又一次沉默了。随后他自言自语道："这个年轻人不是有病，便是个疯子。"

拿破仑召来负责同奥地利谈判的大臣特·香巴尼先生，询问谈判进展。特·香巴尼回答说谈判已经搁置，拿破仑接着说："我希望马上恢复谈判。我希望为了和平，不要为奥地利的赔款少几百万而犹豫不决，就在那点上让步。我希望尽快有个结局，我完全交给你办了。"特·香巴尼立即执行了拿破仑的命令。当晚，双方谈判代表又开始讨论搁置起来的和约条文。次日早晨即 10 月 14 日，特·香巴尼先生带着和约的协商条款出席了皇帝的早朝。拿破仑匆匆过目，对一切细节都表示同意，同时赞扬他的大臣这么快就实现了他的心愿。

条约就此缔结，即为《肖恩布鲁恩条约》。此条约基本上是按拿破仑所提出的条件签订的，只是奥地利的战争赔款由原来的 1.34 亿法郎降至 8500 万法郎。奥皇忍辱批准了这一和约。卡尔大公得知这一消息后愤然辞职。

10 月 27 日，那名年轻的刺客被带上了刑场。当他得知奥皇已经与法国缔和，浑身颤抖，怒不可遏地在刑场上高呼："自由万岁！德意志万岁！杀死暴君！"一阵枪响，这位企图刺杀拿破仑的年轻人倒在了血泊之中。

拿破仑害怕行刺事件再次发生。因此，他匆匆地离开了肖恩布鲁恩，于 10 月末返回了巴黎。

第十三章

皇帝的婚变

拿破仑感到，他对玛丽的感情已超越开始时对她肉体的迷恋，而升华到了对她整个人的痴醉。与约瑟芬离婚也不是一件轻松的事，约瑟芬毕竟是他生命中真心爱过的女人。但他庞大的帝国江山应该后继有人，离婚给他带来了短暂的痛苦，同时也使他对未来充满新的希望。

肖恩布鲁恩和约后的法兰西帝国更加庞大。拿破仑不但是法兰西帝国皇帝、意大利国王、莱茵联盟的保护人、瑞士的仲裁人，更是荷兰、那不勒斯、华沙大公国等国的实际决策者和统治者。他的家族成员也都成为这些地区的直接统治者。欧洲大陆上的主要国家奥地利、普鲁士也对拿破仑俯首帖耳，沙皇俄国也是他的盟友。拿破仑帝国的强大达到了登峰造极的地步。

跃上权力之巅的拿破仑再也不是昔日那个小小的将领了，他那强大的帝国必须要有继承人，虽然他的情妇为他生下了两个儿子，但那都不是名正言顺的，所以没有嫡皇子的问题一直困扰着他。他越来越坚定了与约瑟芬离婚的想法。

对约瑟芬的种种不满，使拿破仑更加思念远在波兰的玛丽了，跟玛丽在一起时，他的身心总是萦绕着如阳光照耀般的暖意，这个女人柔顺、恬静、善解人意且高雅矜持。尽管拿破仑位高权重，附庸在他身边的女人数不胜数，而且个个俏丽美艳，但他却在任何一个女人身上也找不出玛丽那份独特的韵味。玛丽的一颦一笑、一个回眸、一个转身、举手投足之间都洋溢着令他沉醉的韵味，拿破仑感到，他对玛丽的感情已超越开始时对她肉体的迷恋，而升华到了对她整个人的痴醉。

尽管玛丽的“倩影”时刻萦绕在拿破仑的心间，但他还是没有拒绝那些随时自动送上门的美女。他在追求肉体和感官的快乐时，精神和内心却从未得到满足。任何女人都不能同拿破仑心中的玛丽相比，他迫切地邀请玛丽来巴黎。

1808 年初，玛丽由兄弟和一位侍女陪同来到巴黎。拿破仑虽时有艳遇，但对她却一直深深爱恋，把她视作自己的“波兰夫人”。迪罗克奉旨将她安置

约瑟芬始终未能给拿破仑孕育后代，法兰西第一帝国不能没有继承人，因此拿破仑与约瑟芬的离婚也就成了早晚的事

在胜利街的一所漂亮房子里。玛丽几乎过着隐居的生活，偶尔接受皇帝的晚间来访，但更多的是去杜伊勒里宫，两人同居一室。此时的约瑟芬地位岌岌可危，怎敢贸然干涉。拿破仑还安排专人保护玛丽的人身安全，每天早晨都有人前来询问玛丽有何要求。但玛丽很少提什么要求，她心中别无他愿，只希望拿破仑能在不久的将来复兴波兰。

约瑟芬始终生活在不稳定的感觉中。她对雷米扎说，皇帝肯定有意惹她反感，使她感到厌倦，把她折磨成病。他有时整天冷若冰霜，有时又为一些鸡毛蒜皮的小事大发雷霆，说她挥霍无度，死不悔改。此外，波拿巴家族还四处宣扬她迟早要滚蛋，这一切都使她难以忍受。

对于拿破仑来说，与约瑟芬离婚也不是一件轻松的事，约瑟芬毕竟是他生命中真心爱过的女人，尤其是结婚头几年，拿破仑对她付出了全部身心。即使现在拿破仑身边情妇如云，他对她仍然存有一种真挚、深沉的感情。

拿破仑为了防止自己心软，借口自己回国后要在枫丹白露重修宫殿，借机命令工匠堵上他和皇后卧室之间的所有通道。就这样，大家很快明白，事情已经到了不可挽回的地步。

约瑟芬害怕的事情终于发生了，1809 年 11 月 30 日，约瑟芬一如往常地同拿破仑一起进餐。一喝完咖啡，拿破仑便屏退左右，他朝约瑟芬走去，默默地凝视皇后片刻，然后说道："约瑟芬，我亲爱的约瑟芬！你知道我爱你，我在人世间尝到的仅有的幸福时刻都是你一个人赐给的。但是，约瑟芬，我的命运要高过我的意志，我最珍贵的爱情必须让给法国利益。"

"不必说了，我了解你，我预料到了这一切，但这打击仍然是那么难以承受。"约瑟芬发疯似的大喊着，继而昏了过去。

此后的几天中，约瑟芬一直把自己关在屋子里哭泣。拿破仑无奈之下，只得再次去见约瑟芬，希望由她出面要求解除婚约。约瑟芬一边低声哭泣，一边说她遗憾的决不是皇后的皇冠，而是她确实下不了决心与拿破仑彻底分离。拿破仑被她那哀伤的话语搅得头脑混乱，不禁狠了狠心，粗暴地说：

“别再想法子使我心软。我一直爱着您，可政治是没有心肠的，它只有头脑。这样吧，我每年给您五百万，并把罗马的王权也赐给您。”

约瑟芬没有答话，继续哭泣。他最后无奈地耸耸肩膀，出门前说了一句：“您要知道，这次离婚将是我生活中的一个里程碑！是悲剧中生死攸关的一幕！”

约瑟芬绝望至极，这一次，幻想彻底破灭了。她一直担心会大祸临头，拿破仑当年从埃及回国，她曾努力避免了这一灾祸，并以为通过宗教婚礼已经彻底排除了这一灾难。然而现在，这一致命的打击还是来临了。结婚的前几年，她并不爱拿破仑，从来没有理解过他，甚至卑鄙地欺骗过他。可随着岁月的流逝，她渐渐对他产生了一种真正的爱情。她崇敬他能够取得前所未有的伟大功绩，她隐隐约约地对他有着某种感激之情，感激他使她参与了这一伟大的事业。当初还年轻时，她对拿破仑的英雄气概是抱着忍受的态度的，现在人老珠黄时，她却固执地抓住这一段生命中的所有记忆，这一使她度过美好时光的非凡见证。拿破仑征服了世界，而她则征服了拿破仑。现在她要失去他了，她强烈地感受到了他的可贵。她为失去他的荣耀、他的悄悄话和他的亲吻而遗憾不已。

尤其让她痛心的是，是他把她捧上这一“位置”的，对她来说，失去这一“位置”要比失去他更遗憾，她将不再是皇后，再也不能几百万几百万地任意挥霍，再也得不到整个法兰西的阿谀奉承，这比失去丈夫的损失要惨重得多。在她那颗轻浮的脑袋里，虚荣、利益和爱情混杂在一起。对她的孩子来说，这是莫大的耻辱！而对那些她始终恨之入骨，结婚后一直不断与之斗争的波拿巴家族的人来说，这又是多么巨大的胜利！

1809年12月15日9时，杜伊勒里宫灯火辉煌。身着盛装、佩戴各种勋章的国王，内穿丝织紧身衣，外加宫廷华丽服装，脖子上挂着金银饰品的王后、公主，派头十足的达官贵人和军装耀眼的元帅、将军在御殿恭候着。随着叮当一声钟响，皇帝办公室的门扉敞开了，大家依次进入了皇帝办公室。拿破仑和约瑟芬坐在一张大桌子后接待他们。桌上铺着红色的绒布，边上带有穗饰，面上绣有鹰的图案。皇帝摆摆手，大家都默默地坐了下来。皇后身着白色裙装，没有任何装饰，没有戴任何珠宝首饰，头发上只系了一根普普通通的带子。她面色苍白，但很冷静。皇帝表情呆滞而忧郁。康巴塞雷斯和皇家政务秘书勒尼奥也走进了办公室。

拿破仑站了起来，拿起一份文书，声音温和而动听地念着。马雷曾事先为他准备了一份讲稿，可他觉得太生硬，过分正规，所以他亲手修改了讲稿，简短地阐明了离婚的政治必要性，最后以动人的口吻赞美了他昔日多么倾心爱恋，但命运又迫使他与妻子分离：

"上帝知道这样的决定给我的心里添了多少痛苦！但是，只要向我表明了这是有益于法国利益的，我都会以巨大的勇气做出牺牲——我要赞美我可爱的妻子的忠诚和温柔——我要她继续保留皇后的地位和称号，但希望她千万别怀疑我的感情，要把我当作她最好、最亲的朋友。"

他讲罢坐了下来。约瑟芬随后站了起来。她也觉得别人交给她念的声明太平淡无味，于是也亲手做了修改，字里行间透出她的娴雅和痛苦：

"征得我尊敬的、亲爱的丈夫的同意，我必须声明：鉴于没有任何生儿育女的希望，以满足他的政治需要和法兰西的利益，我自愿向他做出世间从未有过的爱与忠的最大表示……"

此时，约瑟芬声音哽咽得无法继续念下去，她颓坐在椅子上，勒尼奥接过讲稿，代她念了下去："我的一切全归于他的恩赐。是他亲自给我戴上了皇冠，在皇后的宝座上，我得到的是法国人民的忠诚与爱戴……解除我的婚约决不会改变我内心的情感。皇上将永远不会失去我这个最好的朋友……我们俩都为以祖国利益为重做出这一牺牲而感到光荣。"

不幸的皇后坐在那里一动不动地听着。拿破仑拿起她的手，紧紧地握着。此时此刻是多么使人心碎，连刚才还得意扬扬的波拿巴家族的人也动了真情。皇太后擦下了一滴眼泪，拿破仑的两个妹妹仿佛在发愣。欧仁站在皇帝身边，伤心得不停地发颤，奥坦丝双手捂着脸。

康巴塞雷斯整理了离婚笔录。拿破仑签了字，字迹显得很沉重，约瑟芬在下方签上了自己的名字，皇太后手指不停地颤抖，也签了字。接着，波拿巴家族的成员一一签名。

拿破仑尽最大的努力，保障了约瑟芬奢侈的生活习惯。以前，他曾讲过赐给她罗马王位和500万的年金。可最后拍板时，他考虑到自己作为一国之君一直都比较节俭，因此没有信守承诺，最后决定爱丽舍宫、马尔梅松宫或另一座城堡由她自己挑选，她的一切债务一次性替她还清，另加300万年金。

拿破仑庞大的帝国江山应该后继有人。与约瑟芬离婚虽然给他带来了短暂的痛苦，但同时也使他对未来充满了新的希望。

拿破仑现在迫不及待地想再娶一个女人，并希望很快地得到合法继承人。

他首先把目光落在俄国，并派驻俄大使科兰古非正式查询亚历山大的妹妹安娜的情况。不久，科兰古奉命正式向俄国求婚。

拿破仑的提婚引起了俄国宫廷的极大骚动。俄国宫廷中的大部分人是不喜欢拿破仑的，俄国的大地主和贵族们对拿破仑尤其仇恨，他们极力反对这桩婚事。然而，俄国对这位欧洲的征服者又不敢直接拒绝，只好推说皇太后觉得安娜公主太年幼了，想等过两年再议婚期。

拿破仑明显觉察出俄国宫廷使用这种拖延战术的意图。为了避免陷入被拒绝的尴尬境地，拿破仑的目标又转向了奥地利公主。一天，奥地利驻巴黎大使梅特涅被皇帝召见，询问奥地利皇帝是否愿意把自己的女儿玛丽亚·路易莎公主嫁给他。梅特涅马上不假思索地说："奥地利同意出嫁年轻的公主。"梅特涅比谁都清楚：只有借助联姻的机会，方能保全奥地利。如果拿破仑娶了奥地利公主，他就会与亚历山大失和，从而将奥地利看作是天然盟友。奥皇为了国家利益，不会不同意的。

1810年2月7日，拿破仑开始草拟婚约。婚约一拟好，立即请求奥皇批准。奥皇愉快地接受了拿破仑的求婚。在奥地利看来，这场婚姻简直是对奥地利的一次拯救。人们热烈欢呼，把这件婚事看成是和平的永久保证，人们希望大陆的休养生息再不会被法奥的敌对行为破坏。商人们纷纷购进奥地利股票，奥地利股票顿时猛涨。

拿破仑对于玛丽亚·路易莎的相貌、性情等方面一无所知。他只见过她的肖像，只知道她是奥皇的原配夫人所生，今年 18 岁，有一头飘逸的金发，笑起来一脸孩子气。虽然她较有教养，能写会画，会弹钢琴，会讲六国语言，但就整体而言，她毫无生活经验，纯洁无邪得连雄性动物都不敢养，她读的书经过严格挑选，对看到的一切全都难以理解。就像是寄宿学校长大的，温柔、虔诚、充满爱心的女学生，但没有理想和意志。

而玛丽亚·路易莎对拿破仑没有任何好印象。在她眼里，拿破仑这个可恶又可怕的科西嘉人是从大革命的鲜血与泥污中冒出的基督教的大敌。他简直是个野蛮的土耳其人，不信教的坏蛋，他抛弃妻子，打骂大臣。他先后三次打败了奥地利，两次把她热爱的父亲赶出维也纳，废黜了她父亲的皇位，使她父亲跪倒在地，蒙受奇耻大辱。一谈起这些事，她都充满恐惧。

所以，当奥皇决定牺牲她来与拿破仑联姻时，并没敢直接对女儿谈起这件事，但奥地利的公主从来都是奥地利政治的工具，连年战败、受创惨重的奥地利需要由路易莎公主来承担起“挽救祖国”的重任。所以奥皇写信向女儿说明了事情的始末，接着又派梅特涅去探问她的回复。

“我父亲是怎么想的？”公主问道。

梅特涅说皇帝不愿违背她的心愿，可皇朝的利益就会因此而落空！她没有违命，作为奥地利的公主她不得不牺牲自己，顺从地表示：“我不想别的，只服从我的义务。既然有关我父亲的利益，那就该按他的意志行事，大可不必过于顾虑我想什么……”

得到她肯定的答复后奥皇向拿破仑做出了热情的回复。玛丽亚·路易莎周围的人仿佛都得到了命令似的，兄弟姐妹纷纷来安慰她，祝贺她，说等待她的将是幸福……

拿破仑现在满脑子里想的只是这件婚事，一种从未像现在这样强烈的骄傲使他头脑发热。他这个“小贵族”，雅各宾党的小兵终于要和欧洲最古老、最显赫的皇族联姻了。他将要娶到一位“恺撒家族的公主”，他从来没有像现在这样看到自己的天才力量和伟大命运。

拿破仑像个小学生似的，用礼仪纸给玛丽亚·路易莎写了一封感谢信。他在心底构想未来的家庭，委托妹妹操办礼物和嫁妆，希望办得出色并能令公主满意。他一方面等待派往维也纳的特使贝尔蒂埃代他迎娶公主，一方面又迫不及待地派人给公主送去豪华的礼品。玛丽亚·路易莎十分慷慨地把大部分礼物都分给了周围的人。她接受了命运的安排，但当她与父皇和继母告别赴法时，还是禁不住泪如泉涌。

拿破仑这时已经开始为未来的儿子设想了，他打算把罗马王位赐予长子。于是他采取措施，不给欧仁在意大利继承王位的任何希望，他决定将法兰克福的那块大公领地赐给欧仁作为补偿，甚至想指定他为瑞典王位的继承人。尽管已经做好了迎接玛丽亚·路易莎的一切准备工作，拿破化还是焦躁不安。临行前几天，他还拉着科维扎尔不放，追问自己的生育能力情况：“御医，男性生育能力一般能保持多少年？比如，一个60岁的人与一个年轻女子结婚，他还能生育吗？”

“有时可以。”

“那70岁呢？”

“还是可以的，陛下。”御医嘟哝道。

拿破仑才40岁，他感到放心了。不过，他急于看到他的娇妻！他一遇上在维也纳有幸见过她一面的人就打听她的情况，好奇心十足地问个不停。

他兴致勃勃，什么都问个仔细。玛丽亚·路易莎的一只鞋子送到巴黎做鞋样。拿破仑见这鞋小巧玲珑，不禁心花怒放，他用鞋子轻轻打了打贴身侍从贡斯当的脸颊说：“这鞋可是个好兆头。这样小巧的鞋，您见过多少？真够让人爱不释手的。”

玛丽亚·路易莎由拿破仑的妹妹卡罗利娜陪同走一站停一站。拿破仑每天给她去一封信，送上珍贵罕见的鲜花、小鸟。她写信作答，虽然话不多，意不深，但拿破仑都如获至宝，读得津津有味。他把对皇帝继承人渴盼的心情都化作了对新皇后玛丽亚·路易莎的渴盼，一封封信札也写得极为热切：

妹妹：

听说您才貌双全，这次允婚显示出对我的无限信赖，非常感人。每当听到人们对您赞誉有加时，我的心中就情不自禁地升腾起幸福与自豪的波涛。但愿您能理解，并能同我一样珍视这情思！小姐，此时我真想拜倒在您脚下，捧上我敬慕、渴望与缠绵的感情。希望您能珍惜我这份真诚的情感并以之为幸福之源。

您亲爱的哥哥拿破仑

1810 年 2 月 26 日

夫人：

希望殿下在布芬瑙或更早一些就能接到此信。我在屈指计算时日。时间像停滞了似的，过得真慢。在有幸见到您之前，我将度日如年。我的臣民也跟我一样急不可待。我已告诉他们，您将是法国人民温情的母亲。夫人，您也会发现：他们是热爱您的子民。希望我纯真的炽情能令您满意，在这一点上您将无可挑剔。不过我还是急切地想知道，您对此是否与我有同感。请相信我，世上没有任何人比我更炽热、更坚贞地爱您。

拿破仑

1810 年 3 月 10 日

夫人：

已接到您的画像。奥地利皇后想得非常周到，把画像送给了我。我仿佛从画像上看到了您的美好心灵——那个赢得了我及大家爱戴的心灵……想此时您能尽快地来到巴黎，急盼您。

拿破仑

1810 年 3 月 20 日

夫人：

刚发出昨天写给您的信，就接到殿下写来的玉札。您写了那么多甜蜜的话语，给我做了令我心醉的爱情表白，我内心激动不已。此刻如能看到您该多好！我将向您倾吐我心中最灼热的爱情语言！上午我去打猎，已将打到的四只野鸡献给我心中的法兰西皇后。为什么我不是您面前的侍从？为什么不能马上单膝跪地，吻您那美丽的双手？我思念您，路易莎。

您的拿破仑

1810 年 3 月 24 日

3 月 27 日皇后就要抵达苏瓦松。拿破仑再也等不及了，他叫来内侍说："贡斯当，去叫一辆没有皇家标志的马车，再回来给我更衣。"

他想出其不意地以一个普通军官的面貌出现在玛丽亚 · 路易莎的面前。他希望看到她惊愕的样子。这天早上，他精心地打扮了一番，他往身上喷了点香水，用发蜡把自己那一绺传奇式的头发固定在前额上。

他和缪拉两人冒着倾盆大雨，驱车去迎接皇后。在香槟省的古尔塞尔村，他们与玛丽亚·路易莎车队的先头信使相遇。皇帝跳下马，躲到了教堂的门前。拿破仑一边示意皇后的车夫停下，一边飞快地向华丽的马车奔去。车夫一见是他，连忙放下车梯，高喊道："皇帝驾到！"

拿破仑气恼地训了他一句："你没有看见我示意让你别喊吗？"

接着，他顾不上什么礼仪，直接钻进了马车，一下子搂住了玛丽亚 · 路易莎的脖子。玛丽亚 · 路易莎惊愕得说不出话来。他坐到她身边，命令车夫中途不要停车，径直去贡比涅。

他握住妻子的双手，见她患了重感冒，便嘘寒问暖，还十分随便但又充满情感地谈起她的父母来。他谈笑风生，犹如一个二十岁的情人。她显得笨拙、拘谨，这反而使他大为高兴。他尤其喜欢她的这身打扮：深红色的衣裙，上面绣着金边。他觉得，她比他想象的要美得多。她从头到脚，天然生就一副公主的派头。路易莎在惊愕过后，渐渐变得温顺起来。拿破仑的照顾与关心，使她感到既诧异又欣慰。她原以为要委身于人身牛头的怪兽，没想到他长得还很年轻，相貌堂堂，特别是他微笑时，更是一副令人赞叹的天真神态。

“您临行前，父母跟您说了些什么吗？”他问道。

“让我完全属于您，听从您的一切吩咐……”她很快用不太流利的法语同他交谈起来。

抵达贡比涅时，天已经全黑。皇帝下车时把手递给玛丽亚·路易莎，他顾不得奉承和赞美的人群，领着妻子来到她的卧室，与他的妹妹一起自由自在地进餐。按原计划，这一夜皇帝应该在行宫外的掌玺大臣府邸休息。可他怎么也舍不得离开玛丽亚·路易莎一步，而且执意就在当天夜里与她结为夫妻。

翌日梳洗完毕，一位副官进屋向他汇报工作。皇帝听完汇报后拧了一下副官的耳朵，喜气洋洋地开玩笑说：“亲爱的，娶一位德国姑娘吧，那可是世界上最好的女人，温柔、善良、天真，像玫瑰一样鲜艳。”

他又回到皇后的房间，中午让侍女把她的饭送到床头。整个白天，他兴高采烈，和蔼可亲。晚餐前，演奏了一场音乐会。玛丽亚·路易莎容光焕发，身着玫瑰色衣裙。拿破仑在她身旁的椅子上打瞌睡。她觉得很有趣，用手肘把他碰醒。他说了几句亲切的话，不一会儿就又睡着了。

年轻的皇后虽然外表冰冷，可内心却充满热情。无论是公开场合还是私下相处，拿破仑都很关心她，对她关怀备至，体贴入微，终于使皇后喜笑颜开。她写信给她父亲说：“自从我来到这儿，他就一直和我在一起，他无比爱我。我对他感激不尽，也诚心诚意地报答他的爱……他有时是那么迷人、诱人，简直难以抵挡。我身体一直很健康……亲爱的爸爸，我向您保证，皇帝比您还严厉地监督我谨慎用药。只要我咳嗽，他就不允许我在两点钟前起床。”

3 月 30 日他们出发去圣克鲁，第二天在那里举行了盛大的非宗教婚礼仪式。4 月 1 日，在卢浮宫的四沙龙，由费什主教主持了宗教婚礼仪式。

玛丽亚·路易莎的宫殿比约瑟芬的还要讲究。原皇后的宫廷贵妇大部分留用，拿破仑还特意给她选了两位女伴：拉纳的遗孀和德·蒙特贝洛女公爵。

德·蒙特贝洛女公爵年轻美丽，得到过皇帝的巨额馈赠，但一直埋怨他没有赐给她一顶公主的桂冠，不过，能在皇后的宫中占有首屈一指的位置，她也就欣然同意了。从此，她在玛丽亚·路易莎的宫里独断专行，说一不二，软弱的维也纳女子只能默许了她的行为。

拿破仑在玛丽亚·路易莎的身边安排了许多按服装颜色命名的红女、黑女、白女。她们毫不留情地挡住来见皇后的男人。他想避免发生任何不该发生的事情，他向来不相信女人的贞洁，他常说："男女私通只不过是沙发上的事。"过去，他给了约瑟芬很大的自由，可现在他对这个年轻的妻子的态度却迥然不同。他不同意她单独散步、看演出或见人。有一次，德·蒙特贝洛夫人一时疏忽，把她的一位年轻的表弟介绍给了皇后，为此遭到了拿破仑的严厉训斥。玛丽亚·路易莎只能由宫女陪着学音乐、绘画或梳妆。

玛丽亚·路易莎不在卧室时，仆人和工人才能进去。只有在巴黎逗留的梅特涅得到了拿破仑的特别关照，因为将由他向维也纳汇报玛丽亚·路易莎的美满生活。

拿破仑过去是惊人的忙，现在工作被他抛弃了。他本来就是具有家庭观念的人，现在他与玛丽亚之间的感情不断升温后表现得更加明显。当然，其中也不乏一位40岁男子对20岁娇妻常有的讨好和保护者的心态。他每天陪在妻子的身边，帮她梳妆打扮，和她闲聊，听她弹钢琴，让她为自己画肖像，陪她散步，教她打台球、骑马……这一段玩乐的生活仿佛成了他一生中的间歇。不少人对此感到诧异，他解释说："有人责备我沉醉于与奥地利皇室的联姻中，婚后再也不把自己当作真正的皇帝看待。总之，责备我结婚以后自以为是亚历山大，神之子……我从天上得到了一位漂亮、年轻、令人愉快的妻子，难道我就没有权利表示几分快乐吗？"

玛丽亚·路易莎也深深地爱着他，她对叔父德·维尔茨堡大公说："我不想给他造成任何不安。"只要拿破仑有两三个小时没有出现，她就焦虑不安。

她的衣橱、珠宝盒满得不能再满了。她对弟弟安托万说："我正成为古老的欧洲首饰和服饰最富有的人。”她每天梳妆费用为1000法郎，每月的首饰费用为12000法郎。她为此感慨万分地说：“拿破仑对她的妻子真是很舍得花钱！”

当拿破仑得知玛丽亚·路易莎怀孕的消息后，快活得难以言表，他与皇后形影不离。他上哪里，玛丽亚就被要求跟到哪里，与他寸步不离。要是拿破仑有事，就建议她去听音乐或是参观博物馆，她总是像个惯坏了的孩子似的坚决不依：“不！除非你陪我去。”

“可是我没有时间。”

“那我宁愿在家。”

看到她赌气撅嘴的样子，拿破仑就立刻依了她，拿破仑向来讨厌怀孕的女人，可对这个不久就要给他生下宝贝儿子的大肚子女人却满心喜欢。他毫不怀疑即将诞生的孩子是个男婴，他满怀激情地为尚未出生的儿子准备好一切，提前赐给他罗马王的称号，选定宫廷最受人尊敬的德·孟德斯鸠夫人为儿子的女老师，满面笑容的奥夏尔夫人为儿子的奶妈。

1811年3月19日晚上8时许，已成为皇后密友的德·蒙特贝洛公爵夫人从小客厅出来，禀报皇后开始出现临产前的阵痛。宫殿里渐渐挤满了身着盛装的人们。拿破仑轻轻扶着玛丽亚·路易莎进入她的卧室，鼓励她打消她那担心会死去的恐怖心理。等待着的家庭成员一个个焦虑不安，愈来愈感到困倦。皇上本人也毫不掩饰内心的忧虑，神色紧张、阴郁。当初期的阵痛渐渐减轻后，玛丽亚·路易莎睡着了，宫廷人员也各自离去。拿破仑看时间已经接近凌晨就先回自己房间洗澡去了，突然助产师杜布瓦惊慌地闯了进来。拿破仑以为出现了不幸，大声问道：

“怎么，她死了吗？”

杜布瓦忙禀报了他恐慌的因由：阵痛又出现了，她很快就要分娩，可孩子胎位不正，先露脚。

“那您看怎么办？”拿破仑不安地问道：“啊，上帝，会有危险吗？”

“陛下，要么保母亲，要么保孩子。”

“保母亲，”拿破仑不假思索地说，“保母亲，她必须生存。”

接着，他又添了一句：“别慌，杜布瓦先生。就把她当作圣德尼大街的卖花女，别老惦记着她是皇后。”

拿破仑走出浴室，穿上衣服，快步跑到妻子的房间。皇帝不忍目睹，忙躲到了隔壁房间，他紧张得呼吸困难，浑身冒汗。终于，杜布瓦跑来对他说：“陛下，皇后得救了。”

他连忙冲到玛丽亚身边，拥吻着她。新生儿一动不动，像是死了，德·孟德斯鸠夫人把他抱在膝上，用热毛巾给他擦身子，又朝他嘴里喷了一点白酒。七分钟后，孩子发出一声啼哭。拿破仑为之一惊，他跑向孩子并抱起孩子，亲吻他的额头，然后把他抱到玛丽亚·路易莎跟前，他激动得走路都有些摇摇晃晃。

“好了，”他对路易莎说，“他得救了！”

“是个男孩吗？”路易莎问。

“是的，”他长舒了一口气，抱着孩子颤抖着说，“我简直难以感觉这巨大的幸福！可怜的妻子受的苦太大了！”

当一百零一声礼炮响起时，拿破仑把头靠在微微震荡的玻璃上，流下了眼泪。他担心了一整天，焦虑过度，神情严肃，甚至有些悲伤。

他派欧仁去把罗马王诞生的消息告诉约瑟芬。约瑟芬为皇帝对她的关心感到幸福，并向他表示祝贺。他很快回信说：“朋友，我收到了你的信。我谢谢你。我儿子胖胖的，身体很棒。我希望他能健康成长。他的胸脯、嘴巴、眼睛和我长得一模一样。但愿他能担当起他的伟大使命。”

他在这个孩子身上倾注了一切。他骄傲、自豪、对前途充满信心，对这个孩子百般疼爱……

玛丽亚·路易莎虽然很喜欢自己的儿子，但很少管他。她把孩子交给女教师抱，自己不敢抱他、亲他，担心碰坏他。再者，她觉得把孩子交给别人哺养是应该的。她自己从小就不在母亲身边，是奶妈一手带大的。

自玛丽亚·路易莎生产后，拿破仑开始恢复了以前的许多生活习惯。他单独睡觉、吃饭，几乎一头扎进工作中，接待来宾、主持内阁会议、检阅部队，重新被他的“政务”缠住了身，他经常工作到深夜。

4 月，他带着玛丽亚皇后出游。皇后产后一直没有恢复好，加之旅途劳顿引起身体不适，所以整天闷闷不乐。拿破仑想方设法让皇后对他们出游的地方感兴趣，他讲各种有意思的故事和笑话来逗她开心。

6 月 9 日，在巴黎圣母院为罗马王举行了洗礼，这是帝国最豪华的一次仪式，花费了近 200 万法郎。奥地利皇帝和约瑟夫国王为孩子的教父，皇太后和奥坦丝王后为教母，费什大主教为洗礼的主祭。

1811 年的最后几周里，人们仿佛在不安地期待着什么，整个欧洲和法兰西都处于呆滞状态。许多人都感觉到有什么重大的事件就要发生。有一天，拿破仑看着小罗马王，自言自语道：“可怜的孩子，我将给你留下多少混乱不堪的事情？”

第十四章

帝国的巅峰

此时的拿破仑已经到了他生命中最辉煌的时期。他娶了欧洲大陆上最古老的王朝的公主；教皇和奥皇的气势都已经被他打压下去了；德意志匍匐在他脚下；法国、意大利和莱茵联盟衷心感激他，承认他强有力的统治给他们带来很多的好处。

此时的拿破仑已经到了他生命中最辉煌的时期。他娶了欧洲大陆上最古老的王朝的公主；教皇和奥皇的气势都已经被他打压下去了；德意志匍匐在他脚下；法国、意大利和莱茵联盟衷心地感激他，承认他强有力的统治给他们带来很多的好处；沙皇自爱尔福特会晤以后，至今仍然亦步亦趋；瑞典已屈服于法俄两位皇帝；土耳其之所以能苟延残喘，只是因为拿破仑认为瓜分它的时机还未到。

虽然英国还没有被最后征服，但拿破仑有理由认为英国的实力在迅速衰竭：临近 1810 年底，英国公债价格暴跌，平均每月有 250 家企业宣告破产。此前，英军远征瓦尔赫伦岛失败，损失惨重，而且英国内阁意见出现分歧，加之大陆封锁制度又紧紧掐住它，削弱它，英国似乎濒临毁灭。

1810 年 7 月，拿破仑派兵赶走了不太听话的荷兰国王路易，并把荷兰并入了法兰西。这年年底，拿破仑又吞并了奥尔登堡、贝格北部、威斯特发利亚和汉诺威，以及爱劳恩堡和不来梅、汉堡、吕贝克三个城市，从而使海岸封锁制度扩展到荷兰施泰因边境。

现在荷兰、德意志及整个欧洲的商人们都必须按照他签署的法令申报他们所有的殖民地商品，并缴纳关税，违者没收。这类货物，凡是储存在距离帝国边界四天路程以内的地方，即视为私货。他还嘱咐缪拉和欧仁，对殖民地货物要征收重税，借以充实他们的国库，获得复兴商业所需的资金。不过，欧仁他提醒，只对美国和殖民地的棉花征收重税，而对地中海东部沿岸地区的棉花进口给予优惠。热罗姆也奉命必须在威斯特发利亚严格实行特里亚农宫颁布的关税税率，并提醒普鲁士和莱茵联盟，对殖民地产品征收这样的重税，

欧仁，约瑟芬与第一任丈夫博阿尔内的儿子。法兰西第一帝国时期，拿破仑任命其为意大利总督

他们就可以获得几百万法郎，而损失则由英国商界和私贩承担。

这个说法表明拿破仑太过天真了。他让他的那些官员在漫长的边界上监视为数不下十万且神出鬼没的私贩，本已疲于奔命，他却以为他们还能分清哪些棉花来自叙利亚，哪些来自美国，要求对美国棉花每百千克征税 800 法郎，而对叙利亚的棉花则只征税 400 法郎。他似乎并不知道，要按这种税率征税，必须有大批铁面无私的海关官员，而这种人是世间少有的，他们还要经过严格训练，并且还要像拿破仑那样精力充沛，无所不知才可以。

他还颁布了特里亚农税制，其目的在于阻止英国殖民地产品进口，如果做不到这一点，也要在这些货物上捞一大笔税款。他还竭力威吓欧洲大陆的商人，使他们不敢接受任何英国工业品。1810 年 10 月 8 日，他在枫丹白露颁布敕令，规定所有这样的货物都要被没收，并当众烧毁。5 周后，又成立了特别法庭以便贯彻这些谕旨，不管是当场捉住的私贩，还是出于无心，偶然出卖兰开夏棉布或孟加拉丝织品的店主都要遭到审判。

但是，拿破仑早已意识到大陆封锁制度的执行，在某些特殊的情况下不得不暗地放宽。尽管一些商会代表对这个制度歌功颂德，可是他知道法国各海港城市正处于困境，也知道法国的关税已使国内原棉和染料价格增加一倍，本国的棉布厂商无法同英国兰开夏的棉布厂商竞争。因此，他想出了一种奇妙的方法，那就是让大陆商人购买一种特许证，以便偷偷地违反自己颁布的法令。

最早发出同类秘密许可证的似乎是英国政府。可是，拿破仑签署封锁英国的敕令，墨迹未干，就默许违反了。当法国的咖啡和其他使生活舒适的东西显得缺乏时，为了满足御膳所需，就秘密地从不讲信义的英格兰进口。最后发展到在 1810 年 7 月暗中把进口违禁品的特许证卖给受到特别照顾的商人。许多官吏都因私售特许证发了大财。

当然，拿破仑也试图鼓励法国人的创造性，以克服实行大陆封锁政策给法国以及整个欧洲带来的巨大困难。在他的鼓励下，有发明能力和肯勤劳耕种的人，很快就能搞出种类繁多的产品来。烟叶、稻谷和棉花，可以在南部各地种植。人们不畏险阻，从陆路运来了亚洲的农产品，英国的巡洋舰无法堵截。阿拉伯运来的咖啡征税很少，这样一来，美洲生产咖啡的人就会破产。当芬芳的咖啡豆越来越缺乏时，爱国的人们便发现菊芭颇为可口，可以代替咖啡饮用，科学工作者也力劝法国厂商用藩蓝代替靛青。谁能想法子补救热带产品和染料的不足，谁就会得到法国政府和地方商会的奖赏。

这种使人既饱且乐的政策，在法国大体上是成功的，至少保证了局面安定。法国人是强烈支持实施商业禁令的，他们已普遍厌战了，甚至巴黎人在嬉笑时，常常会迸发出针对皇帝的冷言冷语，只要话说得俏皮，就算在人群里挖苦皇帝也没事。巴黎人不像德意志人那样害怕拿破仑。但在外省，舆论界似乎更为赞赏拿破仑。就全国来说，大多数民众还是觉得法军了不起，也喜欢强有力的行政管理，尤其憎恨英国，想夺取英国在全世界的帝国属地。这一切，使法国人民默默地忍受着严格的出版法、繁重的赋税、战争年代高涨的物价和特许货物进口的制度，并且不反对以菊芭作为咖啡的替代品。

对德意志人来说，情况要难受得多，而且可以自我安慰之处更少。拿破仑扫除了封建制度，使德意志的面貌焕然一新，一时赢得了德国那些主要思想家的敬慕。他似乎将要唤起德意志人民积极参与公共事务的意识。但现在，觉醒了的德意志民族已成为拿破仑帝国的敌人，德意志各大学的学生也已成为德意志民族反对拿破仑这个西方皇帝的倡导者。1810 年，正值勇敢的普鲁士王后因伤心过度而死去，法国军队和海关官员们又查封和焚毁了殖民地进口货，普鲁士人极度悲愤的时候，普鲁士的思想家和实践家取得了较为密切的联手，彼此都得到了益处。思想家再也不是徒然空想，普鲁士官方人士的人生观也不那么狭隘了。在高等学府和工业中心，人们都在暗中摸索，要达到更高度的团结，要建立更严密的政治组织。他们的努力，果然在拿破仑这股洪水泛滥过后，为一个新的德意志的诞生奠定了基础。

不管怎么说，拿破仑政权在 1811 年比以往任何时候都要稳固。他决定在一个比查理大帝的帝国更为辽阔，并且世世代代传下去的帝国中，恢复古老的选帝制度，以巴黎为首都，罗马为陪都，将来每一代皇帝都要在罗马进行第二次加冕。此外，为了不使中世纪那种皇帝与教皇争夺罗马最高权力的事件再次发生，他干脆把教皇原有的统治权抓在自己手里，完全根据伊拉斯特斯的观念规定教皇的地位，由帝国拨款供养教皇，并且让教皇在两个地方设立教廷，一个必须在巴黎，另一个在罗马。

眼前，一切似乎都有利于拿破仑这个新查理大帝。世界上从未见过像拿破仑帝国这样强盛的帝国，他在罗马王出世时，理直气壮地欢呼："本朝最辉煌的时代开始了！"一切征兆似乎都很吉祥。在法国，反对派几乎鸦雀无声。意大利人、瑞士人甚至某些西班牙人，都在帮助他压制普鲁士。荷兰人和丹麦人替他把席尔的普鲁士非正规军困死在斯特拉尔格，最后加以消灭。波兰骑兵冒着西班牙人的炮火冲上索莫山隘口，并在阿尔布埃拉血迹斑斑的战场上英勇作战。莱茵联盟能够派遣 15 万名士兵替他作战，哈布斯堡王室是他的藩属。拿破仑实现远征东方的宏图大略的时机，似乎已经到来了。

在拿破仑看来，在欧洲取得若干次胜利，比起征服东方来就相形见绌了。1810 年秋，拿破仑派遣间谍仔细察看埃及和叙利亚要塞，又命令驻地中海东岸各地的领事，每隔半年向他报告土耳其帝国的情况，他催促早日建成船厂和战舰，宏大的工程在安特卫普和瑟堡加紧进行，还要在北至特塞尔岛，南至那不勒斯和的里雅斯特的每一个合适的港口建造战舰和炮艇。拿破仑指望这样大干一场，将能造出 104 艘主力舰，以掩护从地中海、瑟堡、布伦和斯海尔德河开出的运输舰只，用二十万大军威胁英国。他还打算使法国的三色旗再度在开罗城堡上飘扬，并经由红海威胁印度。但是，上帝另有安排，注定他要从俄国铩羽而归，不得不在萨克森平原上为保卫他的帝国而战。

但是，在这一刻来临之前，拿破仑帝国的确处于全盛时期。

第十五章

法俄的决裂

拿破仑迟迟不从普鲁士撤军引起了沙皇的极大不满，沙俄对大陆封锁政策的阳奉阴违同样也激怒了拿破仑。拿破仑高声谈论起对俄战争："亚历山大的这一行动，如果他不赶快刹住，明年就会不由自主地越走越远，这样下去，战争就会发生，由不得他，也由不得我。"

自《提尔西特和约》签订以来，法俄两国皇帝表现出极度的友好和亲热。然而，两国皇帝心里都明白，法俄之间由来已久的矛盾并未消除，法俄冲突最终不可避免。法俄矛盾首先表现在争夺土耳其上。在提尔西特和爱尔福特，拿破仑曾坚定地答应把摩尔达维亚和瓦拉几亚给沙皇。但是不久以后，拿破仑对土耳其问题改变了看法。1811 年，俄土发生战争，俄国连战连胜，土耳其拟向俄国求和，割让摩尔达维亚和瓦拉几亚。可就在这时，法国派密使去见奥地利公使梅特涅，怂恿奥地利出兵塞尔维亚，并表示法国不会帮助俄国，土耳其获知这一消息后，立即对俄转强硬态度，取消求和割地的打算。沙皇对法国这一行为非常恼怒。另外，沙皇曾企图把土耳其赶出欧洲，占领伊斯坦布尔,但遭到拿破仑的坚决反对。他不能允许亚历山大越过巴尔干山脉一步。有一天，拿破仑指着土耳其地图上的伊斯坦布尔，极为激动地说："伊斯坦布尔！伊斯坦布尔！决不能给他！这是世界帝国！"

法俄两国在波兰问题上也是矛盾重重。法国虽在《提尔西特和约》中同意不重建波兰，但它把从普鲁士手中夺到的波兰地区组成一个华沙大公国，而且还准备恢复波兰王国的旧疆界，并把立陶宛、加利西亚和乌克兰的一部分也合并进去。俄国对此十分惊慌，害怕拿破仑会夺走它在三次瓜分波兰中所获得的领土。亚历山大曾用威胁的语调要求拿破仑不要去加强华沙大公国的实力和重建波兰，拿破仑断然拒绝，他说："用这样的语调是什么意思，难道想打仗？……我决不会宣布波兰王国永远不会重建并败坏自己的声誉。"

拿破仑迟迟不从普鲁士撤军引起了沙皇的极大不满。这时，沙俄的军事力量已经延伸到波罗的海、黑海和波兰，并在多瑙河下游站住了脚，它还准

亚历山大一世，俄罗斯帝国皇帝。由于他在与拿破仑的战争中打败了拿破仑，一度复兴了欧洲各国的王室，因此又被称为“神圣王”、“欧洲的救世主”。俄国著名心理学家巴甫洛夫认为，亚历山大一世患有忧郁症和自闭症。他爱恋自己的妹妹帕夫洛夫娜女大公，两人关系超出通常的兄妹。他的前半生主要在战争中度过，后半生则沉迷于与宫廷侍女的游玩和对神秘主义的研究中。他的死亡也是个谜，苏联政府曾掘开沙皇时期的墓穴，而他的墓穴中没有尸体

备伸出另一只脚横跨中欧，为确立对德意志的霸权发动攻势。亚历山大强烈要求拿破仑根据和约从普鲁士撤军，拿破仑却充耳不闻。他甚至还不顾亚历山大的强烈抗议，吞并了奥尔登堡，并放逐了奥尔登堡大公，而这位大公正是亚历山大的妹夫。拿破仑此举无疑更加扩大了法俄之间的裂痕。

沙俄对大陆封锁政策的阳奉阴违同样也激怒了拿破仑。沙俄曾默许了600艘英国商船装载着英国货品走私进入俄国，这些英国货品又从俄国流入德意志、奥地利、波兰和欧洲大陆各地，致使拿破仑的大陆封锁政策形同虚设。1811年1月，俄国采用新税率。新税率大大提高了法国输往俄国商品的进口税。拿破仑对俄国的这些行为大为震怒，他第一次高声谈论起对俄战争，他说："亚历山大的这一行动，如果他不赶快刹住，明年就会不由自主地越走越远，这样下去，战争就会发生，由不得他，也由不得我。"拿破仑认为只有制伏了俄国，大陆封锁才能成功，英国才能被置于死地。

不断激化的矛盾很快就把两国推向了战争的边缘，双方都积极备战。特别是拿破仑与俄国联姻失败后，备战的步伐又加快了。人们普遍认为法奥联盟代替了法俄联盟，一场血腥大战即将爆发。

1812年2月和3月，拿破仑分别同普鲁士和奥地利签订了同盟条约。条约规定，奥地利必须出3万名士兵帮助拿破仑作战；普鲁士则必须出两万人，同时还要交2000万公斤裸大麦、4000万公斤小麦、4万只羊、7000万斤啤酒以供军队使用。到1812年春末，欧洲各附庸国基本上都在顺从地准备对俄作战。

这时，欧洲还有两个国家没被拿破仑束缚，即瑞典和土耳其。这两个国家是俄国的近邻，拿破仑计划北联瑞典，南结土耳其，南北同时夹攻俄国。因此，他迫切希望与之结盟。与此同时，俄国为了对付法国，也对这两国展开了积极的外交。当时在瑞典掌握实权的是王储贝尔纳多特。尽管贝尔纳多特曾是拿破仑的元帅，但他害怕与法国结盟会遭到英国海军攻击，所以他对拿破仑的要求迟迟不予回复。就在这时，俄国答应支持瑞典吞并挪威，而法国因为挪威是其盟国丹麦的属国，故而不愿让瑞典吞并挪威。于是为了本国利益，贝尔纳多特决定与俄国结盟。1812 年 4 月 5 日，两国签订了同盟条约，俄国由此解除了北边的威胁。法国还想拉拢土耳其，但俄国在 1812 年初打败土耳其后，主动与之议和。再加上英国从中作梗，防止土耳其与法国结盟，结果俄土两国言归于好。这样，俄国就避免了在南线分兵作战。

尽管拿破仑在争取瑞典和土耳其的外交中败于亚历山大之手，但他并未因此而丧失信心。他现在已集结了五十万大军，这比历次战争中的兵力都要多好几倍，他相信这五十万大军一定会打败那个曾被他痛击过好几次的俄国敌人。当有人以远离法国以及天气恶劣为理由劝说拿破仑放弃这次军事冒险时，他不以为然，并自信地说："再过三年，我就要成为全世界的主人。"

1812 年 4 月 27 日，俄国要求拿破仑撤出在普鲁士和西里西亚的驻军，被拿破仑断然拒绝。随后，拿破仑开始集中各路大军。在这次冒险中，拿破仑或成为整个欧洲的统治者，或彻底垮台，他又一次孤注一掷了。

5 月 9 日早晨 6 时，拿破仑和皇后路易莎离开巴黎，直赴前线。此时他的大军已经分成几路经过德意志各国向波兰前进，并且逐渐向维斯瓦河和涅曼河集中。

鉴于法国兵员多、战线长、战区广及补给困难，拿破仑决定采取快中求稳的方针，即在短期内歼灭俄军主力，然后再巩固占领地区，来年占领莫斯科，最终同俄国议和。还在德累斯顿时，拿破仑就曾说："我要在 9 月底结束战争……我要直捣莫斯科，打一两仗就会了事。我要火烧图拉，这样俄国就会向我屈膝投降。"

6 月 24 日夜晚，拿破仑大军渡过了涅曼河。涅曼河这边死一般寂静，广阔无垠的土地上，一个人影也没有，展现在法军面前的是褐色的土地和枯萎的植物以及遥远地平线上的树林。眼前的景色使拿破仑感到有点不安，他担心俄军不经战斗就撤出立陶宛首都维尔诺，放弃整个俄属波兰，从而诱使法军远离后方基地。这时，法国的间谍一个也没有送回情报，法军对敌人的动向简直一无所知，这更使得拿破仑心情沉重。

不久，间谍送回了情报，报告了俄军在涅曼河前线的部署情况，并说集结在维尔诺的俄军早在三天前就撤往德萨里大营了。拿破仑担心的事终于发生了，他命令乌迪诺、内伊率军前往，追击巴克莱，其他部队快速前进。6月28日，法军不费一枪一弹进入维尔诺。在这里，拿破仑又得到了一个坏消息：由于劳顿、缺乏草料以及夜里的凄风冷雨，一万匹军马死在行军路上。同样由于饥寒交迫和过度疲劳，许多年轻的禁卫军士兵也在行军途中倒下了。拿破仑开始意识到这次远征的艰难。

正当拿破仑为俄军没在维尔诺与他决战而忧虑万分时，沙皇的侍从武官巴拉索夫来到了维尔诺，他带给拿破仑一封亚历山大的亲笔信。亚历山大在信中责问法国为何在和平时期入侵俄国，他还建议说，如果拿破仑愿意把军队撤到涅曼河对岸，两国可以冰释前嫌，交换意见，解决过去悬而未决的问题。拿破仑的自信心再次被这封信激发起来了，他激动地说："骄傲跋扈的亚历山大想求和了，他害怕了，我军神速进军已使俄国人惊慌失措，惶惶不可终日。用不了一个月，他们将会统统跪在我的面前。"其实，求和只是亚历山大玩弄的缓兵之计，拿破仑不知道这些，他也不需要知道，他早已下定决心要彻底摧毁这个与自己对抗的敌人。

此时，华沙议会派了一个代表团来到维尔诺，他们一方面是来鼓动立陶宛人起来反对俄国压迫者，另一方面是来向拿破仑表达复国要求。拿破仑闪烁其词地答应了他，却没有把立陶宛并入波兰，而是在立陶宛设立了一个临时行政管理机关，波兰人的热情被泼了一盆冷水。

6月29日，拿破仑接到消息说，俄军巴格拉季昂第二方面军也从沃尔科维斯克撤往尼古拉耶夫了。拿破仑立即命令达武军前往追击。拿破仑在维尔诺整整住了18天，他天天焦急地等待着各个军团的消息，每次见到各军团来人时，他第一句问话就是："你们抓到了多少俘虏？"可得到的答案总是令他很失望，法军到现在还没遇上过俄军。一天，远处传来一阵轰鸣声，拿破仑以为是法军同俄军交上了火，高兴地跳了起来。他竖起耳朵仔细辨别着炮声来自何方，但很快就发现刚才的轰鸣声只不过是雷声。紧接着，天空一片漆黑，一场罕见的特大暴雨从空中倾泻而下，不多时，周围一片汪洋，道路田野全被淹没，一万匹战马和许多士兵均葬身于大水之中，大批物资也毁于瞬间。

两路俄军在继续撤退，巴格拉季昂已撤至明斯克，巴克莱也退到了维特斯克，而且随着法军的猛追，俄军退却的速度也在加快。拿破仑决计要赶在两路俄军会合前将他们逐一消灭。他自己也于7月16日离开了维尔诺。

7月26日，法军前卫部队终于赶上了巴克莱的后卫部队，两军在奥斯特罗夫诺近郊展开了激战。法军付出了相当大的代价才将这支敌军击溃。法军继续追击。第二天在维特斯克，法军追上了俄军的主力部队，双方都仓促应战，伤亡惨重。这一天，法军是在紧张的行军和激烈的炮击中度过的，拿破仑一天都没有下马背。他认定法军渴望已久的大会战将在明天拂晓时进行。他满面春风，时刻都在骄傲地微笑。他把双方兵力进行了对比，对胜利充满了信心。他预言明日的维特斯克一战便是新的奥斯特利茨之战，此仗打赢便能迫使亚历山大求和。

7月28日，天刚拂晓，法军突然发现对面的俄国人无影无踪，俄军放弃了维特斯克，拿破仑的失望情绪简直无法用语言来形容。天亮之后，法军不得不像猎人一样，派人从各个方向搜寻敌人的踪迹。可是，无法知道敌人是从哪条路线上撤走的，因为每条道路上都有车马经过的大量痕迹。法军如同一条在茫茫大海上失去罗盘的海船，毫无目标。后来，好不容易抓到了两个农民，从他们口中得知俄军主力早在4天前就离开了此地。拿破仑犹豫了一个多小时，最后终于发出命令："也许俄国人想在斯摩棱斯克同我决战，巴格拉季昂还没有同他们会合，我们必须迅速地攻击他们。"

此时，法军的情况非常糟糕。士兵们被炎热的天气和艰苦的行军弄得疲乏不堪，马匹大量死亡。两年来花费巨大开支积蓄起来的各种军需物资，由于盗窃和遗失，已损失了很多。粮食供应严重不足，人人饥肠辘辘。缪拉的参谋长贝利亚尔将军曾壮着胆子向拿破仑提意见说："陛下，您应该了解事情的真相，我们进军的路程太远了，而部队已经疲劳到了极点。在战斗中，当军官们下令冲锋时，您会发现那些平时最勇敢的小伙子也都落在后面，因为他们的马根本跑不动了。”拿破仑对这些意见充耳不闻。在他看来，这些都是实现其目标所必须付出的牺牲，他决心不惜一切代价去达到目的。巴克莱和巴格拉季昂的两支俄军从不同道路奔向斯摩棱斯克，法军最终没能在两路俄军会合前给俄军以决定性的打击。

8月4日，两支俄军会合于斯摩棱斯克。8月12日，拿破仑离开维特斯克，他希望在斯摩棱斯克与敌人决战。8月15日，拿破仑的大军逼近了斯摩棱斯克，这一天，双方展开了猛烈的炮击。16日清晨，拿破仑下令对斯摩棱斯克进行总攻，这场战斗一直延续到下午6时，战斗进行得异常激烈，守卫该城的俄军十分英勇，法军最终只占领了斯摩棱斯克的近郊，未能占领市中心。晚上，拿破仑召见达武元帅，命他在第二天无论如何要占领斯摩棱斯克。他计划借此一战击溃俄军主力，然后停留在斯摩棱斯克过冬，休整部队，巩固在波兰、立陶宛和白俄罗斯的后方。同时，等待从欧洲来的增援部队，来年春天再向莫斯科或圣彼得堡进攻。

8月17日，激战又起。拿破仑亲自带着30门大炮去轰击一座通向城内的桥梁，俄军进行了顽强抵抗。战斗进行得异常激烈，拂晓时分，法国侦察兵回来报告说，俄军在炸掉军火库和纵火烧城之后，全部撤离了斯摩棱斯克，斯摩棱斯克只是一座空城。法军开进斯摩棱斯克，就在那里拿破仑放弃了来年再进攻莫斯科的计划，他不能无功停战，他要继续向莫斯科进军，在那里同俄军决一雌雄。俄军不断地后退，所到之处把一切地方都烧成了废墟。拿破仑派缪拉、内伊、达武等人率军紧紧地追赶着撤往莫斯科的巴克莱军。8月19日，在追击途中，内伊发现敌军在瓦卢迪诺进入阵地，他迅速将这一情况报告给了拿破仑。拿破仑起初以为这不过是敌人一小支后卫部队罢了。然而，络绎不绝的报告终于使他相信，这是俄军的一个强大军团。拿破仑顿时来了劲头，他立刻前往战场，向米诺将军和贝尔蒂埃元帅下令：“前进，与俄军会战，不让一个俄国人逃走。”

此时，内伊元帅已同阵地上的敌人交上了火。内伊元帅以他特有的英勇，猛攻俄军，使敌人遭受重创。由于敌军的增援部队不断赶来，直到日落，内伊仍未攻下阵地。拿破仑登上山顶，俯视整个战场，他再次下令朱诺将军迅速行动。然而，朱诺将军指挥不力，贻误了战机，法军功亏一篑。巴克莱的部队得以继续退往东方。拿破仑带着对朱诺将军的怨恨心情又回到了斯摩棱斯克，他痛苦地说：“朱诺放跑了俄国人，我们的胜利被他葬送了。”

俄军按部就班地撤退，没有丝毫惊慌和匆忙。法军则沿着俄军破坏的道路紧追不舍。拿破仑认为，敌人被紧紧逼迫，陷入困境，不可能每次都能逃脱。8 月 23 日夜间，拿破仑带领禁卫军离开了斯摩棱斯克，前往多罗戈布日，因为有消息说，俄军正在多罗戈布日停歇。

可当拿破仑大军赶到时，巴克莱军又拔营东去了，甚至连与俄军后卫的战斗也没发生。

法军每天凌晨 3 时骑上战马，一直到晚上 10 时才能休息。这支庞大的军队远离后方基地长途行军，交通运输跟不上，部队补给极为匮乏，士兵们经常吃了上顿没下顿。俄军每撤出一城，便将该城付之一炬，不给法军留下一点儿东西。

一些勇敢的人开始将部队的真实情况报告给拿破仑，企图让皇帝明白这样下去是危险的。可是，现在的拿破仑犹如输了钱的赌徒，总幻想明天就可夺回今天失去的东西，他不仅没让军队就此停下，反而加快了部队的行军速度。每当俄军在某处稍微停歇一下，他就想与其决战，可是每次都让他失望。

俄军在节节败退。这时，巴格拉季昂司令部中有人不怀好意地给圣彼得堡写了封信，说国防大臣巴克莱把“客人”直接带到了莫斯科。俄国宫廷一片惊慌，对巴克莱进行了一连串责问：为什么不把斯摩棱斯克战斗进行到底？为什么要撤退？为什么不加抵抗就交出俄国？他们害怕拿破仑一旦胜利，不仅会继续实行和加强大陆封锁政策，而且还会在他占领的地方消灭农奴制。

于是，他们撤了巴克莱总司令的职务，换上了库图佐夫接替他。

库图佐夫是位颇有才干和拥有远见卓识的将军。他深知巴克莱指挥后撤的正确性，法军不可能在一个远离本土几千千米且充满敌意的大国里进行长年累月的战争，单是粮食匮乏、气候恶劣就足以毁灭拿破仑的军队。但是，库图佐夫也清楚如果自己不加抵抗就放弃莫斯科，宫廷里的那些人是决不会容忍他的，因此他不得不违背自己的意愿，开始筹备在莫斯科附近与拿破仑进行大会战。

库图佐夫已接任俄国总司令的消息令拿破仑喜形于色，他对身边的人说："库图佐夫为了讨好权贵们，一定会决一死战的。这样，两个星期后，俄国首都将会陷落，军队将会毁灭。"9月1日，法军到达格日阿次克。当时城中正冒着浓烟，拿破仑一面指挥军队救火，一面在这座城池周围察看情况。他要在这里集结兵力,准备决战。9月2日和3日,拿破仑大军陆续到达格日阿次克。由于炮兵的前进道路被各种车辆堵塞，拿破仑命令炮兵护卫队烧毁一切堵塞道路的车辆。这时，正好有几辆官员乘坐的车辆阻碍了前进中的炮队，拿破仑毫不犹豫地下令将其烧毁。一位官员出来反对说："车子烧了，官员们可能会掉队。到明天早上，我们的两条腿一定会完蛋的。"拿破仑答道："如果明天早上我们没有炮兵，那会使我们损失更多的东西。"

9月5日，法军开到波罗底诺附近。有消息说，俄军已在三天前在这里进入了阵地。波罗底诺距莫斯科120千米，扼守着通往莫斯科的要道。俄军阵地就选择在波罗底诺村所在的那段山岭上，并在那儿修筑了多面堡工事，拿破仑登上一块高地，居高临下地纵览两军阵地。这时法军已向俄军左翼谢瓦金诺多面堡发起了攻击，俄军猝不及防，不到一小时谢瓦金诺多面堡便落入了法军之手。拿破仑命步兵列成方阵坚守阵地。天黑以后，俄军企图利用夜间的混乱来夺回阵地，不想遭到法军方阵的猛烈射击，俄国的胸甲骑兵被炮火和滑膛枪打得人仰马翻，不得不从阵地上退下来。

整个夜间，拿破仑十分不安，他不时地观察敌人的阵地，他很担心谢瓦金诺多面堡的攻陷会使俄军主力撤走。尽管拿破仑渴望占领莫斯科，但他不希望不经过决战就得到莫斯科，他的目标是要消灭俄军，这场大决战是他梦寐以求的。

9 月 6 日，天刚破晓，拿破仑再次巡视了前沿阵地。这时，他似乎有点犹豫不决：是否应该在右翼进行大规模调动以包抄敌人的阵地呢？经过再三考虑，拿破仑决定实施第二套攻击方案，因为他觉得第一套方案有可能惊动库图佐夫，致使他撤退。

这一天，两军一直没有进行战斗，拿破仑命令士兵们充分休息，并发给他们丰富的口粮，以准备明天的大决战。可他自己一整天都没有下马，他一直在前沿阵地监视俄军的动静。大约下午 3 时,他忽然怀疑俄军正在悄悄撤离,便迫不及待地要下令发动全线进攻。可是，从各地送回来的侦察报告证实俄军还留在阵地上，拿破仑这才放下心来。

9 月 7 日，太阳从东方冉冉升起，天空一片晴朗，拿破仑兴奋地喊道:“这是奥斯特利茨的太阳。”士兵们的情绪顿时被调动起来。接着他发表了一篇简短有力、极富鼓动性的讲话，他说:“士兵们！这是你们盼望已久的战斗，胜利就靠你们去夺取了。你们一定能赢得胜利，胜利将给你们带来富足和舒适的冬营，并使你们早日凯旋。像在奥斯特利茨、弗里德兰、维特斯克、斯摩棱斯克那样去战斗吧！让你们的后代用骄傲的语气来谈论你们今天的英勇行为吧！在提到你们时，让他们这样说:‘他参加了莫斯科城下的那次伟大的会战！’”

战场上炮火轰鸣，枪声大作，战斗的激烈程度超过了以往任何一次，法军第 106 常备团在普洛松将军的率领下冲入波罗底诺村，赶走了那里的俄国轻骑兵。不料，俄国轻骑兵很快又组织了一次反冲击，普洛松将军及其下属全部战死，幸好法军增援部队及时赶到，才得以占领波罗底诺村。这时，达武、内伊等军团从中央对巴格拉季昂的钝角堡发起猛烈进攻。俄军以一比二的劣势兵力进行了顽强抵抗，连续打退法军的几次进攻，达武军团中的孔潘将军师团几乎全被敌人的炮火消灭，达武元帅也身负重伤。内伊元帅率领着三个师团勇猛地冲进了俄军的钝角堡，但很快又被俄军赶了出来。内伊不甘失败，对钝角堡发起了一次又一次进攻，然而结果毫无改变。

中午 12 时，拿破仑重新调整部署，他集中了 4.5 万人和 400 门大炮猛攻巴格拉季昂的钝角堡，俄军也不示弱，调来了 600 门大炮与法军对轰，一时间战场上硝烟弥漫，地动山摇。双方炮击持续了几个小时，法军对该阵地得而复失达七次之多。就在法军冒着枪林弹雨进行第八次冲锋时，巴格拉季昂被法军的一枚炮弹击中，造成致命重伤，由于群龙无首，俄军开始迅速退却。

随着夜幕的降临，双方都已疲劳至极，好多战区没有接到命令就自动停火了。俄军从容不迫地撤出阵地。拿破仑命炮手继续向撤退中的俄军开火，大批俄国士兵在炮火中倒下，可就是没有一个投降的。拿破仑十分恼怒，他几次对贝尔蒂埃说："这些俄国人宁愿像机械人一样战死，也不愿活着当俘虏，这对我军是极为不利的。这些要塞都要用炮火夷为平地。"

一天激烈的战斗终于结束了。夜里，拿破仑得到报告说，他的 47 位将军或死或伤，有将近 3 万名士兵献出了宝贵的生命。第二天清晨，拿破仑开始巡视整个战场。这天的天气极其恶劣，雨下个不停，风刮得很猛，拿破仑看着堆积如山的士兵和战马的尸体，沉默了许久，脸色显得阴沉可怕，然后默默地掉转马头离开战场。这天夜里，他辗转反侧，久不能寐。虽然俄军在这次战斗中同样伤亡惨重，22 名高级军官以及 4 万多名士兵或死或伤，但拿破仑清楚地意识到：法军未能给俄军主力以毁灭性的打击，战略任务远未完成。事后，他曾感叹："波罗底诺一战，法军表现出了最大的勇气，但却获得了最小的胜利。"

第十六章 莫斯科大火

持续了一天一夜的烈火延伸到更广阔的地区，法军进驻的北区和西区已大部分燃烧起来，所有的建筑物都被笼罩在浓烟之中。面对这狂暴的火海，拿破仑面色苍白。他不禁感叹道："多么可怕的景象！这是他们自己放的火——多么大的决心！怎样的人啊！这是野蛮人！"

9 月 9 日，拿破仑进入莫日艾斯克。在这里，他让军队稍微休息了一下，然后继续进军。9 月 14 日，一个阳光灿烂的早晨，拿破仑和他的随行人员登上了斯巴罗山的山顶。他们立即被眼前的美丽景色震惊了：一座巨大的城市在阳光的照耀下闪闪发光。那就是拿破仑早就渴望占领的莫斯科。自从会战以来，拿破仑总是缄默不语，难得同身边的幕僚们说上几句话，可此时莫斯科就在眼前，迫使亚历山大缔结和约的目标马上就要实现，拿破仑那忧虑的心情一扫而光，波罗底诺的可怕情景也被眼前美丽的景色和美好的展望遮掩了。拿破仑信心百倍地说："和平就在莫斯科。一旦我军胜利地进占首都，就会迫使我的兄弟亚历山大看清形势，同时也逼迫俄国的大贵族们正视现实。他们将会重新考虑是否要把战争拖延下去。倘若我解放了俄国的农奴们，那将使俄国的巨大财富遭到毁灭！"

这时，走在大军最前列的缪拉派人送来一个消息：敌人正在撤出莫斯科，俄军要求在他们穿过莫斯科城时停止敌对行动。拿破仑同意了敌人的要求，同时命令缪拉紧紧跟踪俄军，迫使俄军尽可能地远离莫斯科。他还要缪拉尽快召集城中的名流，组成一个代表团，他将在城门口接见他们。他又指示迪罗斯内尔将军充当莫斯科城的总督，让他挑选足够的宪兵随他进城，在城中建立秩序，占领公共建筑，并特别强调要士兵守卫好克里姆林宫。现在，拿破仑的心情好极了，他似乎已看到了代表团手捧莫斯科的钥匙，对他俯首帖耳的样子，如同在柏林和维也纳所发生的那样。

9 月 15 日 6 时，拿破仑到达护城河的护栏边，在那下马等待代表团的到来，可是两个小时过去了，代表团毫无踪影。就在拿破仑焦急万分之时，缪拉和

1812 年，拿破仑在法国杜伊勒里宫

迪罗斯内尔将军送来了报告：莫斯科城内一位社会名流也没有，甚至连一个长期住户也找不到。这一消息使拿破仑深深地震惊了，他那平时显得十分冷漠的脸上立刻浮现出痛苦和失望的表情，他又一次陷入了思考。

中午，拿破仑前往克里姆林宫。被遗弃的城市笼罩着沉闷寂静的气氛，长长的街道上空无一人。下午3时，拿破仑跨上战马，对克里姆林宫和教养院做了一番视察，然后又巡视了该城的两座主要大桥，最后回到了克里姆林宫，住在沙皇亚历山大的房间里。

晚上8时，城郊突然蹿起火舌，法军费尽艰辛才把大火扑灭。晚上10时，离克里姆林宫最远的一个街区发生了火灾，在强风的吹动下，火焰向市中心迅速蔓延，而且火势越烧越猛。几个纵火的俄国警察和农民被当场抓获，他们供认是受莫斯科市长之命，要在一夜之间烧毁全城。由于俄军在撤离前带走了一切灭火器材，所以法军只能眼看着火势扩散而毫无办法。

9月16日，在北风的助力下，克里姆林宫的房屋已经燃烧起来。人们拿着扫帚和铁桶奋力扑打着从天而降的火星，用水浇湿房顶的横梁，拿破仑也参加了救火战斗。在皇帝的鼓舞下，禁卫军的炮兵和步兵们个个奋勇争先，不惜冒着生命危险，与熊熊烈火顽强地搏斗着。

9月17日，持续了一天一夜的烈火延伸到更广阔的地区，法军进驻的北区和西区已大部分燃烧起来，所有的建筑物都被笼罩在浓烟之中，人们不知道这场大火要烧到什么时候，因为人们已无法控制和征服它。面对这狂暴的火海，拿破仑面色苍白。经过长时间的沉默后，他不禁感叹道："多么可怕的景象！这是他们自己放的火——多么大的决心！怎样的人啊！这是野蛮人！"

大火烧进了克里姆林宫，拿破仑不得不把统帅部搬迁到城外的彼得罗夫宫。当他和随从人员离开克里姆林宫时，宫殿外侧的门已烧掉了一半，火星不断地落到他们身上，浓烟几乎使他们窒息。拿破仑的灰色礼服多处烧煳，头发也烧焦了许多，但他已经顾不上这些了，他带领着一行人，勇敢地穿过烈火、灰烬、废墟，于夜幕降临时到达彼得罗夫宫。

在莫斯科街头的拿破仑（骑白马者）对城区燃起的大火束手无策。历史上，只有蒙古人、波兰人和法国人曾经彻底占领过莫斯科，希特勒的德军也仅仅打到了莫斯科市郊而已。然而，拿破仑对莫斯科这座空城的占领毫无意义，无奈之下只能撤退

9月18日，城中的烈火仍以新的势头猛烧。法军的情况越来越糟。为了获取粮食和军需品，各种暴行和犯罪不断发生。未被大火烧毁的商店和酒窖被强行打开，未撤走的莫斯科居民遭到虐待。尽管拿破仑多次严明军纪，可无济于事。面对眼前的一切，拿破仑的脾气变得更加暴躁，经常对周围的人大发雷霆，可有时又在几个钟头里保持死寂般的沉默。人们看得出此时的拿破仑忧虑重重，举棋不定。

拿破仑认为现在最好的出路是与亚历山大缔结和约，然后带着自己的军队体面地撤出俄国。所以他派人主动给亚历山大送去了很有诱惑力的秘密建

议，表示愿意让俄国对土耳其自由行事，还暗示波兰问题可以按照沙皇的意见解决。但亚历山大不肯没骨气地从拿破仑手中接受胜利果实，而是坚持：只要有一个法国士兵站在俄国土地上，他就决不跟这个对手谈判。

10 月 13 日，莫斯科降了冬季里的第一场大雪，拿破仑开始认真考虑下一步该怎么办了。他召开了军事会议。会上，众元帅意见不一，有的主张向彼得堡进军，以增强俄国贵族的恐慌心理，争取和谈；有的主张固守莫斯科，等待援兵，待明年春天再与俄军一决雌雄。拿破仑考虑再三，认为法军已成强弩之末，加之兵力不足，很难再组织远距离的行军，进攻彼得堡已无可能。最后，拿破仑决定忍痛撤出莫斯科。不过，在撤出莫斯科之时，必须要给库图佐夫的主力以打击，使其不敢追击，也可借此提高法军士气。

10 月 18 日清晨，法军开始撤出莫斯科。莫蒂埃元帅奉命率禁卫军一万人暂留莫斯科断后，拿破仑指示他在撤出莫斯科后炸毁克里姆林宫。全部法军沿着卡卢加大道前进，准备进攻库图佐夫。此时法军兵力约 10.8 万人，火炮 569 门，以 8 路纵队在宽阔的大道上行军。后面跟着无数装载粮食和各种掠获物资的马车和货车。军队和车队排成了一条很长的队列，直到深夜，这条长长的队列仍没有完全走出城门。

10 月 21 日和 22 日，天气十分恶劣，地面上结了冰。由于马匹没有事先钉上防滑铁，许多马在冰上滑倒，再也无法站立起来，士兵们只好在马匹还活着的时候就把它们宰杀充当军粮。夜间，天气更加寒冷，许多拉车的马被冻死，法军不得不把弹药箱和马车扔掉。

10 月 23 日，法军抵达博罗夫斯克，库图佐夫获悉这一情况后，立即将主力由塔鲁丁诺调往离博罗夫斯克不远的莫洛亚罗斯拉维茨。24 日拂晓，两军前卫在莫洛亚罗斯拉维茨相遇，展开一场血战。战斗进行了几个小时仍不分胜负，双方还在不断地调动增援部队参加战斗。中午 11 时，拿破仑赶至战场，密切注视战场动向，他希望库图佐夫在这次战斗中能够倾尽全力，这样他就有机会将俄军彻底打垮。战斗持续了一天，法俄两军反复争夺莫洛亚罗斯拉

1812 年 10 月 24 日，在莫洛亚罗斯拉维茨，法军 2 万人与俄军 2.5 万人展开血战。最终，俄军损失了 6000 人并撤出阵地，法军也付出了 5000 人伤亡的代价

维茨阵地，阵地易手达 8 次之多，双方损失极为惨重。最后，俄军撤出了阵地。

当天晚上，拿破仑与随行人员巡视了战场。拿破仑好生奇怪，库图佐夫既然牺牲了那么多人保卫阵地，为何不坚持到底，反而放弃阵地呢？难道其主力是在巧妙地躲避法军吗？拿破仑立即召开了军事会议，可会议没做出决定，因为法军对敌人的战略一无所知。拿破仑为此极为恼怒，第二天天还没亮，他就要亲自去侦察战场，尽管别人极力劝说他，他还是迫不及待地出发了。

拿破仑带着贝尔蒂埃元帅、拉普将军等几位将官和 12 名轻骑卫队一同前往前沿阵地。突然，一群端着枪的哥萨克人大喊着向他们冲来。这时天还很黑，25 码以外的地方什么也看不清，只有刀枪的碰撞声和人们的厮杀声说明走在前面的 12 名轻骑卫队已与敌人交上了火。战斗声离拿破仑越来越近，几位将官迅速将拿破仑围住，准备与敌人决一死战。拿破仑此时面临着死亡和被俘的危险。就在这千钧一发之际，波兰骑兵和禁卫轻骑兵及时赶到，一阵猛烈的冲击，打退了哥萨克人，拿破仑及其周围的将官这才长吁了一口气。这天夜晚，拿破仑命令军医尤万给他一瓶烈性毒药，以便在被俘的情况下服用。

拿破仑察看阵地后，又一次召开了军事会议，贝尔蒂埃、缪拉等人鉴于伤亡之惨重，主张放弃决战，向北撤退。拿破仑考虑到既然俄军主力在像莫洛亚罗斯拉维茨这样坚固的阵地上也愿同法军决战，那就更不可能在别的什么地方与法军作战了。于是，他同意了元帅的意见，决定向北顺着来时的路退往斯摩棱斯克。

10月28日，法军抵达莫日艾斯克。莫蒂埃元帅炸毁了克里姆林宫后也来到这里与大军会合。法军在寒冷的俄国大地上开始了艰难的撤退。

经过波罗底诺战场时，其情景更是令人惨不忍睹。两万多具士兵的尸体躺在原野上，成为了乌鸦的丰盛食物。当法军走近战场时都被眼前的景象惊呆了，士兵们开始在心里诅咒起发动这场战争的人，失望和厌战的情绪在部队中迅速蔓延开来。拿破仑似乎也觉察到士兵们低落的情绪，他命令部队快马加鞭，离开这阴森恐怖的地方。

10月29日，法军抵达格日阿次克。天气越来越冷了，行军因此更为困难。同时，哥萨克人和农民游击队不断袭击着这支撤退部队，库图佐夫也在后面跟踪追击，死神正从各个方面向法军袭来。

11月6日，冬天的第一场暴风雪来临。一阵阵寒风袭击着这支七零八落的队伍，死亡的威胁在迫近。积雪莽莽，大地面貌已无法辨认。法军纵队常常迷路，数以千计的法军士兵倒毙在俄国雪原上。除了禁卫军，全军秩序大乱，整营整营的队伍瓦解了，士兵们三五成群，四处劫掠。在严寒和饥饿之中，人成了狼一样的动物。每逢一匹战马倒下，饥饿的人群都会冲上去，与徘徊在部队附近的狗群、狼群争食马肉。

大军艰难地行进到斯摩棱斯克，却发现这个城市已成为一片废墟，根本找不到食物，也没有住的地方。令人沮丧的消息还在不断地传来：巴黎发生了一场未遂的政变；增援的部队遭到俄军的围攻，法军不仅失去了一支急需的生力军，而且还失去了极其宝贵的粮食供给；维特斯克重新被俄军占领，

俄军哥萨克骑兵准备出击。哥萨克指的是生活在东欧草原上的游牧社群，其民族构成较为复杂，但都以骁勇善战和骑术精湛著称。哥萨克骑兵非常适于执行侦察、警戒和袭扰敌军补给线的任务，是典型的轻骑兵

欧仁军团损失惨重，乌克兰方面的俄军从土耳其直驱别列津纳，准备堵住法军的退路；库图佐夫也开始不断地追击法军。一切坏消息都在瞬间向拿破仑压来，他不得不放弃在斯摩棱斯克冬营的计划，他必须在俄军截断渡口之前通过别列津纳，否则他就有全军覆没的危险。

面对恶劣的环境和极端的困难，拿破仑并未沮丧和屈服，他的性格如同淬过火的钢铁一样，越炼越坚强。他立刻下定决心，加快撤退速度，赶在库图佐夫之前渡过别列津纳河，然后取一条稍北的路线退往维尔诺，渡过河的唯一桥梁在波里索夫，他相信他的波兰师一定在竭尽全力地保护这座大桥，因为这座大桥关系着大军的生死存亡。

11 月 24 日，从洛斯尼查传来一个不幸的消息：波兰师所守护的那座至关重要的大桥被一支哥萨克部队占领。获悉这一消息的人皆大惊失色，法军撤退的唯一通道被切断，而后面库图佐夫的追击部队离法军只有一昼夜的路程，

法军此时可谓是上天无路，入地无门，许多人开始绝望了。

可拿破仑并未被眼前的危难吓倒，他开始对部队下达一连串的命令：乌迪诺军团在波里索夫上游15千米处的斯土江喀架桥驻守，维克托军团在波里索夫东北方向对付俄军，以掩护架桥；达武、欧仁军团担任后卫，警戒库图佐夫主力。为了迷惑俄军，拿破仑另遣一部在别列津纳河下游佯装渡河。

11月25日5时，法军工兵开始不顾严寒，站在齐下巴深、漂着浮冰的河水中架桥。26日下午1时，两座大桥完全架好，乌迪诺军团的7000名士兵首先渡了河，并在对岸站稳了脚跟。11月27日，法军大部开始渡河，只剩下维克托军团尚在左岸断后。28日，俄军发现了右岸的法军，并开始分别进攻右岸的法军和左岸的维克托军团。然而，俄军攻击缺乏锐气，库图佐夫大军也未能及时赶至别列津纳河边，故而，疲惫不堪的法军终于奇迹般地虎口逃生了。

正当维克托军团击退了俄军后准备过桥时，突然有一万多名被追击而掉队的法军士兵赶到了桥边。顿时，别列津纳河堤上一片混乱，这些急于逃命的士兵根本不听指挥，争先恐后地挤上桥去，维克托军团只好用武力将这些人阻挡在桥头，以便让军团的正规部队迅速过桥。这时，俄军又对最后渡河部队发起猛烈的进攻，成千上万的人又一次拼命地拥上桥去。突然间一座浮桥坍塌了，掉进水中的人在阵阵惨叫声中被冰冷的河水吞噬。为了不使俄军渡河追击，保证主力顺利撤退，拿破仑已顾不上尚未渡河的掉队士兵了，他断然下令炸毁大桥。一万多名掉队的法军士兵无路可逃，很快都葬身于俄军的炮火之下。

渡过别列津纳河，法军昼夜兼程前往维尔诺。正当法军怀有美好希望朝着维尔诺加速行进时，一场罕见的严寒向这支残存的部队袭来，气温骤然下降几十度，许多人因身体过度虚弱和手脚被冻坏，跌倒后就永远无法站起来了。几乎每时每刻都有几十个、几百个人死去。

12月3日，法军一抵达莫罗地赫诺就收到14封来自巴黎的信件。拿破仑仔细阅读了巴黎的来信后，对科兰古将军说：“在目前的形势下，我只有在杜

在俄国的严寒之中，拿破仑不得不率领衣衫褴褛、挨饿受冻的法军撤退。冬天从来都是俄罗斯人的“朋友”，从拿破仑到希特勒，无不兵败于此。唯一能不受这种季节影响并成功打败俄罗斯的，大概就只有蒙古西征军了

伊勒里宫才能控制欧洲。”于是，拿破仑开始为回国做准备。

12月6日，拿破仑在高级将领会议上宣布了自己即将回国的决定，元帅们起先表示不同意，他们担心皇帝一旦离开军队，这支历尽千辛万苦的军队就会完全垮掉，只有皇帝才能给这支奄奄一息的军队以力量。拿破仑耐心地向元帅们说明，他之所以要回国并非因为胆怯，而是由于那里太需要他了。他将指挥权交给了缪拉元帅，并相信缪拉元帅一定能将法军带到维尔诺，只要进入了维尔诺，部队就不会再有危险了。

当天夜里，拿破仑一行坐上雪橇，秘密地回国了。这次远征俄国以法军的彻底失败而告终。可拿破仑丝毫没有灰心之意，在返回巴黎的路上，他与科兰古谈起这场刚刚结束的战争时，拿破仑说：“我错了，但不是错在这个战争的目的及其在政治上是否合时宜上面，而是错在进行战争的方法。我军应

该停留在维特斯克，如果这样做的话，亚历山大现在早已经拜倒在我的脚下了。”据科兰古回忆，拿破仑在说这番话时表现出了令人吃惊的镇定，整个语调像一位输了棋的象棋大师一样，他在趁刚刚输了的这局棋和力图取胜的下一局之间的休息时间，冷静地分析自己的错误。在回巴黎途中经过华沙时，拿破仑还曾向萨克森国王特使普拉特说了下面一句著名的话：“从伟大到荒谬只差一步，让后代评论去吧。”

经过几个昼夜的秘密行进，拿破仑及其随从于 12 月 18 日到达杜伊勒里宫，此时的巴黎已被一片悲哀气氛所笼罩，因为巴黎人民得知法国远征俄国的结局，成千上万个家庭正为失去亲人而痛苦不已。不久又传来了维尔诺失守的消息。法军在俄军的追击下，于 12 月 10 日被迫撤出维尔诺。拿破仑虽对这一消息感到有些意外，但没有感到特别沮丧，他对未来总是充满信心。

第十七章 莱比锡之败

敌人的炮火异常猛烈，侍从、马夫、副官一个个饮弹倒毙在周围，拿破仑毫不畏惧，沉着冷静地指挥军队发起一次次冲锋。傍晚，联军被迫撤退。拿破仑满身泥浆地回到了萨克森王宫。萨克森国王见他这副模样，急忙迎上去同他拥抱，如同迎接一个死里逃生的孩子。

拿破仑一回到巴黎，立即着手组织一个新的大军团。他预料到敌人一定会趁机反攻，他必须抓紧时间，赶在俄国人在普鲁士边界集中兵力之前，迅速采取行动。这时，有种种迹象表明法国的同盟国正在蠢蠢欲动，企图脱离法国的控制轨道，他必须以新的胜利来巩固对同盟国的统治，拿破仑开始提前征召 1814 年和 1815 年的新兵，很快又集中了 30 万人的生力军。由于下级军官极为缺乏，军官学校中的 200 名候补生被立即任职，100 名服务 10 年以上的士官也都被提升为少尉。

拿破仑面临的形势极为严峻，尽管库图佐夫极力劝说亚历山大趁法军撤退之际与法军议和，但野心勃勃的亚历山大坚决不同意，他把这看成是俄国势力进一步西进的好机会，他下定决心不给拿破仑以喘息时间，要把对欧洲的霸权夺过来。可是，俄军在追击法军的过程中损失也极其惨重。于是，亚历山大极力拉拢普、奥等国，组织反法同盟，并于 2 月 7 日派军进入华沙。

普王威廉三世在俄皇的威胁、怂恿和国内反法情绪的影响下，决定背弃普法同盟。1813 年 2 月 27 日，普俄签订了同盟条约，条约中规定俄军出兵 15 万人，普军出兵 8 万人，共同反法。3 月 13 日，普鲁士正式对法宣战。同时，俄普还胁迫莱茵联盟参加反法战争。

瑞典和法国曾在 2 月间进行过秘密谈判，但仍因法国不支持其占领挪威而破裂。3 月 3 日，贝尔纳多特在英国的 100 万英镑军费补贴的诱惑下，与英国签订了同盟条约。3 月 23 日，瑞典正式对法宣战。英国也在竭力加强在西班牙的军事攻势，准备从西南部进攻法国。

在英国的积极撮合下，第六次反法同盟终于组织起来了。参加这次联盟

1812 年，在一座俄国东正教教堂中驻营的拿破仑收到了从法国传来的“坏消息”。在俄国的战败不仅使法军元气大伤，而且也促成了第六次反法同盟的成立

的有英国、俄国、普鲁士、瑞典、西班牙和葡萄牙等国。

奥地利暂时没有参加反法同盟。奥皇对俄国势力向土耳其、波兰扩张心存畏惧，但对拿破仑也同样有所顾忌，拥兵15万人宣告中立。实际上是等待时机浑水摸鱼，坐收渔利。

这时，法军也在积极备战，经过3个月的不懈努力，拿破仑的新编部队已渐具规模。只是由于马匹的缺乏，故骑兵尚不足额。这支新军总数为22.6万人，共分12支军。拿破仑将新的大军又分为两个军团：一为“美因军团”，由第三、四、六、十二军和禁卫军组成，这是主力军团，由拿破仑亲自指挥；另一个为“易北军团”，由第五、十军的全部及第一、二、七军的各一部和一个骑兵师组成，归欧仁指挥。4月15日，拿破仑离开巴黎，前往美因军团的集结地爱尔福特。同时命令欧仁指挥易北军团沿易北河北上，向美因军团靠拢。拿破仑的计划是两大军团会合后，进军莱比锡，同俄普联军决战，先在南方取得优势，再北占柏林。

此时，联军步兵6.4万人、骑兵2.4万人、火炮552门正在莱比锡的南方集结，准备西进。由于库图佐夫的病逝，沙皇任命维特根斯泰因继任联军总司令。

4月30日，法军两大军会合。5月1日上午，法军渡过萨勒河，分三路东进莱比锡。渡过萨勒河不久，禁卫骑兵就与敌军前哨相遇。贝西埃尔元帅被一颗炮弹打中，当场毙命。看着死去的元帅被包上斗篷运出战场时，拿破仑似乎意识到了这场战争的艰巨性，他说：“死亡正在向我们逼近。”夜幕低垂时，拿破仑由内伊的前卫军保护着到达吕岑。此地位于莱比锡西南方，距莱比锡仅12英里。

5月2日，内伊在吕岑南边的卡加遭到联军的猛烈进攻。联军计划通过此战将吕岑与莱比锡之间的法军一切两半，然后再围歼莱比锡的法军。内伊军团与联军各不相让，反复争夺要地。内伊军团在几番苦战之后损失惨重，已呈不支之势，正在这关键时刻，拿破仑率大军赶到。拿破仑亲至战场，骑着马在枪林弹雨中从一翼跑到另一翼，亲自指挥整个战斗。他还带着第三军团的败兵反复冲锋，子弹从他的耳边呼啸而过，打飞了鞍辔，但他毫无惧色。皇帝的行为大大激发了法军的斗志。傍晚5时30分，法军从左右两翼进逼联军，并集中80门火炮猛轰联军中央。战斗进行到天黑后仍未分胜负。这时双方都已损失了一万多人，剩下的士兵也都筋疲力尽了。于是，双方在战场上宿营休息，这时，北面的第五军已进占莱比锡，联军害怕后路被切断，匆忙向东撤往萨克森的首府德累斯顿。法军由于缺少骑兵故未加追击。

吕岑一战虽然赢得很艰难，但终究是胜利了。不过，拿破仑对欧仁领导的易北军团的表现非常不满。最后，他终于忍受不了欧仁的带军方式，解散了易北军团，把欧仁送回了意大利。

欧仁返回意大利后，拿破仑重新调整了指挥系统：内伊指挥第二、三、五、七军团及第二骑兵军团，外加一骑兵师及第一骑兵军团和禁卫军。5月8日，法军主力进入德累斯顿，俄皇和普鲁士国王是当天清晨才撤离这座城市的。

奥地利皇帝听到吕岑战役的胜利和拿破仑进入德累斯顿的消息后，急忙派特使来见他的女婿，提出与法国结盟的条件。特使告诉拿破仑，如果他撤销华沙大公国，放弃1811年并入法国的领土，并把伊利里亚和同意大利接壤的大部分边境地区归还给奥地利，奥地利就愿意同法国结盟。拿破仑严词拒绝了这些条件，他说："我不要你们的武装调停……是的，如果你们想从我这里得到土地，那你们必须流血。"

拿破仑决定乘胜追击，直接进入柏林。5月22日，法军在格里茨附近击溃了退却中的联军后卫部队。在这次战斗中，迪罗克元帅中弹身亡，这一噩耗极大地震撼了拿破仑。他坐在帐篷外的一张小凳上，耷拉着脑袋，双手合在一起，一声不吭地沉思了很久，迪罗克临死前所说的那句"希望皇帝取得胜利，签订和约"的话不时地在耳边回响，他的追击决心开始动摇了。当德鲁奥将军走过来请示下一步该怎么办时，他淡淡地说："一切待明天再说。"

6月1日，法、俄、普三国接受了梅特涅策划的奥地利调停建议，签订了停战协议。内伊和参谋长认为签订停战协议是拿破仑一生事业中的最大错误，他应该乘胜再战，不让联军有喘息的机会。可拿破仑认为他有两点理由接受停战协议：一是缺乏骑兵，难以作大规模的攻击，二是顾忌奥地利对法宣战，他准备在得到增援后再击溃联军。当然，拿破仑也认识到这个时候签订停战协议有点冒险，他在签约后一小时说："如果联军对协议不怀好意，这次停火对我们来说将是致命的。"

其实，奥地利既不希望拿破仑彻底战胜联军，也不希望联军彻底战胜拿破仑，因为奥地利明白亚历山大同拿破仑一样有称霸欧洲的野心。奥地利想借调停的机会迫使拿破仑作些让步，为自己谋得一点好处。

1813 年 6 月 28 日，梅特涅亲自到德累斯顿去见拿破仑，又提出了上次那些与法国结盟的条件。拿破仑非常愤怒，在他看来，任何一点让步都会使自己受到屈辱，而且他们还会得寸进尺，所以他坦白地对梅特涅说："你们的君主生下来就占有王位，即使 20 次战败，仍然可以回到自己的都城。我却不行，因为我是士兵出身的暴发户。一旦我不再强大并且不再受人敬畏，我的统治就完了。因此，我需要荣誉和光荣，我不能以一个被侮辱者的姿态出现在我的人民面前。我必须永远是伟大的、光荣的，受到人民称赞的。"

梅特涅仍然坚持自己提出的条件，拿破仑怒不可遏，疯狂地叫道："啊，你还要坚持！你说说，英国给了你多少钱，让你扮演这个角色来反对我？好吧，让战争爆发吧！再见吧，我们在维也纳再见吧！"

梅特涅气愤地走出会谈大厅，他对等候在门外的贝尔蒂埃说："我向您发誓，您的君主丧失了理智！"

此番谈话之后，奥地利的动摇停止了。不久，俄、普、奥三国在联军大本营签订了对法秘密条款，其中规定：如果拿破仑在 7 月 20 日仍不接受奥地利的条件，奥地利将正式加入联军。同时，瑞典也正式加入了联军。

为了拖延时间加强军队，拿破仑在不正式承担任何义务的条件下，终于同意由奥地利进行调停。1813 年 7 月 12 日，俄、普、法三国代表应梅特涅邀请到布拉格，进行和平谈判。由于各方均无诚意，故谈判毫无结果。

联军在休战期间得到了应得的200万英镑的援助，并扩大了联盟。根据瑞典王储贝尔纳多特的建议，亚历山大把莫罗将军请来了。莫罗将军自被拿破仑逐出法国后，一直在美国流亡。他在拿破仑手下作战多年，非常熟悉拿破仑的作战方式。他来到联军军营后，给亚历山大的第一个劝告就是："不要进攻拿破仑本人所在的那部分军队，只去进攻元帅们。"7月19日，联军在军事会议上制定了对拿破仑作战的新战术：无论在何种环境下，都不冒险单独与拿破仑亲自率领的主力交战，若在战场上单独与拿破仑率领的主力遭遇，就立即退却，一直等到联军兵力集中之后再来作战。

联军准备就绪，即于8月10日废止停战协议。8月11日，奥地利正式对法宣战，一场更大规模的战争又开始了。

1813年8月27日，在德累斯顿爆发了休战后的第一场大战。德累斯顿是法军的重要补给基地。联军趁拿破仑率主力朝德累斯顿东南方的斯托尔前进之机，以十五万大军向此城压来。此时，守城的只有三万法军。面对十五万大军的进攻，德累斯顿的法军处境危殆。拿破仑接到急报后率主力昼夜回援，4天行程190多千米。皇帝的到来给早已悲观绝望的守城将士带来了希望。在将士们的欢呼声中，拿破仑开始部署一场持续三天三夜的可怕战役。

这天夜里，拿破仑彻夜未眠。他一边在室内大步走来走去，一边口授一道道命令，直至东方发白。27日拂晓，大雨滂沱，法军向联军发起进攻。缪拉率骑兵进逼联军左翼，拿破仑则率主力乘势猛攻敌军右翼。敌人的炮火异常猛烈，年轻侍从、马夫、副官一个个饮弹倒毙在拿破仑的周围，拿破仑毫不畏惧，沉着冷静地指挥军队发起一次又一次冲锋。联军没有想到拿破仑的主力这么快就到了德累斯顿，不免有些惊慌失措，乱了阵脚。莫罗将军亲临战场指挥战斗，不想一颗炮弹打来，炸断了他的双腿，不久就一命呜呼了。傍晚，联军在死伤5万人之后被迫撤退。法军暂时取得了胜利。拿破仑浑身湿透、满身泥浆地回到了萨克森王宫。萨克森国王见他这副模样，急忙迎上去同他拥抱，如同迎接一个死里逃生的孩子。

1813 年 8 月 27 日，德累斯顿战役，法军胸甲骑兵冲垮了反法联军的炮兵阵地。

28 日清晨，马尔蒙、维克托、缪拉、圣西尔思维元帅和旺达姆将军乘胜追击撤退的联军，又俘获了几千俄国人、普鲁士人和奥地利人。这时，旺达姆求功心切，孤军前进，逐渐脱离了主力部队。29 日，旺达姆在库尔姆三面受敌，仓促应战失利而被俘，这使败退中的联军气势为之一振。

胜利之神在德累斯顿最后一次向法军微笑后，似乎已经倦怠了。此后，法军战事败绩累累。联军在击败麦克唐纳军团、旺达姆军团、乌迪诺军团和内伊军团之后，渐向莱比锡逼近，开始了著名的莱比锡战役。

10 月 4 日，联军对莱比锡的法军已形成了夹击之势，联军共 22 万人，还有本尼格森所率的援军正在行进之中。这时法军集结在莱比锡的兵力只有 15.5 万人。1813 年 10 月 16 日上午 9 时，随着联军方面发出三声号炮，史称“民族之战”的莱比锡战役开始了。这时，天上下着寒冷的细雨，地上笼罩着浓厚的烟雾，联军的四个攻击集团在炮火的掩护下，逐渐向莱比锡压缩。面对联军凌厉的攻势，正面法军第一线部队形势不妙。拿破仑本想等第三军团到

1813 年 10 月 16 日—19 日，反法联军在莱比锡合围法军，寡不敌众的拿破仑在遭到重创之后不得不退回法国

达时再发动攻击,但已经来不及了。11 时,拿破仑断然下令：全线进攻。于是，一幕蔚为壮观的战争图景展开了。在炮火的掩护下，缪拉带领 1.2 万名骑兵和紧随其后的步兵，以密集的队形直冲对方的中央阵地。大军冲去，所向披靡，1.2 万把战刀发出森森寒光紧随在缪拉身后。一连冲散了对方两个营的步兵，缴获了 26 门大炮。联军一阵混乱，俄、奥、普三国君主惊得上马就逃。这时，联军调来预备队反攻,法军由于步兵不继,被迫放弃了一部分已经夺占的阵地。傍晚时分，战斗暂时停止，双方各损失了两万多人，胜负不分。

17 日，双方都在休养兵力。拿破仑在缪拉的陪同下巡视了昨日的战场，看着战场上堆积如山的尸体，不禁陷入了沉思。这时有人来报：贝尔纳多特和本尼格森的 11 万援军已朝莱比锡开来。拿破仑见联军已对法军形成了合围之势，恐寡不敌众，决定撤退。但他还没来得及把自己的意图付诸实施，激战又起。10 月 18 日拂晓，联军集结 29.5 万人向法军进攻。

联军从东西南北分 6 路合围莱比锡。由于联军的兵力优势，加之第七军中的两个萨克森旅和一个炮兵连投降了联军，故而法军终因寡不敌众，逐渐被联军挤压到莱比锡城里及其近郊，内伊元帅也负了伤。

傍晚时分，拿破仑指示贝尔蒂埃向部队下达了撤退命令。10 月 19 日，法军从各个方向撤下来，向莱比锡城北唯一的出口林德瑙大桥退去。拿破仑在经受了一连串的打击后，仍然保持着一贯的冷静，他在少数侍从的陪同下，若无其事地和混乱的人流一起过了桥。拿破仑下令在撤退的时候炸毁桥梁，但是工兵错误地过早地炸毁了桥梁，致使近 2.8 万名士兵没有来得及渡河。幸好，敌军的追击很快就停止了，拿破仑带领军队向法德边境的莱茵河方向撤退。

10 月 16 日至 19 日，法军至少损失了 6.5 万人，联军也损失了将近 6 万人。11 月 2 日，当拿破仑进入法国边境城市梅因兹时，他只剩下了 4 万名能够参加战斗的士兵，其余的都是些老弱病残者。11 月 9 日，拿破仑回到巴黎。

第十八章

无奈的退位

拿破仑考虑再三，决定退位。临行前他拥抱并吻别了旗手和军旗，许多老禁卫军泣不成声。“再见了，士兵们，要永远英勇而善良；再见了，我的朋友们，我永远祝福你们，不要忘记我。”说罢，拿破仑迈着坚定的步伐走了出去，坐上了早已等候在门口的马车。

莱比锡战役后，拿破仑第一次意识到他的帝国已处在岌岌可危的境地。他的哥哥、西班牙国王约瑟夫已被英国人和西班牙人赶出了伊比利亚半岛；他的弟弟、威斯特发利亚国王热罗姆也从卡塞尔出走；达武元帅在汉堡被俄军和普鲁士军围困；法军在荷兰的权力也开始动摇了。更让拿破仑痛心的是他的亲妹夫、那不勒斯国王缪拉也开始背叛他。

联军的大炮开始在法国边境轰鸣。1813 年 12 月，1815 年的新兵被提前征召入伍，这些乳臭未干的孩子在拿破仑的殷切注视下开往边境。

鉴于法国在谈判中丝毫不让步，二十万联军于 1814 年 1 月跨过了莱茵河，分成几路向巴黎做向心式挺进。这时在法国南方，英国威灵顿的军队从西班牙越过比利牛斯山，侵入了法国，拿破仑的处境更加危险，联军又趁机提出新的谈判条件，要求法国退到大革命以前的边界里。

拿破仑勃然大怒，战争已不可避免。1 月 24 日晚，即拿破仑前往军中的前一天晚上，他在杜伊勒里宫召见了群臣。他向大臣们宣布了他的决定，并任命皇后路易莎为帝国的摄政王，宣布自己一旦死去，他 3 岁的儿子罗马王应该在母亲的摄政之下马上即位。

拿破仑在他的一生中，从没像爱罗马王那样爱过任何人。凌晨 3 时，拿破仑走进罗马王的房间，一动不动地站在熟睡的儿子的床边，目不转睛地、长久地凝视着儿子，然后轻手轻脚地走了出来，直接登上了东去的马车到军队去了。从这以后，他再也没看到过自己的儿子。

1 月 25 日，拿破仑离开巴黎亲自指挥在夏龙的军团。到达夏龙后，拿破仑迅速出兵，迎击普军，27 日在圣迪济埃击败普将约克。接着，拿破仑紧逼

热罗姆，拿破仑的弟弟，威斯特发利亚国王。拿破仑建立法兰西第一帝国之后，他的众多亲友也被分封为国王。随着拿破仑的战败，那些由他凭借强权扶植起来的国王也“树倒猢狲散”了

布吕歇尔，29 日在布里埃纳大败普军。但是，他未能阻止普、奥两军的会合。2 月 1 日，拿破仑在拉罗迪埃会战中被比法军多三倍的俄、奥、普联军击败，形势转入危急。2 月 7 日、8 日夜间，拿破仑经过两夜的思考，决定做出让步，接受反法同盟的条件。但是，2 月 9 日早上起来后，拿破仑发现胜利进军的联军犯了一个极大的错误，即分兵进军巴黎，他认为整个战局将有所转机，于是他拒绝让步，准备再战。

当时，联军为了行军和供应方便，决定分兵进军巴黎。布吕歇尔取道塞赞纳，以一列纵队呈梯形向北推进，直指巴黎。施瓦岑贝格则向正西方取道塞纳河岸的巴尔和桑，然后沿着塞纳河谷经过枫丹白露到达巴黎。拿破仑决定利用敌人的这一错误给敌人打击。他命令维克托和乌迪诺阻挡住较弱的施瓦岑贝格，自己则率主力对较强的布吕歇尔军发起猛攻。

2 月 9 日，布吕歇尔的第一梯队萨肯军已进入距离巴黎 90 多千米的蒙米赖，第二梯队奥尔苏费耶夫军紧跟其后，到达了尚波贝尔。最后是第三梯队，由布吕歇尔亲自指挥。拿破仑获悉联军所到的位置后，立即将莫蒂埃、内伊、马尔蒙 3 个步兵军和近一万名骑兵全部集中起来，迅速开向尚波贝尔。2 月 10 日上午 9 时，拿破仑亲率 4.5 万人突然发起进攻，迅猛地扑向布吕歇尔的中间梯队奥尔苏费耶夫军。在该军优势兵力的突然打击下，这个只有 5000 人的中间梯队很快就全军覆没了，奥尔苏费耶夫本人也成了俘虏。法军取得了完全胜利，士气大振。

2 月 11 日上午，拿破仑发挥连续作战的勇猛精神，开始攻击已经孤立的第一梯队萨肯军。战斗持续了一天，又以拿破仑的辉煌胜利而告终。连连胜利使得拿破仑容光焕发，脸上那种忧虑和焦急的神情一扫而光，那微胖、似乎有些倦怠的身体重又焕发出青春的活力。现在展现在人们面前的又是波拿巴将军，那个征服意大利和埃及的年轻英雄。

正当拿破仑准备深入追击时，传来了施瓦岑贝格逼近巴黎的消息。拿破仑立即放弃对布吕歇尔残兵的追击，掉过头来去对付施瓦岑贝格军团。2 月

布吕歇尔，普鲁士陆军元帅。他的战略指挥能力平平，战术指挥也多靠参谋相助。此人一生多次被拿破仑击败，但决不放弃，可谓“屡战屡败，屡败屡战”

16 日、17 日、18 日、22 日，在吉涅、南吉斯、蒙特罗、梅里，拿破仑连战连捷，打得施瓦岑贝格军团抱头鼠窜。现在的拿破仑如同一头雄狮，在庞大的联军的围攻下毫不妥协，他忽而冲向这边，忽而又冲向那边，以惊人的速度战胜联军，使他们计划落空，使他们筋疲力尽。最后，布吕歇尔和施瓦岑贝格那支训练有素的军队被打得晕头转向，而拿破仑那支士气低落、装备极差、毫无作战经验的新兵队伍忽然变成了一个无坚不摧、耀武扬威的阵列了。

联军害怕了，他们向拿破仑提出停战要求。可处在辉煌胜利顶点的拿破仑是不会轻易休战的，他要依靠自己最完美的军事艺术来战胜最强大的敌人，以战场上的胜利来迫使对方接受自己的谈判条件，他拒绝了联军的停战要求。

拿破仑毫不妥协的态度，使联盟各国坚定了要把他彻底打垮的决心。3 月 1 日，联军在肖蒙达成一致协议：任何一方都不许同拿破仑单独议和。就在这次会议上，联盟国签订了一个为期 20 年的共同对付法国的条约。英国再次为联盟国提供了 500 万英镑的战争补助费。

尽管拿破仑取得了一系列胜利，但是反法同盟在军事上仍然占有绝对优势，而且时机对拿破仑越来越不利。当时，拿破仑手下的元帅和将军们的情况都不太好，内伊和维克托缺乏将才，奥热罗优柔寡断，絮歇和达武被困在卡塔卢尼亚和汉堡，圣西尔和旺达姆当了俘虏，苏尔特在西班牙被击败，麦克唐纳和乌迪诺正在与联军缠斗，马尔蒙被敌军打得措手不及。只有拿破仑和往常一样，常战常胜，令敌军胆战心惊。

联军司令部考虑到战胜拿破仑十分困难，决定竭力避免同他交锋，以一支部队吸引住拿破仑的注意力，其他军团则集中力量进攻拿破仑的元帅和将军们，然后以压倒性的优势兵力逼近巴黎。这样，拿破仑追击战败的布吕歇尔并插入联军后方的行动，不仅没有迫使联军向莱茵河撤退，反而使联军通向巴黎的道路更加畅通无阻。1814 年 3 月 30 日，马尔蒙率部向联军投降。第二天，联军开进巴黎，普罗旺斯公爵在外国军队扶植下登上王位，自称路易十八，宣告波旁王朝成功复辟。拿破仑得知马尔蒙和莫蒂埃惨败的消息后，连夜率部赶往巴黎，到达枫丹白露宫后，准备稍事休整后向巴黎进军，但被下属们好言劝阻。科兰古还向他暗示，只要他个人退位，联盟各国还有可能同意一个摄政政体。拿破仑考虑再三，决定退位。

元帅们都来了，拿破仑开始宣读退位诏令："联盟各国既已宣告拿破仑皇帝为重建欧洲和平的唯一障碍，忠于其誓词的皇帝拿破仑宣布愿意退位，离开法国，甚至献出他的生命。这是为了国家的利益，而国家的利益又是同他的儿子、摄政政体、皇后的权力和帝国法律的维持不可分的。"

各元帅退出去后，拿破仑开始平静下来。他决定让科兰古、内伊、麦克唐纳三人作为专使前往巴黎谈摄政一事。俄皇亚历山大对此事犹豫不决，但保王党人坚决反对，此提议最终遭到否决。4月6日，三位专使返回枫丹白露宫向拿破仑汇报了出使巴黎的经过和结果，拿破仑似乎已预料到有这样的结果，他没有震怒，也没有悲哀，只是平静地把退位诏书交给三人。随后，内伊、科兰古、麦克唐纳三人将这份退位诏书送往巴黎。

盟国君主正以惴惴不安的心情等待着拿破仑的答复。当他们接到退位诏书后，心中的一块石头才算落了地。他们立即让元帅们将联盟各国的条约定本转交给拿破仑签字。

4月11日，麦克唐纳拿着条约定本来到枫丹白露。拿破仑接过条约读了一遍，未加评论便签了字。这就是著名的《枫丹白露条约》。条约规定：拿破仑皇帝及其家族放弃对法兰西帝国、意大利王国和其他国家的一切主权和统治权；拿破仑终身保留皇帝的称号，拿破仑家族成员保留亲王的称号；拿破仑皇帝拥有厄尔巴岛的完全主权和所有权，并付给他200万法郎的年金。

为了酬谢麦克唐纳元帅为自己最后的几次效劳，拿破仑赠给他一把在埃及得到的马刀。然后，两人紧紧拥抱，含泪告别。送走了元帅，拿破仑拿出在征俄战争中医生给他的那瓶毒药，一饮而尽。毒性发作了，拿破仑痛苦万分，但他拒绝服用任何解毒剂，痛苦持续了好几个小时，可终因毒性不强而未能如他所愿地死去。他在剧烈的抽搐中说了这样几句话："要死去是多么困难啊！

而在战场上死去又是多么容易啊！为什么我没有在战场上被打死！”

1814 年 4 月 20 日，在枫丹白露宫的正厅里，拿破仑同追随他十多年的禁卫军们举行了庄严的告别仪式。当拿破仑出来时，排列整齐的士兵们举枪敬礼，旗手把老卫队的旗帜放在他的跟前。拿破仑发表了极富感情的告别讲话：

“我旧日禁卫军的士兵们，我向你们告别。我随同你们在荣誉和光荣的大道上前进已有 20 年之久。在最后一段时期，如同我们全盛时期一样，你们仍不失为勇敢和忠诚的模范。有你们这样的士兵，我们的事业决不会失败。但是战争会没完没了，会变成内战，那即将给法国带来更加深重的灾难。我为国家的利益牺牲了自己的一切利益，我走了。可是你们，我的朋友们，要继续为法国效力。法国的幸福是我唯一的念头，并且仍将是我所向往的目标。不必为我的命运惋惜，如果说我同意苟活下去，那是要为你们的光荣效劳。我打算把我们共同创造的伟大历史记录下来。再见了，我的朋友们！我多想把你们都拥抱在我的心头，可还是让我吻这个代表你们全体的军旗吧，但愿这最后一吻一直留在你们的心坎儿上。”

拿破仑拥抱并吻别了旗手，许多老禁卫军泣不成声。“再见了，士兵们，要永远英勇而善良；再见了，我的朋友们，我永远祝福你们，不要忘记我。”说罢，拿破仑迈着坚定的步伐走了出去，坐上了早已等候在门外的马车。车队在禁卫军“皇帝万岁”的口号声中缓缓离去。

4 月 28 日，拿破仑登上了一艘英国军舰。5 月 4 日，拿破仑在厄尔巴岛的首府波托费拉约登陆。

厄尔巴岛位于科西嘉东面 50 千米的海上，接邻意大利半岛。1814 年 4 月以前，该岛属于托斯卡纳公国，而此公国又是拿破仑在意大利的领地。厄尔巴岛面积不过 220 平方千米，只有 3 个小城和几千居民。拿破仑，这个曾是欧洲最强大帝国的皇帝，如今却成了这个最小领地的统治者。他被允许保留 400 人的武装禁卫军。此外，约有 700 名老禁卫军自愿行军至厄尔巴岛来保卫拿破仑。

岛上的居民怀着崇敬的心情欢迎着这个新来的统治者。拿破仑来到岛上

1814 年 4 月 20 日，枫丹白露宫，拿破仑向他的帝国禁卫军告别

后并没有心灰意冷、自暴自弃，他怀着极大的热情来治理这个微型国家。他遣人在山麓上兴建两幢房屋充作临时宫殿。皇宫建筑落成之后，他下令组成一个参议院。参议院由跟随他来岛的两位将军及岛上代表组成，开会时由他自己当主席，讨论一切重大事件。

从此，厄尔巴岛上到处都留下了拿破仑那勤快的脚印。人们经常看到他骑着马，在地中海温和的阳光下巡视岛上的一切。拿破仑的政治和经济才能，同样在这个袖珍王国里施展开来。他组织了微型的但很精密的作战部来管理他的军队，改进并加强了岛上的防御措施；他制订了给人印象深刻的公共事业规划，规划中有预算、有步骤、有明确的目标；他建立了船队，进行海上捕鱼等活动，他开辟和修建道路，开发矿山，奖励农业，改进环境卫生，还创建了一座剧院；他认真地采取措施来复兴已经衰败的炼铁工业。他像以往那样，结合具体事务向部下断断续续地发出明确的指示，心醉神迷地运用着他还掌握的那一点儿权力。不到数月，拿破仑的辛勤努力就结出了丰硕的成果：岛上的道路四通八达，广阔的山坡上种满了美丽的果树，沿海的堤岸修筑得整齐而漫长，学校教育普及全岛。来厄尔巴岛参观旅游的人无不佩服拿破仑卓越的领导才能。

这年夏天，拿破仑的母亲和妹妹都去岛上看望了他，当他从妹妹口中得知，前妻约瑟芬在他上岛几周后已经去世的消息后，他一连几天闷闷不乐，沉默不语，因为那毕竟是他曾狂热地爱恋过的女人。这时，他想起了玛丽亚·路易莎和罗马王，渴望他们母子俩来岛上与他团聚，但他寄往奥地利请玛丽亚来岛的信如石沉大海。因为此时的玛丽亚已沉浸在维也纳的高歌酣舞之中，早已把拿破仑忘记了。而维也纳宫廷也正异常“热情”地要把小罗马王变成仇视拿破仑的奥地利人。久久得不到玛丽亚·路易莎和罗马王的音讯，使得拿破仑十分苦闷和不满。这时，在波兰时与拿破仑关系亲密，后来终生爱着他的瓦莱夫斯卡夫人带着孩子来到了厄尔巴岛，这多少给拿破仑的心灵带来了一些慰藉。

在厄尔巴岛的最初几个月里，拿破仑全情投入地治理这个微型国家。在外人看来，拿破仑似乎已十分安心于岛上的生活。他自己也对英国代表坎贝尔说，现在除了他的小岛外，什么东西都不能使他感兴趣。人们万万没想到，这个被囚禁在厄尔巴岛的失败者，竟然又创造出了令整个欧洲为之震惊的奇迹。

第十九章

滑铁卢决战

身穿灰大衣的皇帝走到哪里，哪里就爆发出一阵阵“皇帝万岁”的欢呼声。欢乐的狂呼经久不息，响彻前线上空。这是拿破仑一生中最后一次检阅军队，军队中所爆发出的热情也是自奥斯特利茨战役以来从未有过的，它给拿破仑和所有在场的人留下了极为深刻的印象。

路易十八执政以后，流亡国外的法国王党分子也都先后回了国，这些素来娇生惯养的贵族，他们所盼望的只是恢复革命前的种种特权，好让他们享受不劳而获的幸福。除此之外，便是对革命党人进行疯狂的报复。路易十八在短期内把一万多名军官免职，将无能的贵族安排在高官显职上，领取厚薪，他还免除教会学校的一切租税，并使教会不受政府管辖，继续向人民征收“综合消费税”。路易十八及其亲信在极力恢复旧制度、旧秩序，取消一切革命成果。经过革命洗礼的法国人民很快认识到路易十八回国不是来解放他们，而是来建立一个新的专制制度的。拿破仑统治下的专制政府，至少还能给法国带来荣誉和活力，而路易十八的专制统治，则显得腐化无能，只知道压迫百姓。波旁王朝开始不得人心，尤其是遭到冷遇的将军们更加怀念起旧日的领袖拿破仑了。

1814 年 11 月，战胜拿破仑的欧洲四大强国俄、英、奥、普在维也纳讨论欧洲善后问题。他们一边举杯痛饮，一边又为战利品的分配不均而争吵不休，甚至到了剑拔弩张的地步。于是，维也纳会议的四强形成了两个对立阵营，即俄普为一方，英奥为另一方。

国内外形势的变化没有逃过拿破仑的眼睛，他那看似平静的生活又将掀起波澜。他一面有意从岛上的观光游客中打听消息，一面暗地里与法国政府官员沟通消息。1815 年 2 月，法国治政家马雷等人派遣夏布隆乔装水手来到厄尔巴岛，夏布隆向拿破仑详细地报告了国内普遍不满的情绪和贵族们巧取豪夺的无耻行径。他告诉拿破仑，军队都在盼着他回去。拿破仑那颗重返欧洲的雄心被激发起来了，他决定立即行动。

拿破仑将这一决定告诉了他的三个忠诚助手康布罗纳、德鲁奥和贝尔特

流放厄尔巴岛的拿破仑和他的卫兵

朗，将军们听到这一消息都很高兴，然而也在怀疑这一行动能否成功。拿破仑自信地告诉他们，他现在不是想打仗，也不是想实行专制的统治，他希望法国人民成为自由的人民。他相信自己名字的号召力，他认为整个法国一定会不经过战争，不试图抵抗就拜倒在自己脚下。

一切准备工作都在秘密地进行。2 月 26 日，一切准备就绪。这天夜里，拿破仑率领 1000 多名还蒙在鼓里的全副武装的士兵，分乘 7 艘小帆船，悄无声息地离开了厄尔巴岛，翻开了征服法国的惊心动魄的一页。

1815 年 3 月 1 日凌晨 3 时，小船队在儒昂港登陆。海关士兵见登陆的是拿破仑，立即向他脱帽致敬，并很快加入到拿破仑的卫队行列中。他每经过一个城镇都会向市民和士兵发表演说，告诉大家他的唯一使命就是恢复法国的秩序，他向大家保证不再用战争来赢得光荣，法国要与欧洲各国和平相处。法国民众早就对无能的波旁王朝心存不满，如今拿破仑又成为了他们心目中理想的领导者。拿破仑所经过的城市，都悬挂起三色旗，各地驻军都奔向他的身边，他的队伍像滚雪球一样，越滚越大。

拿破仑在法国登陆的消息于 3 月 3 日传至巴黎，波旁政府惊恐万状，立即派遣军队前去阻止拿破仑。当士兵们认出拿破仑时，顿时乱了队形，士兵们一起奔向拿破仑，高呼“皇帝万岁”。他们把拿破仑团团围住，吻他的手，吻他的膝，有的竟像孩子似的哭了起来。这些军队整团整团地加入拿破仑的队伍，有的指挥官甚至不等拿破仑到来，就把自己的团队集中起来，高呼“皇帝万岁”，到前线去迎接拿破仑。

此后，拿破仑的队伍迅速扩大，人数达到 7000 人，火炮已有 30 门。事态急剧发展着，真正地形成了一股卷土重来之势。拿破仑沿途发布命令，派出使者，收集情报，为不断增加的队伍任命指挥官，委派地方官吏。

3 月 10 日，拿破仑兵临城下，麦克唐纳率军迎战，但当他的团队一见到拿破仑，“皇帝万岁”的口号便不绝于耳。转瞬间，他指挥下的所有部队和拿破仑的军队组成了一股洪流。麦克唐纳见势不妙，唯恐当了自己士兵的俘虏，骑马逃出城去。

朝不保夕的波旁王朝惊恐万分，急忙派遣内伊元帅率领大军前去对付拿破仑。3 月 13 日夜晚，内伊元帅被人从睡梦中唤醒，来人告诉他，他的一部分炮兵部队和骑兵连卫队哗变，全部投奔到拿破仑那边去了。正当内伊和士兵们都摇摆不定的时候，他接到了一张纸条，上面写着："内伊，我将像在莫斯科近郊之战后的第二天那样接见你。——拿破仑。"内伊的动摇结束了，他立即集合部队，拔出长剑，大声喊道："士兵们！波旁王朝的事业永远失败了。以后应该由皇帝，我们的君主来统治这个美丽的国家。"士兵们欢呼起来："皇帝万岁！内伊元帅万岁！"内伊率全体将士投奔了拿破仑。

现在，向巴黎进发的早已不是从厄尔巴岛下海时的那支不整齐的小队伍了，而是一支强大的、谁也无法阻挡的洪流般的军队。3 月 19 日夜晚，拿破仑带着自己的前锋进入枫丹白露。波旁王朝的王室和支持者早已逃之夭夭。

1815年3月20日晚上9时，拿破仑在随从和骑兵的前呼后拥下进入了巴黎。杜伊勒里宫撕下了白旗，升起了三色旗，王宫里的地毯也换上了帝国的金色蜂图案。当拿破仑的车队接近宫前广场时，在宫前等候的人群像发了疯似的冲了上去。最后，人们不顾一切地冲开皇帝的随从，把马车车门打开，在经久不息的叫喊声中把拿破仑抬进宫去，送入二楼的房间。

难以相信的事情如拿破仑预料的一般实现了。不费一枪一弹，不经过哪怕是最小的斗争，拿破仑在 19 天之内赶走了波旁王朝，再度统治法国。

拿破仑在巴黎的出现，震惊了整个欧洲。在维也纳开会的同盟立即放弃了彼此间的争吵，又一次联合起来。五天之后，奥、英、普、俄四国同意各自出兵 15 万共同去对付这个从厄尔巴岛潜回的篡权者。3 月 25 日，第七次反法同盟正式成立。

复位后的拿破仑深知同盟国绝不会袖手旁观，他要抓紧每一分钟重建帝国政权和军队。与此同时，拿破仑还进行了广泛的政治和社会改革。尽管拿破仑希望他重返巴黎给人民带来和平和自由，但事实上那是不可能的，因为同盟国拒绝了拿破仑向他们提出的一切和平建议。

战争已不可避免，在短期内重建一支能够抵抗联军入侵的大军已成为当务之急。而且还缺乏高级军官，能跟随拿破仑上战场的只有苏尔特、内伊、莫蒂埃、格鲁希等。拿破仑只能指派苏尔特元帅为他的参谋长，然而这却是一个很不幸的选择。苏尔特虽是一位相当优秀的指挥官，但他的个性却是疏懒而无条理的，作为一个参谋长，他远不如谨慎的贝尔蒂埃。

对拿破仑来说，不仅高级将官缺乏、士兵不足，武器、装备和马匹也均显不足。拿破仑以其超乎寻常的充沛精力和高效能的组织天才，终于在短短的日子里组织起一支帝国大军。根据各军的不同使命，他把正规军团分成几个军团，即北方军团、莱茵军团、阿尔卑斯军团和比利牛斯军团。北方军团是主力军团，由拿破仑亲自指挥，该团共有 12.45 万余人，拥有 340 门火炮，下辖 5 个步兵师、4 个骑兵师以及禁卫军。

这时，反法同盟七十万大军分成 5 路，以铺天盖地之势向法国压来，联军计划以绝对优势的兵力实行四面围攻，一举压垮刚刚组建起来的法军。

拿破仑考虑到法军兵力不足，以三十万兵力难以抗击七十万联军，不能坐以待毙，他决定提前走上战场，趁联军尚未完成集结之时以攻为守。首先击破威灵顿和布吕歇尔两个军团，然后掉头东向，依次迎击俄奥两国军队，从而彻底粉碎联军全歼法军的企图。

拿破仑的进攻马上就要开始了，可联军对此一无所知，威灵顿还以为拿破仑仍在巴黎加强防务呢。6 月 15 日凌晨 3 时，拿破仑骑马到达前线，他命令内伊指挥第一、第二两个军和一个骑兵师构成左翼，迅速沿通向布鲁塞尔的公路挺进，攻击并占领卡特尔布拉斯，威胁普军右翼，阻止威灵顿军团对布吕歇尔的增援。同时，命令骑兵长格鲁希指挥第三、第四军和两个骑兵师构成右翼，从正面攻击普军。于是，一场大战开始了。

6 月 16 日凌晨 4 时，拿破仑向全军下达命令：内伊指挥原辖兵力继续向卡特尔布拉斯进攻，禁卫军和骑兵预备队随后跟进，准备支援。占领该地后，

威灵顿正在滑铁卢战役中指挥英军作战。威灵顿，英国陆军元帅。他是英国议会改革的坚定反对者，曾在窗户上安装铁制百叶窗以防止被“暴民”砸碎，因而得名“铁公爵”。由于在滑铁卢战役中击败拿破仑，他被英国、法国、俄国、普鲁士、西班牙、葡萄牙和荷兰授予元帅军衔，是世界上唯一获得过 7 个国家元帅军衔的人

伺机向布鲁塞尔发起进攻，争取在 16 日夜间或 17 日凌晨攻占布鲁塞尔，从侧后包围威灵顿军团。格鲁希指挥右翼原有部队，继续向正面的普军进攻，占领桑布里费，迫使敌人向耿布劳斯方向撤退，从而使敌人两个军团之间的距离更加拉大。

上午 11 时，法军右翼第三军已完成了攻击部署，可第四军迟迟未到。原来，由于苏尔特的疏忽，第四军昨晚宿营于桑布尔河两岸，因距离太远，一时跟不上来。为了确保攻击取胜，拿破仑决定等第四军到达后再发起进攻。

6 月 16 日下午 2 时 30 分，进攻准时开始。两个骑兵师展开倒人字形队，肩并肩地向敌人阵地发起进攻，很快就缠住了普军的左翼。战斗进行得异常激烈。这时，拿破仑急切地盼望内伊赶来支援。战况在急剧发展，拿破仑不能再坐等援军的到达了，他亲自督促法军发起一次又一次冲锋。下午 5 时左右，

拿破仑决定出动禁卫军进行最后的冲击。

禁卫军冒着倾盆大雨发起冲击，犹如一道倾泻而下的钢铁洪流，很快占领了利尼村。布吕歇尔亲自率领 32 个骑兵中队，向禁卫军发起了反冲击，企图夺回利尼村，但未能成功。

利尼一战以法军胜利而告终，普军死伤两万余人。但是，拿破仑对这一仗非常不满意，他认为如果不是内伊的行动迟缓，他一定会在利尼将普军全部消灭。

内伊和戴尔隆的疏忽和追击不力，致使英荷联军成功地撤退到了滑铁卢以南的阵地。

滑铁卢的田野开阔而平整，上面种满了郁郁葱葱的庄稼，两条大道在田野中交错着伸向远方。整个滑铁卢呈现出一片宁静、祥和的气氛。然而，自 18 日破晓时分起，这里的宁静气氛就再也不存在了，所有的英荷联军开始了行动。这块绿色的平原上到处都是活动着的人群，人们发出的各种声音汇集在一起，犹如远方大海的咆哮声。

威灵顿把阵地设在布鲁塞尔以南约 22 千米，滑铁卢以南约 3 千米处的一片丘陵地带上，圣杰安山高地为主阵地，右翼为重点防守的霍高蒙特别墅，左翼安排了荷兰军和其他国的杂牌军。根据联军阵地的部署，拿破仑决定集中主力首先突破联军防御薄弱的中央阵地，抢占圣杰安山，然后向两翼扩大战果，将敌人一分为二，各个击破。为此，拿破仑制订了一个佯攻霍高蒙特别墅以牵制敌军兵力，从而保障中央突破的作战计划。

一场巨大的厮杀很快就准备好了，这时在滑铁卢的阵地上，拿破仑集结了 7.2 万人的兵力，并配备了 240 门火炮。威灵顿的兵力则是 6.8 万人，火炮 160 门。

18 日上午，拿破仑各处视察部队的攻击状态。这位身穿灰大衣的皇帝走到哪里，哪里就爆发出一阵“皇帝万岁”的欢呼声。欢乐的狂呼经久不息，响彻前线上空。这是拿破仑一生中最后一次检阅军队，军队中爆发出的热情

1815 年 6 月 15 日，在比利时的滑铁卢，7.2 万名法军士兵与 11.8 名反法联军士兵展开了混战

也是自奥斯特利茨战役以来从未有过的，它给拿破仑和所有在场的人留下了极为深刻的印象。

下午 1 时 30 分，法军开始全面进攻。第一军从左至右一线排开，左翼为第一师，在轻骑兵旅的支援下，进攻敌军中央阵地正前方的拉海圣庄园，其余三个师进攻敌军的左翼。法军从四面围攻拉海圣庄园，人数处劣势的拉海圣庄园守军几乎呈现不支之势。

与此同时，其他三个师依仗优势兵力和强大的火炮，攻击进展异常迅速，很快就占领了前沿阵地。登上丘陵顶部的法军被这来之迅速的胜利冲昏了头脑，他们不断地欢呼着，拥抱着，战斗队形荡然无存。就在法军欢呼胜利、得意忘形之时，隐蔽在山脊北侧反斜面上的一个英军步兵师，突然从树丛后面冲杀出来。他们在距离法军仅 40 步左右的位置上，连续发出猛烈的射击。随后，端着刺刀冲进法军混乱的队伍。山顶上展开了一场激烈的肉搏战，英军师长约克顿在混战中中弹身亡。

威灵顿见山顶的肉搏战一时未分胜负，他立刻调来两个骑兵旅对法军进行

滑铁卢战役中，法军胸甲骑兵向据守高地的英军步兵方阵发起冲锋。然而，在英军步兵“刺刀墙”的阻挡之下，法军胸甲骑兵功败垂成

反冲击。面对陡增的英军，法军开始败退。英军乘胜追击，六个骑兵团越过中间山谷，一直冲上了法军的进攻出发地，摧毁了法军的部分炮兵发射阵地。拿破仑见势不妙，立即投入了两个骑兵旅。法军骑兵居高临下，如猛虎下山般地扑向行进速度已经减慢的英军，杀得英军骑兵人仰马翻，仓皇退去。在这一回合中，法军损失近4000人，并被英军缴获了两面军旗。英军方面，原部署在阵地上的4000人全被消灭，而在反冲击中又损失了大约2500名优秀骑兵。

法军在霍高蒙特和拉海圣两地久攻不克，致使大军无法向纵深推进，拿破仑开始有些担心了，不断地猛吸着鼻烟。下午3时30分，法军再度向这两地发起猛烈攻击，拿破仑决心不论付出多大代价，也要在敌方援军赶到之前拔掉这两颗钉子。面对法军凌厉的攻击，两地的英国守军损失严重，弹药也快用完了，但他们仍坚持不动。拿破仑为此焦急不安。

这时，内伊突然发现敌军中央阵地上的守军正在向阵地后面退去，他以

滑铁卢战役中，英军苏格兰灰衣龙骑兵团向法军发起冲锋

为英军开始撤退，因而不待拿破仑下令，也不顾敌军两个阵地尚未攻克而存在的危险，命令骑兵师和部分禁卫骑兵约 5000 人，对敌主阵地贸然发起冲击，结果很快被敌军炮火打退。

拿破仑见法军骑兵的冲击被打退，心急如焚，他不顾苏尔特的劝告，抛出了法军骑兵的全部预备队，对敌军阵地发起第二次大规模进攻。顿时，战场上蹄声阵阵，尘土蔽日。内伊一马当先，万名骑兵紧随其后，如同旋风一般向敌方阵地卷去，狭小的战场上马头挤着马头，后面只有一个排炮连掩护，这时，联军也加强了防御力量，英军炮兵不断进行猛烈的射击，步兵也充分发挥了排枪的火力。结果，法军一连五次大规模的冲击全被打退，损失极为惨重。

拿破仑又一次骑马赶到前沿阵地，一面安稳人心，鼓舞士气，一面严令内伊不惜一切代价攻占拉海圣。下午 6 时过后，法军进行了第六次冲击，内伊已打得眼红，他大声喊叫着，不顾一切地冲到骑兵队伍的最前头。战斗中，他的三匹坐骑连续中弹倒毙，他毫无惧色，换上别的坐骑，依然率部前进。

英军受到内伊连续六次猛攻，伤亡极其惨重，几乎到了山穷水尽的地步。经过长时间的激战,法军终于攻占了拉海圣。内伊立即将一个炮兵连调到那里。在炮火的掩护下，冲击的法军继续突进，最后占领了英军中央阵地的部分地段。由于伤亡过重，法军已无力再向纵深和两翼扩大战果。内伊曾向拿破仑请求支援，但遭到拿破仑的拒绝。这时拿破仑手中还有 8 个营的老禁卫军和 6 个营的中年禁卫军，但他不敢把这仅有的预备队全抛出去，因为法军的右翼正面临着普军的严重威胁，而且他也不能肯定格鲁希军团能否及时赶到。由于得不到增援，攻上英军阵地的法军又被赶了下来。

正当法军猛攻英军主阵地之时，法军右翼突然传来一片惊呼声和射击的轰响声。原来，布吕歇尔率领的 3 万人打退前去阻击的法军，赶到了战场。几经激战，普军占领了距离拿破仑指挥所只有 1000 多米的南普西特村。拿破仑希望在布吕歇尔军后面看到格鲁希的部队，可格鲁希军始终未见踪影。拿破仑立即命令一个老禁卫军营和一个中年禁卫军营投入战斗。这些久经沙场的勇士在咚咚的战鼓声中，端着刺刀猛冲。他们一枪不放，直接进行白刃格斗，只用了 20 多分钟就收复了南普西特村，然后把它交给了青年禁卫军去防守。

右翼阵势稳定后,拿破仑又把精力集中到了正面攻击上来。他清楚地知道，眼前的英荷联军已是筋疲力尽，千疮百孔了，胜负就在这最后一举了。他把剩下的 8 个禁卫军营全部交给内伊指挥，并要求他做好最后一次冲击。

大约 7 时，内伊准备就绪，刚准备发起最后冲击时，法军的一名骑兵军官叛逃投敌了，他将法军的兵力情况和进攻计划全部讲出，威灵顿立即重新部署兵力，以对付即将到来的进攻。

最后的冲击开始了，战场上出现了一副最为壮观的景象：大约 4000 名身经百战的禁卫军官组成了一个排列极为严密的进攻方阵，他们同内伊的部队一起，在猛烈的炮火的掩护下，向敌军阵地挺进。他们边前进边整齐地高呼："皇帝万岁！"内伊的坐骑再次被炮火击毙，内伊从地上爬起来，继续带领部

滑铁卢战役中，攻入普朗斯诺瓦的普鲁士步兵（右）与法军步兵展开对射（左）。根据普鲁士第4军第25步兵团的记录，在这里听不到法军士兵呼喊“救命”，取而代之的是“守护军旗”的怒吼

队冲锋。法军很快突破了联军的防御，冲到了山顶上的英军阵地。眼看就要大功告成了，突然听到威灵顿一声令下：“禁卫军，起立，准备战斗！”从山后的反斜面上一下子出现了两个营的英国禁卫军，他们在离法军只有五六十步的地方，一起猛烈地开火。面对仿佛是从地底下冒出来的英军，法军还来不及还击就一排排地倒了下来。在不到一分钟的时间里，这支战无不胜的法国禁卫军就丢下了300多具尸体，向后退去。与此同时，其他地段的英军也积极地对主阵地进行支援，普军的两个军则更加猛烈地向法军右翼发起进攻。法军两面受敌，立刻阵脚大乱。这时的拿破仑再也没有预备队可以使用了，威灵顿意识到发起全线反击的时刻已经到来。他骑马来到阵前的突出部位，脱下帽子在空中摇晃着，大声喊道：“是时候了，我的孩子们！”反击信号一经发出，4万名联军官兵气势汹汹地直扑过来，法军招架不住，纷纷败退。

拿破仑见势不妙，匆忙赶到拉海圣以南，重新集中了三个禁卫军营。他亲自带领这三个营屹立在阵地前沿，企图阻止溃逃的法军，以便稳住阵脚，组织再战。英军攻到近前，见到如铜墙铁壁般屹立在阵地边的法军，不禁胆寒地止住了脚步。威灵顿见此情景，当即大喊道："上，上，他们是顶不住的！"英军再次冲了上来，列成方阵的法国禁卫军拼命抵抗，但终因势单力薄，不得不败下阵来。他们且战且退，掩护拿破仑撤出了战场。其他地方的法军也在普军的进攻下，朝不同方向四散逃命去了。

这是一个晴朗夏日的傍晚，天边仍有淡淡的余晖，法军在英军的追击下，狼狈溃逃。这一夜，法军残部七次准备扎营，却七次被普军追上，被迫不停地奔逃。拿破仑和几个元帅一起于夜里 1 时左右逃到了卡特尔布拉斯。拿破仑几次企图收拢部队与追来的敌军较量一番，但未能成功。就在这时，传来了格鲁希失踪的消息，拿破仑彻底绝望了，他放弃了再次决战的念头，悄悄地向巴黎退去。

滑铁卢一战，法军死伤 2.5 万人，被俘虏 8000 人，其余大部分逃散了。威灵顿军团死伤 1.5 万人，布吕歇尔军团死伤 7000 人。那个前一天还是碧绿的山坡和田野，此时已铺满了血肉模糊的尸体、伤员以及无数残缺的肢体，绿色的平原变成了血的海洋。这成为了拿破仑一生中的最后一次失败战役。

第二十章

勇士的诀别

这位天才的活动家身陷囹圄，毫无作为，他只有在这个被人遗忘的小岛上默默等死。为了打发孤寂无聊的时光，他和小女孩一起做游戏，和园丁们一起修剪花木；他大量地读书、骑马、与人交谈，口述自己的历史。心理上的毁灭加上胃部的病变使得他的健康每况愈下。

滑铁卢战役彻底失败了，但是拿破仑就没有东山再起的机会了吗？拿破仑在1815年6月19日写给哥哥约瑟夫的信中说，他可以再立即组织15万人，继续战争并不是没有胜利的可能。法国人民也支持他把战斗打下去，杜伊勒里宫外挤满了支持他的人群。但是，两院背叛了他，拿破仑也拒绝了卡尔诺要他实行专政的要求和发动人民战争的建议，他不愿意把平民大众与资产阶级对立起来，更不希望看到自己的国家发生内战。于是，他屈从了议会的决议，于6月22日第二次宣布退位。拿破仑的第二次统治仅仅经过一百多天就结束了。

7月3日，法军总司令达武在巴黎签署了投降书。7月8日，路易十八在外国军队的护送下再一次登上了王位。拿破仑一生经历过无数次大大小小的战争，但他始终不敢发动人民战争，而只依赖于自己的军事才能和正规军的战斗能力，使得他只能把皇冠拱手让人，而自己却成了敌人的阶下囚。

7月14日，拿破仑给自己的世敌英国国王写了一封信："国王陛下，作为分裂我国的那些党派和欧洲列强敌视的目标，我结束了我的政治生涯，我像地米斯托克利那样，来投奔英国人民的家庭。"7月15日，拿破仑登上英舰"伯雷勒芬"号。英国根据同盟国的决定，把拿破仑当作俘虏，于10月16日将他囚禁在位于大西洋中的英属圣赫勒拿岛。

圣赫勒拿岛在17世纪归属英国，是一座名副其实的孤岛，岛上到处是阴森森的悬崖峭壁，俨然一座天然的监牢。拿破仑同贝尔特朗元帅夫妇、蒙托隆将军夫妇、古尔戈将军、拉斯卡斯父子等随从住在一起。拿破仑的大半生是在欧洲广阔的战场上紧张的战斗生活中度过的，因此养成了每天工作15个甚至18个小时的习惯，现在这种闲散的囚徒生活，对他无疑是一种严酷的精神折磨。

1815 年的拿破仑

这位天才的活动家身陷图圄，毫无作为，他只有在这个被人遗忘的小岛上默默等死。为了打发孤寂无聊的时光，他和小女孩一起做游戏，和园丁们一起修剪花木；他大量地读书、骑马、与人交谈，口述自己的历史。他的才智在衰退，意志在消沉，精神受到压抑。心理上的毁灭加上胃部的病变使得他的健康每况愈下。

1820年末，他的病情加剧，精神越来越差。他往往几个小时沉默不语，忍受着来自胃部的剧烈疼痛。1821年1月，他试图用体操来制伏疾病，可他发现自己力不从心，体力在迅速下降。3月，病痛发作越来越频繁，发烧、呕吐、胃部及肩部疼痛使他苦不堪言。他开始意识到自己活不了多久了，他对身边的人说："在过去的那些日子里，我是拿破仑。但是现在的我一无所有，我的体力、我的智力都离开了我。我不能再活下去了。"他拒绝服用英国医生给他开的药，他大叫着："我不吃药，既然英国要我的尸体，我不会让它久等，我现在用不着毒药就可以死去。"

4月13日，拿破仑开始口述他的遗嘱。尽管病痛在不断地折磨着他，他还是对遗嘱斟字酌句，反复推敲。他认为君主的遗嘱首先应是一份政治文件。这份遗嘱中有评论、有解释，还有谴责。他在遗嘱中写道：

"50多年前，我生于罗马教会的怀抱，死也属于这个教会。我希望将我的遗体安葬在塞纳河畔，在我如此热爱的法兰西人民中间安息。

"我对于我亲爱的妻子玛丽亚·路易莎是感到满意的，直到临终时刻都对她怀有最深厚的感情。我请她悉心保护我的儿子，他从孩提时代起，身边就布满了陷阱。

"我嘱咐我的儿子，千万不要忘记，他生为法兰西皇太子，决不能成为压迫欧洲人民的执政者手中的工具，也永远不要以任何方式对抗和损害法兰西。他应当牢记我的座右铭：一切为了法国人民。

"我因遭受英国及其雇用的刽子手谋害而过早地死去，法国人民迟早会为我报仇。

1821 年 5 月 5 日，拿破仑，这位“矮小的巨人”与世长辞。弥留之际，他还在喃喃地念叨着他的军队——这是一位为战争而生的人

“我之所以会失败，乃是由于我的部属马尔蒙、塔列朗等的背叛。但我决定宽恕他们，愿法兰西的后代子孙也同我一样宽恕他们……”

4 月 14 日和 15 日，拿破仑继续口述他的遗嘱，他决定将他的两亿法郎财产分成两半，一半留给 1792 年到 1815 年间曾在他旗帜下战斗过的军官，另一半则捐给 1814 年和 1815 年遭受入侵的法国各省市。

4 月 16 日，拿破仑勉强卧床执笔，将这份遗嘱抄写了一遍。

5 月 4 日夜，是拿破仑临终前的最后一夜。他不停地呻吟，显得异常痛苦。

拿破仑的棺椁至今存放于巴黎荣军院，供后人凭吊和瞻仰

他喃喃自语："谁在后退……军队首领……冲锋……"这天夜里，岛上掀起了最猛烈的风暴，狂风拔起了大树，刮走了小屋。第二天，当阳光照亮了狭小的房间时，风暴平息了，拿破仑已僵硬得如同一座横卧的雕像，眼角还挂着一颗泪珠。不过，医生还可以摸到他那一息尚存的脉搏。

1821 年 5 月 5 日下午 5 时 50 分，一声炮响划破天空，拿破仑停止了呼吸。哭泣的仆人把一件拿破仑曾在马伦戈战役中穿的大氅盖在他的身上。然后，总督和军官们走了进来，向拿破仑遗体低头致哀。

4 天以后，岛上的人为这位征服了欧洲的伟大君主举行了葬礼。在礼炮的轰鸣声中，棺木徐徐下葬在圣赫勒拿岛上的托贝特山泉旁。在这幽静的峡谷深处，几棵垂柳掩映着一淙流水，秋海棠和美人蕉竞相开放。

19 年后，法国七月王朝的路易·菲力浦派他的儿子儒安维尔亲王率军舰到圣赫勒拿岛接回了拿破仑的遗骨。1840 年 12 月 15 日，巴黎人民满腔热情地迎接了这个伟大的亡灵。人们冒着严寒，迎着风雪，深情地护送灵柩经过凯旋门，最后到达荣军院的圆顶大堂，在这里为拿破仑举行了隆重的接灵仪式。

1861 年 4 月 2 日，经过 20 年的浩大工程，拿破仑的大理石灵柩最终被安置在了圆顶大堂。从圆顶大堂穿过广场就是塞纳河。法国人民满足了拿破仑的遗愿，让他以光荣的老兵身份长眠在了塞纳河畔。法国人民一直把拿破仑当作自己宝贵的精神财富，在他们看来，拿破仑“当然有污点，有疏失，甚至有罪恶，就是说，他是一个人，但是他在疏失中仍是庄严的，在污点中仍是卓越的，在罪恶中还是有雄才大略的”。法国人民对自己的英雄的评价是中肯而恰当的。

参 考 书 目

[1]埃米尔·路德维希.拿破仑传[M].梁锡江.龚艳.周何法，译.杭州：浙江文艺出版社.2008.

[2]艾密尔·鲁特维克.拿破仑[M].阳若迅，译.北京：国际文化出版公司.2005.

[3]艾伦·肖姆.拿破仑大传[M].贺天同，译.上海：上海社会科学院出版社.2005.

[4]刘乐土.拿破仑全传[M].北京：北京图书馆出版社.2001.

[5]拿破仑·波拿巴.拿破仑日记[M].萧石忠.许永健，译.北京：中共党史出版社.2010.

[6]乔治·勒费弗尔.拿破仑时代[M].河北师大外语系《拿破仑时代》翻译组，译.商务印书馆.1997.

在本书的编写过程中，参考、借鉴并引用了一部分优秀的文章、作品与精美的图片资料，以期达到图文并茂的效果，在此特向各位被引用图文作品的优秀作者表示衷心的谢意，并真诚地感谢他们为本书所做出的贡献。